역사학자, 고고학자, 건축사학자가 함께 쓴

동인도네시아의 거석문화와 건축

역사학자, 고고학자, 건축사학자가 함께 쓴

동인도네시아의 거석문화와 건축

2015년 6월 25일 초판 인쇄
2015년 6월 30일 초판 발행

지은이 | 가종수 · 우장문 · 이동희 · 佐藤浩司
펴낸이 | 이찬규
펴낸곳 | 북코리아
등록번호 | 제03-01240호
주소 | 462-807 경기도 성남시 중원구 사기막골로 45번길 14
우림2차 A동 1007호
전화 | 02-704-7840
팩스 | 02-704-7848
이메일 | sunhaksa@korea.com
홈페이지 | www.북코리아.kr
ISBN | 978-89-6324-396-2 03380

값 25,000원

역 사 학 자 고 고 학 자 건 축 사 학 자 가 함 께 쓴

동인도네시아의 거석문화와 건축

가종수 우장문 이동희 佐藤浩司

북코리아

이 책을 펴내며

인도네시아에 대해서는 중 · 고등학교 사회시간에 각국의 수도를 암기하면서 접했던 자카르타, 신혼여행지로 유명한 발리 등이 알고 있던 전부였다. 이런 인도네시아에 관하여 관심을 가지게 된 것은 함께 책을 쓰는 데 주도적 역할을 하신 일본 슈지츠대(就實大)의 가종수 교수님 덕분이다.

고인돌을 연구하면서 인도네시아에 고인돌이 있다는 이야기를 들었던 적은 있지만 그곳을 답사한다는 것은 생각도 못했었다. 그러던 참에 가종수 교수님을 중심으로 인도네시아 숨바 섬을 답사할 기회가 생겼다.

인도네시아의 문화에 대한 최고 전문가인 가종수 교수님은 수십 차례에 걸친 현지 답사를 통하여 거석은 물론 건축, 민속 등에 관심을 가지고 30년 이상 연구를 계속해왔고 많은 저서를 남기기도 하였다. 2010년 숨바 섬의 고인돌을 처음 답사한 이후로 2013년 플로레스 섬을 다시 답사한 것이 이 책을 내게 된 계기가 되었다.

인도네시아를 답사할 때에는 항상 순천대학교 박물관의 이동희 박사님과 함께했다. 전라도 지역의 고인돌을 오랫동안 연구해온 이동희 박사님의 동행은 다양한 학문을 접할 수 있는 좋은 계기가 되었다.

가종수 교수님과의 또 다른 인연으로 함께하게 된 일본 국립민족학박물관의 사토 고지(佐藤浩司) 교수님은 인도네시아의 전통가옥을 오랫동안 연구해온

최고의 건축 전문가로 이 책의 전문성을 높이는 데 큰 기여를 하였다.

인도네시아에 관한 학술서적으로는 다음과 같은 책들이 있는데, 이번에 발간하는 책도 인도네시아의 문화를 바르게 알리는 데 일조를 했으면 한다.

- ➔ 『지금도 살아 숨쉬는 숨바섬의 지석묘 사회』(가종수, 북코리아, 2009)
- ➔ 『신들의 섬 발리』(가종수, 북코리아, 2010)
- ➔ 『자바의 사원과 유적』(가종수, 북코리아, 2012)
- ➔ 『보로부두르: 찬란한 불교미술의 세계』(가종수, 북코리아, 2013)
- ➔ 『인도네시아사』(양승윤, 한국외국어대학교 출판부, 2013)
- ➔ 『우리나라와 인도네시아의 고인돌 연구』(우장문, 학연문화사, 2013)

이 책은 지금까지 우리나라에 소개되지 않았던 인도네시아의 고인돌을 비롯한 석조물과 전통가옥을 중심으로 다음과 같이 구성되어 있다.

Ⅰ부는 우장문 박사가 인도네시아를 이해하는 데 필요한 인도네시아의 역사, 정치, 경제, 문화 등에 대하여 간단히 기술하였다.

Ⅱ부는 우장문과 이동희 박사님이 가종수 교수님의 안내로 답사했던 플로

레스 섬의 고인돌, 선돌, 디소릿드, 전통가옥에 대하여 상세히 기술하고 있다.

Ⅲ부는 가종수 교수님이 30여 년간 플로레스 섬을 답사하면서 조사한 거석, 전통가옥, 풍습 등 이 지역 문화를 상세히 기술하고 있다.

Ⅳ부는 사토 고지 교수님이 1986년 플로레스 섬을 답사하면서 보고, 듣고, 겪었던 내용은 물론 갖은 고생을 하면서 스케치했던 자료를 모두 담고 있는 소중한 글이다.

Ⅴ부는 이동희 박사님이 숨바 섬의 답사를 통해 조사했던 수백 기의 지석묘를 통해 복원한 사회와 우리나라 지석묘 사회를 비교한 전문적인 내용이 고스란히 담겨 있다.

Ⅵ부는 가종수 교수님이 사부 섬의 거석문화에 대한 장기간의 답사 및 조사를 통해 얻었던 이 지역의 거석 및 문화 일반을 상세히 서술하고 있다.

Ⅶ부는 사토 고지 교수님이 오랫동안 전통가옥을 조사하면서 터득한 노하우를 풀어놓고 있다.

이 책이 나오기까지는 일본 슈지츠대학의 가종수 교수님의 공이 가장 컸으며, 항상 함께 조사했고 전문적인 지식을 담은 글을 많이 쓴 이동희 박사님의 노력이 없었다면 불가능했을 것이다. 그리고 책의 품격을 높이는 훌륭한 글을 보

내주신 사토 고지 교수님과 올바른 번역 및 교정에 힘써주신 한국문화재재단 유현옥 연구원님께도 감사드린다. 마지막으로 어려운 출판 상황에도 불구하고 기꺼이 출판을 허락해주신 북코리아 출판사 이찬규 사장님께도 감사드린다.

2015년 6월

저자를 대표하여, 우장문

차 례

III 플로레스 섬의 거석문화 꼼꼼히 들여다보기

가종수

V 숨바 섬과 한국 지석묘 사회의 비교 연구

이동희

VI 에덴의 정원 사부 섬의 거석문화 만나기

가종수

VII 공간 조사방법을 전하는 일본인 건축사학자의 노하우

사토 고지(佐藤浩司) / 번역: 한국문화재재단 연구원 유현옥

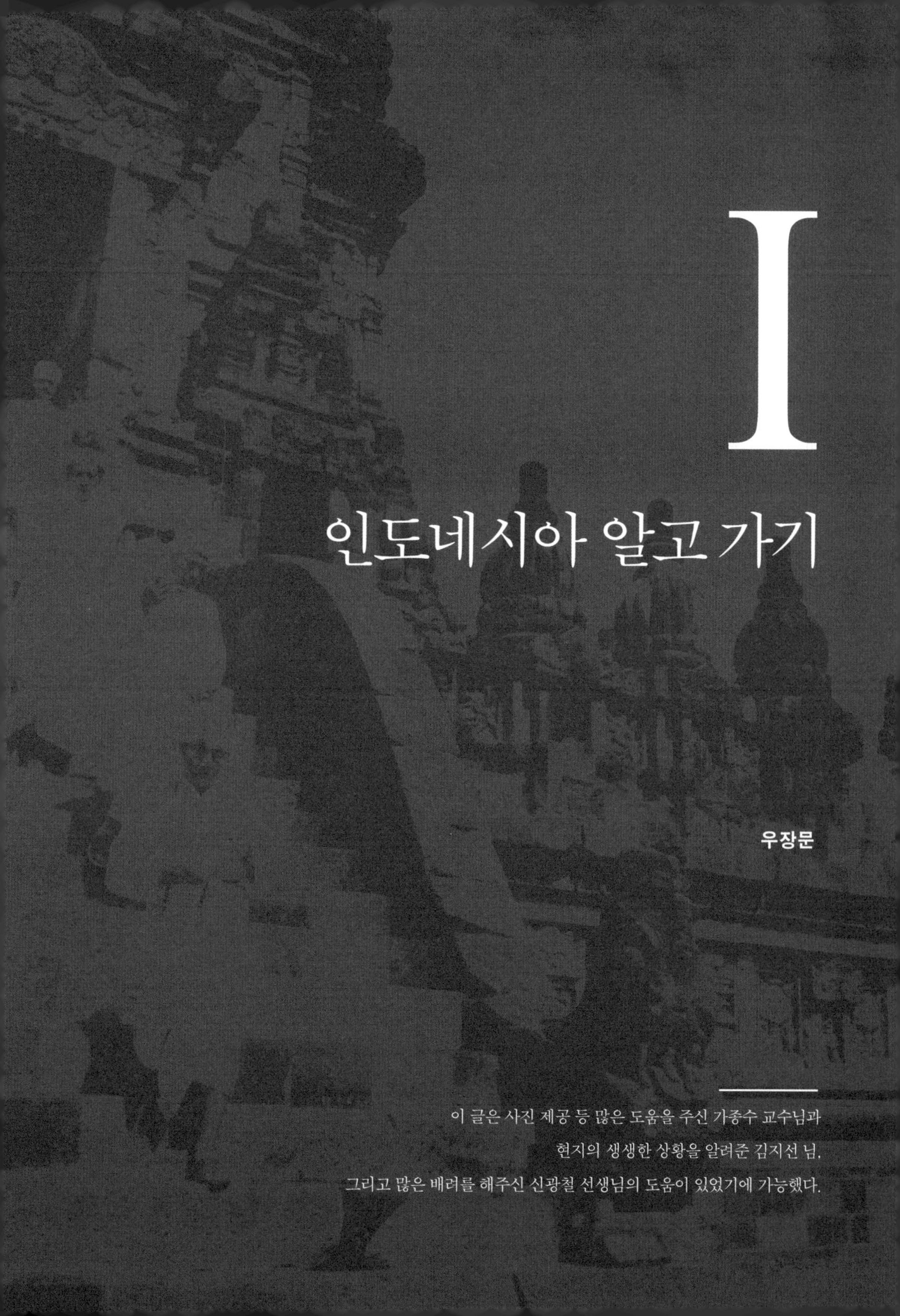

I

인도네시아 알고 가기

우장문

이 글은 사진 제공 등 많은 도움을 주신 가종수 교수님과
현지의 생생한 상황을 알려준 김지선 님,
그리고 많은 배려를 해주신 신광철 선생님의 도움이 있었기에 가능했다.

01

인도네시아의 역사

선사시대

인도네시아 최초의 인류로는 자바원인(Pithecanthropus Erectus)이 대표적이다. 인도네시아의 구석기 유적은 현재 전역에서 발견되지만 특히 자바 섬을 중심으로 많이 분포해 있다. 자바 지역의 유적으로는 파지탄(Pacitan) 유적을 비롯하여 응안동(Ngandong), 삼붕마찬(Sambungmacan) 및 상기란(Sangiran)의 응게붕(Ngebung) 유적 등이 대표적이다.

자바의 인류에 대한 연구는 네덜란드 학자인 유진 드보아(Eugene Dubois)의 공이 크다. 그는 1887년 자바 동부의 솔로(Solo) 강변에 있는 트리닐(Thrinil) 유적의 발굴에서 화석인류의 머리뼈와 넓적다리뼈를 발견했는데 이 화석이 유인원과 현생인류의 중간 단계에 속하는 것으로 확신하고 침팬지라는 뜻을 가진 '피테칸트로푸스 에렉투스(직립원인)'라고 이름 붙였다. 이는 흔히 자바원인(猿人)이라고 불리는 것이다.

인도네시아에서 가장 주목받는 유적은 상기란 17호 유적과 파지탄 유적이다. 상기란 유적에서는 한 농부가 안면부가 남아 있는 머리화석을 우연히 발견했는데 그 연대가 이론의 여지는 있지만 무려 백만 년 전까지 올라가고 있어 주목을 받고 있다. 또 다른 유적은 동부 자바의 파지탄에서 북쪽으로 30km 떨어진 거리에 있는 박소카(Baksoka) 강 유역에 위치한다. 이 유적은 다른 지역의 문화와 차이가 보여 파지타니안(Pacitanian) 문화로 불린다. 파지타니안 석기문화는 찍개와 박편석기로 특징지을 수 있는 전기 구석기 유적으로 평가된다.

인도네시아에는 자바는 물론 술라웨시, 발리, 플로레스, 티모르 등지에서 박편석인 석기와 골각기, 패각기 등이 출토되는 동굴 주거지가 발견된 바 있으며, 서부 자바에 위치한 반둥의 호숫가에서는 흑요석으로 만든 석인석기들이 출토되기도 하였다.

남부 술라웨시의 동굴유적의 벽면에서는 멧돼지가 붉은색으로 그려져 있기도 하고, 많은 수의 손도장(Hand Print)이 그려진 암채화가 발견되기도 하여 인도네시아 구석기문화의 일면을 보여주고 있다.

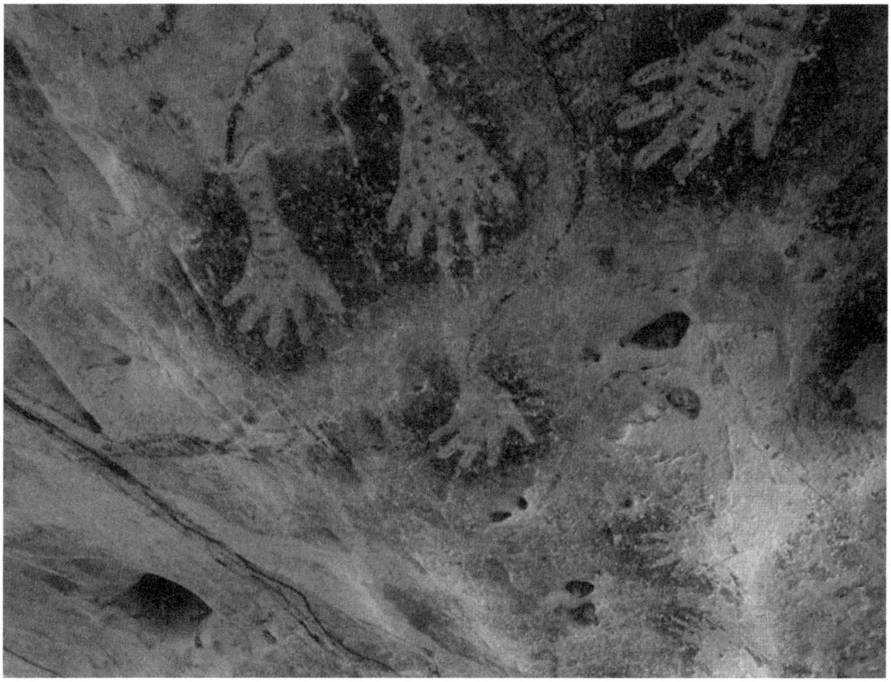

손도장 (동부 칼리만탄)

신석기시대는 대륙으로부터 이동한 사람들에 의해 시작된 것으로 보고 있다. 발달된 석기와 농경기술을 지닌 유이민의 이동 시기는 대략 기원전 4천~2천년경에 시작된 것으로 보인다. 이동 경로는 대륙의 남부에서 출발하여 필리핀과 칼리만탄 섬을 지나 인도네시아의 여러 지역으로 퍼진 것으로 추정된다.

농경의 시작은 기원전 3천~2천 500년경으로 동부 인도네시아 지역에서 시작된 것으로 보고 있다. 최초의 경작대상은 타로(Taro)라는 토란 종류의 식물(根栽)로 추정되며, 그 외에 바나나, 야자, 코코넛, 얌 등이 주요 경작 대상이 되었다. 벼 재배는 인도의 아쌈 북부의 산악지대에서 미얀마 북부지역을 거쳐 메콩 강과 양쯔 강을 지나 중국 남부지역으로 전파되었다가 인도네시아로 전래된 것으로 보는 것이 일반적이다.

인도네시아의 청동기 제작 기술은 베트남의 청동기문화로 유명한 동선(Dong son) 지역과 관련이 깊은 것으로 보고 있다. 동고(銅鼓)로 잘 알려진 베트남 청동북은 그 대표적인 예이다.

인도네시아의 여러 곳에서 발견되는 청동 제품들은 대부분 발굴지역에서 제작한 것이 아니라 외부에서 들어온 것으로 보인다. 이 제품들은 제례용품이거나 높은 지위를 상징하는 호화로운 것들이다. 특히 청동 북은 아직까지도 누사 퉁가라(Nusa Tenggara) 동부지역 원주민들의 결혼 예물로 사용되기도 한다.

확실한 시기를 설정할 수는 없지만 인도네시아의 대표적인 장묘문화는 고인돌(支石墓)이 대표적이다. 고인돌은 인도네시아 전역에 많은 분포를 보이고 있다. 특히 누사 퉁가라 지역의 숨바 섬에서는 아직도 고인돌을 무덤으로 만들고 있으며 셀 수 없을 정도의 고인돌이 마을을 중심으로 분포하고 있다. 이러한 거석문화는 인근의 플로레스 섬과 술라웨시 섬에서도 보인다. 또 다른 무덤 유형에는 옹관묘가 있으며, 주로 자바의 해안지대에서 발견되고 있다.

동남아지역에서 중앙정부 체제의 도입과 도시화(Negara)된 사회의 모습은 기원후 1세기부터 발달하기 시작한 것으로 추정된다. 3세기 이후에는 동남아시아에 힌두교와 불교가 전래되면서 인도문화가 본격적으로 유입되기 시작하였다.

동선 동고 (라오스)

동선 동고 측면 (라오스)

동선 동고 발견 주요 유적도

종교의 전래로 인도네시아 군도에 인도 문자가 알려지게 되면서 선사시대가 막을 내리고 역사시대가 시작된다.

입석과 고인돌 (랑게게 유적, 플로레스 섬)

고대 국가 전개

400년경에 남부 칼리만탄 지역의 쿠타이(Kutai) 왕국의 존재가 확인되었고, 자바의 치타룸(Citarum) 강 유역에서 타루마(Taruma) 왕국이 확인됨으로써 인도네시아는 최소한 5세기 이전부터 역사시대가 시작되었음을 알 수 있다. 이 두 왕국의 통치자는 힌두교도였다. 당시 모습은 인도 여행 후 귀국 도중 배가 난파되어 인도네시아에 잠시 체류했던 중국 승려 파시엔(法顯)의 『불국기(佛國記)』를 통하여 볼 수 있다. 그가 머물던 곳은 수마트라 팔렘방(Palembang) 지역으로 추정되며 5세기경에는 이미 여러 작은 왕국들이 존재했음을 보여준다. 당시에는 원양 항해기술의 발달로 외국 상인뿐만 아니라 수도승들도 선교를 위해 자주 왕래하면서 힌두교뿐만 아니라 불교가 인도네시아에 소개되었다.

치안페아 석비의 비문 (보고르)

7세기경에는 타루마 왕국의 영향력을 계승한 스리위자야(Sriwijaya) 왕국이 팔렘방 지역에서 발달하게 된다. 이 왕국은 최초로 말라카 해협을 평정한 나라인데 해상무역을 바탕으로 강력한 국가로 성장하였으며 불교도 크게 발달하였다. 당시 이곳에 머물던 중국 승려 이징(義淨)은 『대당서역구법고승전(大唐西域求法高僧傳)』에서 통치자가 불교도이며 1천 명이 넘는 승려들을 목격했다는 기록을 남겼다. 스리위자야 왕국은 식량 공급이 원활하지 못하여 자바 중부지역에 위치했던 산자야(Sanjaya) 왕국과 긴밀한 관계를 유지하기도 하였으나 해상무역의 주도권을 놓고 대립하기도 하였다. 산자야 왕국은 힌두교를 국교로 한 왕국이며, 건국 시기는 8세기 초인데 세력을 과시하기 위하여 세계 최대의 힌두교 사원인 프람바난(Prambanan) 사원을 만들기도 하였으나 후에 스리위자야 왕국에게 멸망하였다.

스리위자야 왕국과 산자야 왕국이 패권을 다투는 동안 자바 동북부 해안지대에는 샤일렌드라(Sailendra) 왕국이 새롭게 발흥하였다. 이 왕국은 불교국가로 수마트라에 본거지를 두고 있던 스리위자야 왕국과는 이전부터 긴밀한 관계에 있었으며, 세계 최대의 불교 사원인 보로부두르(Borobudur) 유적을 남기기도 하였으나 후에 산자야 왕국과 결혼동맹을 통해 통치권을 빼앗기게 된다.

자바 중부지역은 산자야 왕국이 멸망한 이후 여러 개의 소국으로 분리되었다가 1222년 켄-아록에 의하여 말랑(Malang) 지역 근처에서 싱아사리(Singasari) 왕국이 건국되었다. 이 왕국은 해상무역을 통해 세력을 확장해 나갔지만 몽골제국의 침략으로 급속히 세력이 약화되는 틈을 이용하여 위자야(Wijaya)에 의해 멸

프람바난 사원 (찬디 시바)

망하였다.

1294년 위자야 왕은 자바 중부지역에 마자파힛(Majapahit) 왕국을 건국하였다. 힌두 · 불교 왕국으로 알려진 이 왕국에 대해서는 이전의 왕국들과 달리 기록이 남아 있는 편이다. 자바의 역사서인 『나가라커르타가마(*Nagarakertagama*)』, 『파라라톤(*Pararaton*)』과 중국의 문헌 등의 덕택으로 마자파힛 왕국에 대해서는 비교적 상세히 알려져 있다.

기록에 의하면 하얌 우룩(Hayam Wuruk)으로 알려진 라자 사나가라(Raja Sanagara)의 통치기간(1350~1398) 동안이 최고의 전성기였다. 하얌 우룩의 통치기간에는 명재상 가자 마다(Gadjah Mada)의 활약도 유명한데 이 때 수마트라와 말레이 반도 전 지역, 그리고 대부분의 칼리만탄과 자바의 중동부에 걸쳐 속국을 거느린 대국으로 성장하였다. 마자파힛은 자바 동부의 모죠커르토(Modjokerto)를

보로부두르

불상 (보로부두르)

수도로 삼았으며 주변의 국가들과 활발한 무역을 전개하였다. 이 과정에서 인도차이나 반도 중부의 참파, 캄보디아, 샴(태국), 미얀마 남부, 베트남 등과도 교역이 잦았으나 1478년 이슬람 왕국인 드막(Demak) 왕국에 의해 멸망하였다.

마자파힛 왕국은 오늘날까지도 인도네시아 사람들에게 잘 알려져 있을 만큼 인도네시아 고대 왕국 중에서 가장 큰 나라였다. 그리하여 이슬람을 수용한 마자파힛의 계승자들조차도 그들 자신을 마자파힛 왕국의 직계 후손으로 묘사하려고 힘썼고 그 흔적이 여러 곳에 남아 있다.

한편 아랍인들이 남중국해로 진출하면서 10~11세기 무렵 베트남의 참파 근방으로 유입해온 이슬람교는 13세기에 수마트라 섬 북부의 사무드라(Samudra)에 최초의 이슬람 왕국을 성립시켰다.

14세기에는 말레이 반도에 교두보를 확보하였으며 말라카가 그 중심지 구실을 하였다. 15세기에 자바로 진출한 이슬람 세력은 특히 중부지방에서 기반을 굳힌 뒤 이슬람교는 서부 자바를 비롯하여 보르네오 섬, 셀레베스(술라웨시) 섬 등 여러 섬으로 전파되어 발리 섬을 제외한 동인도제도를 휩쓸었다.

마자파힛 사원 (발리 섬)

서양 및 일본 세력의 접근과 지배

근세에 와서는 이슬람교도의 해상세력을 격파한 서유럽인들이 인도네시아에 진출해왔다.

포르투갈은 암본을 차지하고 말루카 제도의 향료 무역권을 독점하였으며, 에스파냐인들은 필리핀을 세력권으로 하여 몰루카 제도의 향료 무역에도 손을 댔으나 네덜란드에게 동인도의 해상권을 빼앗겼다. 17세기 초 네덜란드의 쿤은 자카르타에서 이곳에 관심을 보이던 영국세력을 몰아내고 바타비아(Batavia)를 건설하여 자바 섬에 네덜란드 세력을 심었다. 이어서 네덜란드의 동인도회사는 마자파힛 왕조의 뒤를 이은 마타람(Mataram) 왕국을 잠식해 들어갔다.

네덜란드는 한때 영국군에게 인도네시아에서의 활동이 제지당하기도 하였

인도네시아 국장 (판차실라)

으나 런던조약의 체결로 아시아 대륙의 여러 곳을 포기하는 대신 영국으로부터 이 지역의 지배권을 승인받게 되었다. 이로써 자바 섬의 토착 왕국은 점차 네덜란드의 무력에 굴복하게 되었고, 마침내 티모르(포르투갈령), 보르네오 섬의 일부(영국령), 필리핀(에스파냐령, 나중에는 미국령)을 제외한 인도네시아의 대부분이 네덜란드의 통치를 받게 되면서 민족자본가의 성장 가능성이 배제되었다.

19세기 후반 경부터 미약하나마 문화적 활동을 지향하면서도 종족적 색채가 강한 여러 가지 운동이 일어났다. 1908년 와히딘 수디로후소도(Wahidin Soedirohoesodo)가 주도한 부디우토모(Budi Utomo) 당이 대표적이다. 그 후 이슬람교도들을 중심으로 한 사리카트(Sarekat)이슬람(이슬람연합) 운동이 인도네시아 전역에 걸쳐 일어나 종교를 통하여 종족의 벽을 뛰어넘음으로써 대규모의 통일된 힘을 보여 주었다. 사리카트이슬람은 1920년에는 인도네시아 공산당을 탄생시켰다. 공산당은 1926년 노동조합의 통일전선(統一戰線)으로 동인도 노동조합협의회를 결성한 데 이어 공산당을 비롯한 12개 정당과 노동조합을 결속하여 반제국주의통일전선(反帝國主義統一戰線)을 결성하였으나 1926~1927년 전국에 걸친 무장폭동 이후 비합법화되었다. 그 대신 1927년에는 인도네시아국민당이 결성되어 지도권을 장악하고 민족주의적 비협조를 제창하면서 세력이 크게 확산되었다. 그러나 1931년에는 이것 역시 해산 명령을 받게 되어 민족해방운동은 점차 후퇴하였으나, 대인도네시아당이 그 뒤를 이었다. 1936년에는 각종 정당 및 노동단체를 통합한 인도네시아인민회의가 탄생하여 보통선거에 의한 완전한 의회의 획득이라는 슬로건을 정면으로 내세웠다.

독립기념탑 (자카르타)

그 후 제2차 세계대전 중인 1942년에 바타비아를 점령한 일본군이 동인도 전역에 군정(軍政)을 실시하였기 때문에 민족운동은 지하로 숨어들었다. 일본의 항복 직후인 1945년 8월 17일 민족운동 지도자 수카르노(Sukarno)와 핫타(M. Hatta)를 중심으로 인도네시아 공화국의 독립이 선언되었다.

독립 이후

일본의 항복 후 실질적인 식민지 회복을 노렸던 네덜란드는 1947년 경찰행동(警察行動)이라는 명목으로 인도네시아에 대하여 전면적인 공격을 가해왔다.

일본군의 방공호 (발리 섬)

이 사건은 국제연합(UN)의 조정으로 1948년 1월 15일 렌빌(Renville) 협정*에 의해 수습되었으나 이 협정은 인도네시아 민족주의자들의 불만을 샀으며, 그 결과 급진세력이 공산당을 중심으로 결속하여 인민민주당을 조직하였다. 그러나 공화국 정부는 마디운(Madiun) 사건**을 계기로 이들을 모두 제거하였다.

그 후 1948년 12월 네덜란드가 제2차 경찰행동을 일으켜 공화국을 위협하자 다시 반(反)네덜란드 감정이 높아졌고 식민지 재편성의 주도권을 쥐고 있던 미국이 네덜란드에 압력을 가하기도 하였다. 이 문제를 해결하기 위해 열린 1949년 12월 27일 헤이그 원탁회의 결과 인도네시아연방공화국이 탄생하였고, 네덜란드와의 사이에는 네덜란드 · 인도네시아연합이 성립되었다. 그 뒤 공화

---

* 미국 선박 렌빌(Renville) 호에서 협상이 이루어진 데서 유래한 용어이다.

** 마디운은 수라바야의 남서쪽 145km 지점에 있는 솔로 강의 지류인 마디운 강 유역의 기름진 평야를 가진 도시로, 이곳에서 공산주의자들이 반란을 일으켜 그 사건을 '마디운 사건'이라 부른다.

국 정부는 단일국가 수립에 노력하여 1950년 8월에는 연방을 해체하였다.

그 결과 서유럽형 의회제도를 골자로 하는 1950년 헌법에 의하여 단일독립국가로 통일되었고, 1956년 2월 네덜란드 · 인도네시아연합을 폐기함으로써 완전한 독립국이 되었다. 그러나 네덜란드의 경제적 권익은 그대로 남아 있어 인도네시아 발전의 제약요인이 되었다. 국제적으로는 이른바 콜롬보 그룹에 속하여 SEATO(Southeast Asia Treaty Organization: 동남아시아조약기구)에 반대하며 국제적 긴장완화를 위해 적극적인 활동을 벌였다.

1963년에는 수카르노(Sukarno)가 군부의 지지 하에 종신 대통령에 취임함으로써 독재체제를 수립하였으며, 대외적으로 UN을 탈퇴하고 소련과 중국과의 관계를 강화하였으며 대내적으로 용공노선을 지지함으로써 군부와 공산당의 대립으로 경제난과 정치적 혼란을 초래하였다. 이에 1965년 반공적인 군부세력의 쿠데타가 발발하여, 1968년 수하르토(Suharto) 정부가 출범하였다. 수하르토 정부는 1969년 이리안자야(Irian Jaya)를, 1975년 동티모르(East Timor)를 합병하였으며(1999년 8월에 UN 감시 아래 치러진 주민투표에서 동티모르의 독립이 결정되었다), 1992년 총선에서 집권당이 승리함으로써 연속집권의 기반을 다졌다.

수실로 밤방 유도요노(Susilo Bambang Yudhoyono)는 2004년 당선된 이후 2014년까지 대통령직을 수행하였고, 현직 대통령은 조코 위도도(Joko Widodo)이다.

02

인도네시아의 정치와 경제

정치

인도네시아의 국체(國體)는 공화국, 정체(政體)는 대통령 중심제이다. 1945년 8월 17일 공화국 독립을 선포한 이후 대통령 중심제를 유지하고 있으며 크게 5개(Java, Sumatra, Kalimantan, Sulawesi, Papua)의 섬에 총 33개의 지방자치조직으로 이루어져 있다.

인도네시아는 신앙의 존엄성, 인간의 존엄성, 통일 인도네시아, 대의정치, 사회정의 구현 등 1945년에 제정된 헌법에 따라 '판차실라'(Pancasilla), 즉 '건국 5원칙'을 국가 이념으로 삼고 있으며, 헌법을 개정하여 강력했던 대통령의 권한이 축소되고, 국민 대표기관인 국민협의회(MRP)와 국회(DPR)의 권한이 강화되었다.

인도네시아는 1998년 민주화 이후로 동남아시아 유일의 민주주의 국가가 되었다. 그러나 아직까지 심각한 빈부격차, 부정부패가 만연한 정치권 등 많은 문제들을 가지고 있다. 대외적으로는 비동맹 중립노선을 추구하면서 실리외교에 중점을 두고 있다.

인도네시아는 네덜란드 식민지 독립투쟁으로 힘쓰던 수카르노가 초대 대통령이 되었고(1949~1967), 그 후 수하르토 장군이 공산주의의 위협으로부터 국가를 보호한다는 명분으로 쿠데타를 일으켜 대통령직을 차지하였다(1967~1998). 이후 수하르토는 7번의 대통령 연임으로 32년 동안 장기집권을 하였다. 그는 1980년대에 인도네시아의 부를 창출할 수 있는 외국 투자, 무역 자유화를 추구하며 경제개발을 시작하여 1996년까지 평균 7%의 경제성장을 기록했다. 1998년 금융위기가 인도네시아에도 영향을 미쳤고 경제 불황 속에 인도네시아 5월 항쟁이 일어나, 수하르토는 대통령직에서 물러나게 되었다. 수하르토는 장기집권 시 그 가족 등 친인척과 수백억 달러에 달하는 국가 재산을 횡령한 것으로 드러났다. 수하르토 이후 1998년부터 2001년까지 세 번의 대통령 교체(Bacharuddin Jusuf (BJ) Habibie, Abdurrahman Wahid, Megawati Sukarnoputri)와 혼란기를 토대로 점차 자유민주주의 체제로 전환해 나갔다. 유도요노 대통령(Susilo Bambang Yudhoyono) 집권 하에 인도네시아는 민주화를 성취하였고, 2014년 7월 이뤄진 대통령 선거에서는 조코위가 당선되며 민주화에 한 발짝 나아가는 계기가 되었다. 2014년 대통령 선거에서는 프라보오 수비안토(Prabowo Subianto)와 조코위의 예측할 수 없는 선거전이 펼쳐졌다.

먼저 프라보오(Prabowo Subianto)는 수하르토 전 대통령의 전 사위로서 수하르토 전 대통령 집권 시기에 육군 전략사령부 사령관이었다. 그는 지난 선거에서는 이슬람 정당들과 연합을 하며 대 인도네시아운동당(Gerindra)을 창설하여 대통령 후보로 출마하였다. 프라보오는 근본적 이슬람주의, 포퓰리즘, 배타적인 국수주의를 내세우며 사회 질서 유지를 핵심 정책으로 내세웠다. 프라보오 후보의 지지층은 보통 급진적인 무슬림과 보수층이다.

조코위는 가난한 목수의 아들로 태어나 가구 판매업을 하다 2005년 고향인 중부 자바 솔로에서 시장에 당선되는 것을 시작으로, 2012년 압도적인 지지로 자카르타 주지사가 되었다. 그리고 국회의원을 거쳐, 첫 문민 대통령이 되었다. 그는 솔로 시장 시절 솔로의 경제개발, 사회복지, 부패 척결 등 친서민 정책을 펼쳤으며, 청렴한 이미지로 지지도를 높였다. 조코위는 인도네시아민주주의투쟁

당의 대표로서 서민 생활의 안정과 지역 통합, 인프라 구축, 의료보험제도 및 복지정책 확대를 대통령 선거의 공약으로 내세웠다. 조코위 후보의 지지층은 주로 젊은 층과 민주주의를 갈망하는 층이다.

초반에는 프라보오 후보자의 지지율이 약간 더 높았으나 점차 결과를 예측할 수 없는 양상을 펼쳤다. 프라보오는 굉장한 재력을 이용해 미국의 부시 전 대통령 캠페인의 전략가 롭 알렌을 고용해 블랙 캠페인을 펼쳤고 자원봉사자를 돈으로 샀다. 그리고 개인 비행기로 기자들과 캠페인을 만들었다. 이에 반해 조코위 후보는 시민들과 운동가들의 지원으로 선거 캠페인을 펼쳤고, 시민들이 직접 나서 모금운동을 하였으며, 인도네시아 음악가들은 순수하게 조코위 후보를 지지하는 마음으로 자카르타의 붕카르노 경기장에서 콘서트를 열기도 했다.

그 결과 조코위 후보의 민주주의가 승리하였고 프라보오 후보는 부정선거를 주장하며 결과를 받아들이지 못한다고 소송을 냈다. 하지만 법정에서도 조코위의 손을 들어주어 2014년 10월에 조코위의 대통령 취임이 이루어졌다.

경제

인도네시아는 동남아시아에서 유일한 OPEC 회원국이며 세계 10대 산유국이기도 하다. 그러나 원유를 정제하는 기술을 보유하지 못하여 원유를 해외에 팔고 정제된 기름을 다시 사들이는 방법을 택하고 있다. 원유와 천연가스의 수익은 재정수입의 60%에 달하고 총 수출액의 70%에 다다른다. 이 외에도 산림면적 세계 2위로서, 열대과일과 임산물은 세계적으로 공급되고 있으며 세계 3위의 커피 생산국이기도 하다.

인구는 세계 4위로 점점 늘어나고 있으며 급격한 도시화로 도시 인구 집중현상이 나타나 출퇴근 시간에 심각한 교통 체증이 발생한다. 인도네시아 총 인

국제적 관광지 발리 섬

구의 65%가 자바 섬(인도네시아의 정치 · 경제 · 사회 · 문화의 중심지), 발리 섬에 집중되어 있으며 인구의 절반 이상이 젊은 층이다.

경제 수준은 향상되는 추세이지만 빈부의 격차가 매우 심하며 지역 간의 소득분배 및 교육수준, 직업 등의 격차가 심하다. 인도네시아 경제 부문의 약 80%를 4%의 중국 화교가 점유하고 있어, 화교와의 관계가 좋지 않아 여러 번 화교 폭동이 일어났다.

가장 큰 폭동은 1998년에 있었다. 인도네시아 경제가 매우 좋지 않아 IMF를 겪으며 물가는 계속 치솟았고 대통령의 독재로 민심이 좋지 않을 때, 화교의 횡포에 인도네시아 서민들의 분노가 화교에게로 향했다. 무차별적인 폭동으로 상당한 수의 화교들이 목숨을 잃었고 그 시기에 외국인들은 해외로 도피했으며 인도네시아에 남은 한국인들은 태극기를 들고 다니며 폭동을 피했다.

인도네시아는 2004년 10월 수실로 밤방 유도요노 정부가 출범하면서 인도네시아의 정치 및 사회 기반도 안정을 이루게 되었다. 이를 바탕으로 지속적으로 금융과 산업을 육성하고 있다. 또, 고용 구조를 조정하고 규제를 완화하였으며, 투자 유치 환경을 개선하는 등 경제개혁 정책을 시행하였다. 이에 따라 인도네시아의 경제성장률은 2007년 6.3%, 2008년에는 6.2%를 달성하였다.

그러나 2008년 하반기에 시작된 글로벌 금융위기는 인도네시아의 주가지수를 20% 이상 폭락시키는 등 인도네시아 경제에도 영향을 끼쳤다. 하지만 세계 경기 침체에도 불구하고 인도네시아는 낮은 대외 의존도와 양호한 내수경기를 바탕으로 2009년에도 4.5%의 경제성장률을 기록했다.

인도네시아가 지속적인 경제성장을 하기 위해서는 낙후된 인프라 수준을 개선하고, 행정의 효율성을 높여야 하는 과제를 안고 있다. 인프라 확충을 위해서 인도네시아 정부는 2010년부터 2014년까지 추진할 민관합작(PPP: Public Private Partnership) 사업으로 총 473억 달러 상당의 프로젝트 100건을 발표했다.

국내 자본 형성이 미흡한 인도네시아가 경제성장을 하기 위해서는 외국인 투자가 필수적이다. 2009년 국제금융위기 여파로 외국인 투자가 다소 감소하였으나 전체적으로는 증가 추세이다.

03

인도네시아의 사회와 문화

사회

인도네시아의 주요한 특색 중 하나는 종족 구성이 복잡하다는 것이다. 주민의 대부분은 직상모(直上毛)와 황갈색의 피부를 가진 말레이 인종이지만 이들도 섬에 따라 여러 종족으로 나뉘며, 동부에는 빳빳한 머리털에 암갈색의 피부를 가지고 있는 파푸아인이 포함되어 있다. 또한 말레이인이 훨씬 많이 거주하고 있는 지역에도 수마트라 섬의 쿠부족과 술라웨시 섬의 토라자족처럼 선주민(先住民)으로 추정되는, 짙은 검정색 피부를 가진 네그리토족과의 혼혈이 분포한다. 술라웨시 섬의 미나하사족(族), 보르네오 섬의 다야크족 등은 비교적 혼혈 정도가 낮은데도 종종 폴리네시아계(系)와 비슷한 밝은색 피부의 종족이다. 그 밖에 역사시대에 이주해온 중국 · 인도 · 아라비아 · 유럽인 및 그들의 혼혈 인종이 도처에 분포하여 인도네시아가 복잡한 민족 이동의 무대였다는 사실을 보여준다.

대표적인 인종은 자바족(40.6%), 순다족(15%), 마두라족(3.3%), 아채족, 바탁족, 미낭카바우족 등이며, 전체적으로 300여 종족이 혼합되어 있다. 이들은 인도네시아어를 공용어(共用語)로 사용하고 있으며, 주민의 약 86%는 13세기 이후

토라자족의 고상 가옥과 가종수 교수

진출한 이슬람교도이지만 일상생활에서는 그 이전에 이미 군도(群島)를 지배하였던 힌두교의 의식도 뿌리 깊게 남아 있으며 애니미즘적 요소도 남아 있다.

인도네시아 사람들은 악수나 물건을 주고받을 때 오른손 또는 두 손을 모두 사용하고, 땀을 흘리는 일이 많으므로, 기상 시와 취침 전에 반드시 목욕을 하는 습관을 가지고 있다. 또 머리는 영혼을 담은 곳이라고 생각하여 어린아이라도 머리를 만지지 않는다. 이슬람교의 영향으로 술에 취한 것을 싫어한다.

지방의 경우 노인 및 어린이들은 통상 낮(오후 2~4시)에 휴식을 취하고, 이슬람교의 금식월인 라마단의 마지막 무렵에는 성대한 축제를 거행한다.

인도네시아는 중국, 인도, 미국에 이어 세계 4위(2억 4천만)의 인구 대국이며, 300여 종족이 이용하는 언어도 500여 종에 이르고 종족별로 상이한 문화와 전통을 유지하고 있으면서도 표준어인 바하사 인도네시아(Bahasa Indonesia)는 국민의 관습적 동질성 유지에 크게 기여하고 있다.

토라자족의 장례식

인도네시아는 종교와 떨어져서는 생각할 수 없을 정도로 정치, 경제, 문화 등 다양한 분야에서 종교와 밀접한 관계를 가지고 있다. 중앙부처에 종교만을 관장하는 부처(Ministry of Religious Affairs)가 있으며, 인도네시아인의 신분증에는 반드시 본인의 종교를 기입하게 되어 있을 정도로 종교생활을 강조하고 있다.

인도네시아는 이슬람 국가로 알려져 있지만 이슬람교를 국교로 정하지 않고 헌법에 종교의 자유를 명시하고 있어 기타 종교 활동도 함께 보장하고 있다. 인도네시아 정부는 이슬람교를 비롯하여, 기독교, 가톨릭교, 힌두교, 불교, 유교의 여섯 가지 종교를 공식적으로 인정하고 있으며, 인구 비율로는 이슬람교(86%), 기독교(6%), 가톨릭(3%), 힌두교(1.8%)로 나타나고 있다.

이슬람이 인도네시아에 소개된 것은 13세기경으로 인도를 통해 전파된 것으로 알려져 있다. 인도네시아도 여타 이슬람 국가와 마찬가지로 돼지고기, 음주를 금기시하고 있으며, 하루 다섯 차례의 기도와 금요예배, 단식월(라마단)을

힌두교도의 사원제 (발리 섬)

지키고 있다.

기독교의 경우 네덜란드 선교사에 의해 16세기 초 처음으로 소개되었으며 20세기 들어 서양의 선교사들의 파견이 늘어남에 따라 빠르게 성장했다. 현재 술라웨시 지역과 파푸아 지역에 기독교도가 많이 분포하고 있다.

가톨릭교의 경우 16세기에 말루쿠(Maluku) 섬에 도착한 포르투갈 선교사 프랜시스 사비에르(Francis Xavier)를 통해 전파되기 시작하였으며 현재 주로 파푸아와 플로레스 지방에 넓게 퍼져 있다.

인도네시아는 빈부격차가 너무 심하기 때문에 중상위층 사람들은 기사와 식모를 둔다. 그리고 지반 자체가 약하기 때문에 우리나라처럼 지하철을 만들 수가 없다고 한다. 예를 들면, 우리나라의 제주도는 지반이 화강암, 응회암, 현무

힌두교 사원 (발리 섬)

암으로 구성되어 있어 지반이 약하다. 이와 같이 인도네시아도 섬나라이고 화산 폭발이 많은 나라이다. 그래서 지하철을 쉽사리 만들기가 어렵고, 지진도 빈번히 일어나기 때문에 건물을 건설할 때도 튼튼하게 지어야 한다. 이러한 이유로 대중교통은 발달하지 않았지만, 그래도 버스와 기차는 있다. 마을버스 같은 것은 '앙꽃'이라고 하고 시내버스를 '코파자'라고 한다. 앙꽃은 우리나라로 예를 들면, 1970~1980년대 버스를 생각하면 된다. 그리고 오젝이라고 불리는 교통수단이 있는데, 이것은 오토바이로 목적지까지 가는 것이다. 바자이도 오젝과 비슷한데 이것은 오토바이의 뒷부분을 변형시켜서 삼륜차로 만든 것이다.

문화

다양한 인종 집단으로 이루어진 인도네시아는 오랜 세월동안 문화적인 동화작용을 거쳤으며, 그 결과 풍부한 문화양식을 형성하였다. 대승불교 유적, 힌두교 사원, 금속 세공, 장식예술 등은 인도네시아의 문화유산으로 보호 · 계승되고 있다.

인도네시아에서는 약 5천 년 이상 된 것으로 추정되는 인간과 동물의 형상을 그린 동굴벽화가 남부 술라웨시, 이리안자야 등에서 발견되었으며, 기원후 100년경의 천연색 그림이 남부 수마트라 등의 대규모 고분 내벽에서 찾아볼 수 있을 정도로 회화의 역사는 오래되었다. 특히 양초와 염색을 이용한 바틱 기법은 일종의 그림 장르로서, 초기 자바인 문학에서는 바틱을 만드는 사람들이 화가로 명명되었고, 현재는 중부의 족자와 발리가 바틱으로 유명하다. 발리풍 회

바틱을 입고 있는 청년들 (발리 섬)

발리 회화

찬디 로로종그랑

화는 꽉 찬 공간을 활용하여 힌두 설화 및 전설 등을 소재로 시 · 공 구도를 초월한 기법으로 그려 그 독자성을 인정받고 있으며, 1930년대부터는 서양화 기법의 영향으로 색과 구도의 개념을 도입하는 한편, 전통적인 힌두 설화, 전설 그리고 일상 생활상을 화폭에 담고 있는 것이 특징이다.

인도네시아의 미술은 인도 미술의 한 갈래가 발전된 형태라고 볼 수 있다. 이것은 동남아시아 제국의 경우와 동일하며 역사시대 초기부터 오랫동안 인도 문화권을 형성하고 있었다는 점과 관련이 있다. 이 지역에서 가장 오래된 유품은 수마트라 섬 · 자바 섬 동부, 보르네오 섬, 술라웨시 섬에서 각각 하나씩 발견된 불상(수마트라 섬의 것은 석불이고, 그 밖의 것은 모두 청동불상)이다. 이 불상들은 4~5세기 남인도 양식의 작품으로 수마트라 섬의 불상을 제외하면 인도에서 건너온 사람이 가져온 것과 동일한 것이다. 4~5세기 전후에 인도계 미술은 이들 섬에

꼭두각시 인형극

뿌리내리게 되었다고 볼 수 있다.

한편 인도네시아 민족의 미술활동에 대한 자료는 남아 있지 않았으나, 7~8세기에 접어들면서 갑자기 내구 재료인 돌을 이용하는 건축 및 조각을 시작하였으며 이후 많은 유적을 남겼다. 이것은 자바 섬, 수마트라 섬에 관한 것으로(특히 자바가 유명하다) 다른 섬들에는 이와 같은 유적이 없다. 이 밖에 인도네시아계 미술이 행해졌는지의 여부는 알 수 없다. 자바 섬은 인도문화권을 형성하고 있는 동남아시아 제국 중 가장 우수한 종교예술을 전개시킨 지역으로, 인도의 불교 및 힌두교 미술의 수용을 필두로 8~9세기에는 중부 자바에서 가장 먼저 전성기를 맞이하였다.

인도 굽타계의 전아(典雅)하고 가지런한 양식을 기조로 하여 보로부두르(불교) 및 찬디 로로종그랑(힌두교)과 같은 동양미술사상의 우수한 걸작을 창조하였다. 그 후 정치의 중심이 동부 자바로 이동한 후부터는 인도와의 교섭이 줄어듦

바롱 댄스

에 따라 미술도 점차 쇠퇴하고 대신 자바의 민족적 요소가 짙어지기 시작하였다. 즉 자바의 미술사는 전형적인 쇠퇴의 과정을 특색으로 하고 있다.

오랜 유품으로는 팔렘방 부근에서 출토된 가장 오래된 석불 외에 스리비자야 초기에 속하는 석제 및 청동제의 불교존상(佛教尊像)이 여러 점 있는데, 이들은 중부 자바의 미술과 양식(樣式)과의 밀접한 관계가 있다는 것이 주목된다. 동부 자바에서 발견된 찬디 유적, 힌두교 및 불교의 존상 및 숭배물 등이 여기에 해당하는데 그 중에서도 1286년의 연기(年紀)인 불공견색관음(不空羂索觀音), 14세기경의 거대한 바이라바(Bhairava)의 입상(立像) 등이 대표적이다. 이들은 인도계의 표현이지만 수법은 현저하게 인도네시아화되어 있다.

꼭두각시 인형극(Wayang Kulit, Wayang Golek)은 다랑(Dalang)이라는 변사가 힌두 신화 및 설화 등의 전래 민속내용을 소재로 하여 가죽, 나무, 바틱으로 만든 꼭두각시 인형을 무대 뒤에서 조종 · 표현하는 전통 연극이다. 주로 자바에서 매우 인기가 높으며 최근에는 민주화 추세에 힘입어 은유적으로 현 사회상황을 풍자한 인형극이 자주 공연되고 있다. 이 외에 관광지로 유명한 발리에서는 레공 댄스, 바롱 댄스, 케작 댄스 등이 인기를 얻고 있다.

인도네시아는 수 천년 동안을 지나오면서 외부로부터 많은 영향을 받았다. 새로운 이주민이 들어올 때마다 이런 현상은 더해졌으며 이들은 때로 과거의 전통들을 밑으로 가라앉히기도 했고 때로는 그것들을 흡수하고 변형시켜 신비한 혼합 형태를 이루었다. 그 결과 인도네시아는 현재 공존하는 서로 다른 문화들과 많은 전통들이 신기하게 혼합되어 있는 모습을 보이고 있나. 다양한 인종집단으로 이루어진 인도네시아는 오랜 세월에 걸쳐 문화적인 동화작용을 거쳤으며, 그 결과 풍부한 문화양식을 형성하였다.

참고문헌

가종수, 『지금도 살아 숨쉬는 숨바 섬의 지석묘 사회』, 북코리아, 2009.

______, 『신들의 섬 발리』, 북코리아, 2010.

국립중앙박물관, 『인도네시아 미술』, 시월, 2005.

국립제주박물관, 『적도의 황금왕국 인도네시아』, 디자인공방, 2012.

양승윤, 『인도네시아사』, 한국외국어대학교 출판부, 2013.

외교부, 『인도네시아 개황』, 외교부 남아시아태평양국 동남아과, 2013.

우장문, 『우리나라와 인도네시아의 고인돌 연구』, 학연문화사, 2013.

네이버 백과사전.

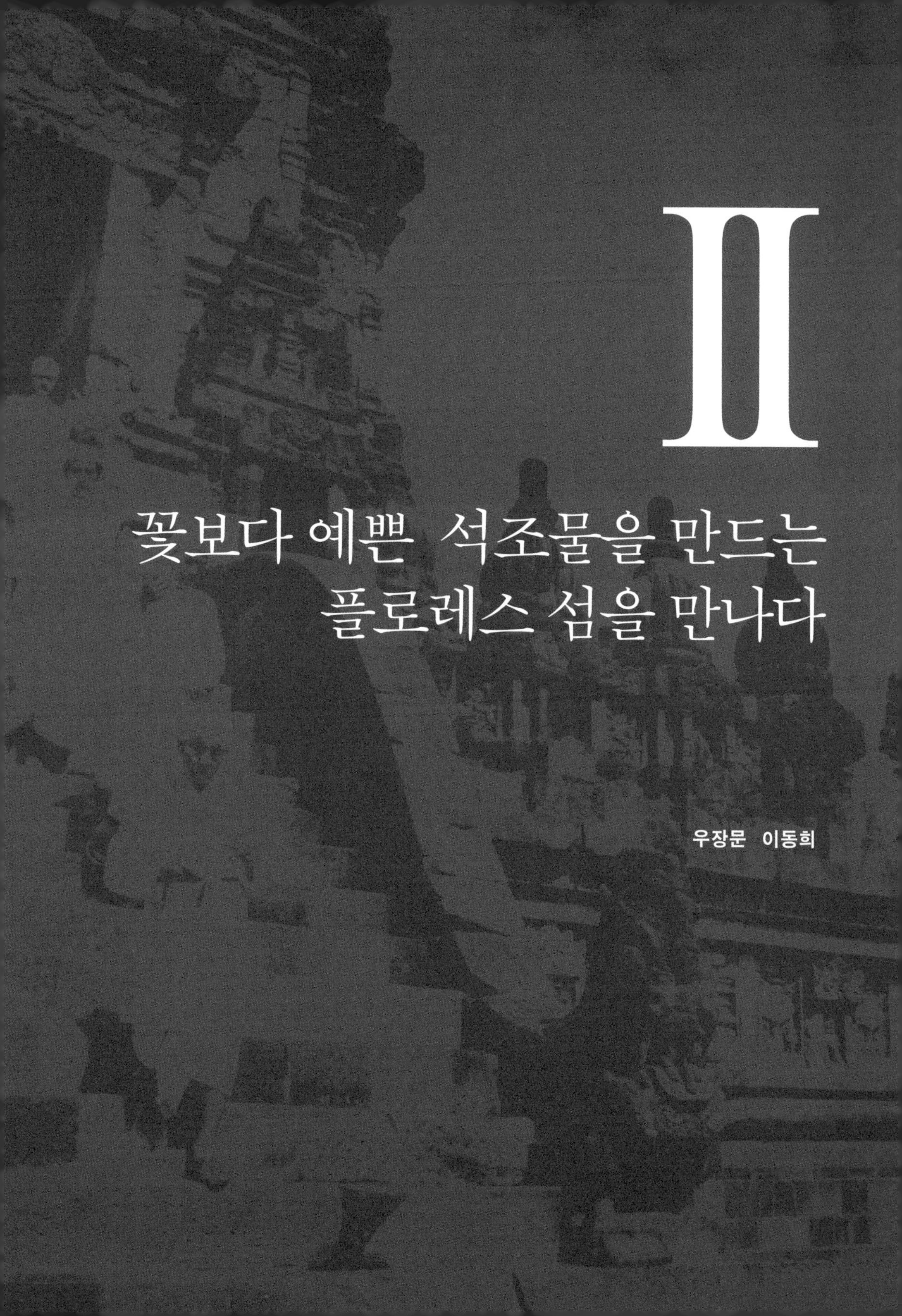

II

꽃보다 예쁜 석조물을 만드는 플로레스 섬을 만나다

우장문 이동희

01

플로레스 섬 들여다보기

플로레스 섬은

플로레스 섬은 우리나라에 잘 알려진 발리(Bali) 섬의 덴파사르(Denpasar)에서 비행기를 타고 동쪽으로 두 시간 정도 떨어진 거리에 위치한 섬이다. 본래 인도네시아어로 'Pulau Flores'라고 불렸던 이 아름다운 섬은 14세기부터 포르투갈과 활발히 교역하면서, 포르투갈어로 '꽃'이라는 뜻을 가진 '플로레스 섬'이라 불리게 되었다.

행정구역상으로는 누사텡가라(Nusa Tenggara) 주에 속하며, 플로레스 섬의 서쪽에는 숨바와(Sumbawa) 섬, 남서쪽에는 숨바(Sumba) 섬, 동남쪽으로는 티모르(Timor) 섬이 위치한다. 동남쪽에 위치한 티모르 섬은 1977년 인도네시아령(領) 동티모르 주로 강제 편입되었다가 엄청난 희생을 치른 후 2002년 독립한 동티모르(East Timor)로 잘 알려진 곳이다. 플로레스 섬은 서망가라이 현, 망가라이 현, 동망가라이 현, 가다 현, 나게 케오 현, 엔데 현, 싯카 현, 동플로레스 현, 응바타 현 등 아홉 개의 행정구역으로 나누어져 있다.

면적은 1만 4,300km^2, 동서 360km, 남북 70km로 뱀처럼 동서로 길게 뻗어 있다. 인도네시아에서는 화산이 폭발하여 뉴스거리가 되기도 하는데 이 섬에도

아름다운 플로레스 섬

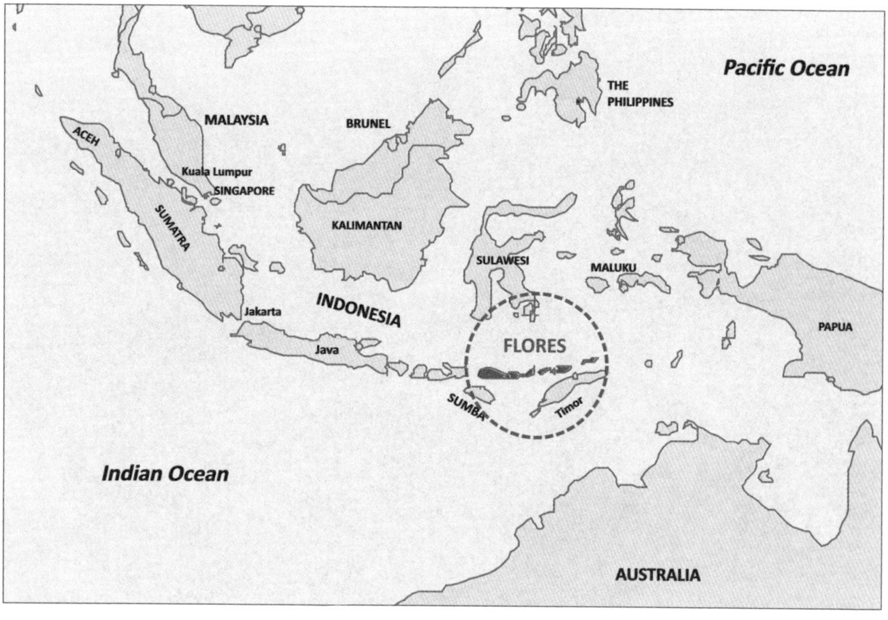

플로레스 섬 위치도

루텡 인근의 계단식 논

고산지대의 레이트웨이 마을

조푸 마을의 어린이들

16개의 활화산이 있다. 섬의 대부분은 산악지대로 해안 부근에 약간의 평지가 있을 뿐이어서 저지와 고지의 온도 차이가 상당하여 고산지대에서 숙박을 할 때에는 한여름에도 한기가 느껴질 정도이다.

주산업은 벼, 잡곡, 얌(감자의 일종) 등을 주로 하는 화전 경작이다. 일부 지역에서는 벼의 이모작이 행해지기도 하지만 화산섬이라서 토지가 척박하다. 가축은 물소, 돼지, 말, 소, 닭 등이 있는데 이들은 주로 제례용으로 사용된다.

인도네시아는 300여 족에 이르는 다민족 국가인데, 플로레스 섬에도 여러 민족이 살고 있다. 서부 플로레스에는 망가라이(Manggarai)족, 리웅(Riung)족, 가다(Ngada)족, 나게 케오(Nage Keo)족이 주로 거주하며, 중부 플로레스에는 엔데(Ende)족, 리오(Lio)족, 싯카(Sikka)족이 많이 살고 있고, 동부에는 라란투카(Larantuka)족이 많다.

동부와 서부의 산악지대에 거주하는 원주민은 숨바족과 같은 고(古)말레이족에 속한다. 고인돌 등의 거석문화는 동부와 서부의 산악지대에만 분포하고 있어 그 기원은 고말레이족의 도래와 관련 있는 것으로 추정된다.

플로레스 섬의 원주민들은 높은 산악지대에 주로 거주하는데, 그 이유는 예로부터 부기스(Bugis)족의 해적선이 바닷가의 주민들을 노예로 납치한 것 때문으로 전해진다.

플로레스 섬의 역사 · 정치 체계는 부족 국가가 난립하고 있었던 사회였기에 지금도 일부 오지 마을은 수장이 신관을 겸하면서 종교적 권위에 의존한다. 일부 전통마을은 귀족층, 평민층, 노예층의 3계층으로 이루어져 있다.

플로레스 섬의 관광 명소

신비감을 자아내는 삼색호수

물의 색깔이 세 가지라서 붙여진 '삼색호수'(Danau Tiga Warna; Lake Kelimutu; The three colored lake)는 화산이 만들어낸 아름다운 물 색깔이 일출과 함께 장관을 연출하는 세계적인 관광 명소이다.

삼색호수는 플로레스 섬의 동쪽에 위치한 마우메레(Maumere)에서 남서쪽으로 83km, 엔데(Ende)에서 북쪽으로 63km의 거리에 있는 클리무투(Kelimutu, 해발 1,690m) 산의 정상 근처에 자리하고 있다. 산 중턱에는 모니(Moni) 마을이 있는데, 이 마을에서 호수 가까이까지 자동차로 올라간 후 주차장에서 도보로 20~30분 정도를 더 가면 신비에 싸인 호수를 만날 수 있다.

이곳은 1992년에 국립공원으로 지정되면서 많은 관광객이 찾고 있다. 어떤 이유로 물의 색깔이 여러 가지 색을 만들어내는지는 확실하지는 않으나 화산 폭발로 생긴 분화구에 호수가 생기고 화산 가스의 활동이 호수에 포함된 광물질과 화학반응을 일으켜 만들어졌다는 설이 유력하다.

삼색호수에서 본 일출

삼색호수

삼색호수의 원숭이

호수의 색깔은 초록색, 초콜릿색, 검은색, 푸른색, 붉은색, 흰색 등 다양하게 나타나는데 이 호수가 인도네시아의 옛날 5천 루피아 화폐에도 그려져 있을 정도로 매우 유명하다.

세 호수는 원주민어로 '부모의 영혼'(Tiwu Ata Mbupu), '젊은 영혼의 장례식'(Tiwu Nuwa Muri Ko'o Fai), '나쁜 사람의 영혼'(Tiwu Ata Polo)이라고 각각 일컬어지는데 색깔이 조금씩 변하고 있어 세 호수가 어떤 색을 띤 호수라고 단정하기는 어렵다. 리오족 사람들은 소원을 빌거나 병을 치료하고 싶을 때 이 호수를 많이 찾는데, 사람이 죽으면 그 영혼이 이 호수로 간다고 믿고 있기 때문이다.

호수 근처에는 먹이를 구하려고 배회하는 원숭이들이 이곳을 찾는 사람들을 즐겁게 해주기도 한다.

호빗의 뼈가 발견된 리앙 부아 동굴

플로레스 섬의 동쪽에 위치한 망가라이 현의 중심지인 루텡(Ruteng) 북쪽에 있는 리앙 부아 동굴(Liang Bua Cave)에서는 세계 인류학자들을 깜짝 놀라게 한 유물 여러 점이 발견되었다.

그중 사람 뼈는 성인의 키가 1m 정도밖에 되지 않으며, 뇌의 용량도 380cc 정도에 지나지 않아 많은 학자들의 이목을 집중시켰다. 이 뼈는 톨킨(John Ronald Reuel Tolkien, 1892~1973)의 소설에 나오는 소인족(小人族)의 명칭을 따서 '호빗'(Hobbit)족이라고도 불리지만 학자들은 일반적으로 '호모 플로레시엔시스'(Homo Floresiensis)라고 칭하고 있다.

2003년 브라운(Peter Brown), 모우드(Michael Morwood) 등이 이끄는 오스트레일리아와 인도네시아의 합동 연구팀은 석회암 동굴인 리앙 부아 동굴의 퇴적층에서 9만~1만 3천 년 전에 살았던 것으로 추정되는 이 뼈를 발견했다. 뿐만 아니라 동아시아와 아프리카 등지에 분포했던 화석 코끼리 스테고돈(Stegodon)의 뼈와 비교적 정교한 형태의 작은 돌연모들도 발견하였다.

주목을 받고 있는 사람 뼈는 크기가 현대 인도네시아인의 55%, 호모 에렉투스(Homo Erectus)의 52%에 지나지 않을 정도로 아주 작아 처음에는 어린아이의 뼈라고 판단했었다. 하지만 연구 결과 성인의 뼈임이 밝혀지면서 현생인류(現生人類)와는 다른 특징을 지니는 새로운 종(種)이라는 해석이 제기되었다. 그 후 2005년에도 추가 발굴을 통해 팔과 아래턱 등

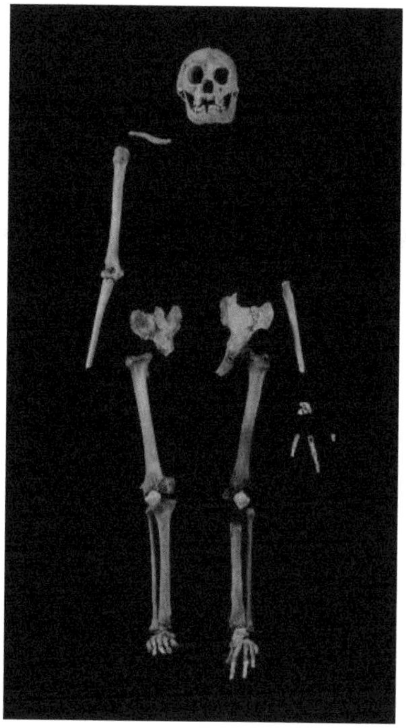

호모 플로레시엔시스

리앙 부아 동굴

의 뼛조각이 새롭게 발견됨으로써 소인(小人)의 특징을 지니는 종이라는 주장을 뒷받침하였다.

하지만 뼈의 주인공은 지역적 특성을 지닌 호모 사피엔스사피엔스(Homo Sapiens Sapiens)일 뿐 새로운 종으로 볼 수는 없다는 반론도 제기되고 있다. 이들은 플로레스인이 환경에 적응하여 피그미(Pygmy)처럼 키가 작은 신체적 특성을 지니게 된 현생인류에 해당한다고 주장하기도 하고, 소인증(小人症), 소뇌증(小腦症)

리앙 부아 동굴 근처의 사람들

등의 유전적 질병 때문에 나타난 사람의 뼈라고 주장하는 학자들도 있다.

많은 이들을 궁금하게 만든 뼈가 발견된 리앙 부아 동굴은 현재 비교적 잘 남아 있고, 동굴 주변의 원주민들 중에는 비교적 작은 체구를 가진 사람들을 쉽게 만날 수 있다.

02

플로레스 섬의 돌무덤을 만나다

플로레스 섬 답사 동기

플로레스 섬을 답사하게 된 이유는 전통적인 무덤 양식인 고인돌이 곳곳에 많이 남아 있을 뿐만 아니라, 아직도 고인돌을 만드는 곳이 있기 때문이었다.

국내 학계에서는 고인돌이 언제, 어디에서부터 시작이 되었는지에 대한 의견이 분분하다. 이에 대한 의문을 풀어보기 위하여 현재도 고인돌이 만들어지고 있는 인도네시아를 찾게 된 것이고, 그 과정의 하나로 플로레스 섬도 답사하게 되었다.

현재 우리나라 고인돌의 원류에 대해서는 요동 지역, 대동강 유역, 한강 유역에서 시작되었다는 주장, 인도나 인도네시아 등에서 해류를 따라 올라왔다는 주장 등이 있다. 즉 북방기원설, 남방기원설, 자생설 등으로 요약되지만 합의가 이루어지지는 않은 상태이다.

김병모 등에 의해서 제기되었던 남방기원설에 대해서 알아보기 위해서는 동남아시아 지역에서 가장 많은 고인돌이 분포하고 있으며 아직도 고인돌이 만들어지고 있는 인도네시아 고인돌을 살펴보지 않을 수 없었다. 인도네시아에는 수마트라, 자바, 술라웨시, 칼리만탄, 누사텡가라의 여러 섬 등에 수많은 고인돌

2010년 숨바 섬 답사단

이 분포하고 있다.

이 가운데 고인돌이 가장 많이 분포해 있는 섬 중의 하나인 누사텡가라 지역의 숨바 섬과 플로레스 섬을 답사한 것이다. 숨바 섬에 대한 조사는 이미 2010년 2월에 진행했었다.*

그 후 숨바 섬의 고인돌에 영향을 준 것으로 알려진 플로레스 섬의 고인돌을 답사하고자 하던 중 가종수(일본 슈지츠대) 교수를 중심으로 이동희(순천대 박물관 학

* 슈지츠대 가종수 교수, 전남대 임영진 · 조진선 교수, 순천대 박물관 이동희 연구관, 경남발전연구원의 윤호필 조사연구실장, 우장문 박사(고인돌 전문가)가 함께했다. 특히 답사가 가능했던 것은 인도네시아의 사회와 문화를 깊이 연구한 슈지츠대학(就實大學)의 가종수 교수 덕분이다. 본 내용의 기술도 가종수 교수의 도움이 컸다.

예연구관) · 우장문(대지중학교 수석교사)이 2013년 7월 31일부터 8월 12일까지 플로레스 섬의 전 지역을 조사하게 되었다.

플로레스 섬 찾아가기

비행기를 타고 플로레스 섬으로

플로레스 섬에 가는 방법은 우선 인도네시아의 관광지로 잘 알려진 발리(Bali) 섬의 덴파사르(Denpasar) 공항으로 먼저 가야 하는데 인천공항에서 7시간 정도 소요된다. 이곳에 도착하면 시계를 한 시간 뒤로 돌려야 한다. 우리나라보다 한 시간이 늦기 때문이다. 인천공항에서 18시 05분 비행기를 이용한다면 현지 시각 23시 55분(우리 시각 24시 55분)에 도착을 한다. 인도네시아 입국 시에는 국내에서 비자를 받아 갈 필요가 없다. 현지 공항에서 비자 비용만 지불하면 되기 때문이다. 비자는 25달러이고 미리 환전해 가는 것이 편리하다. 공항 수속이 1시간 정도 소요되기 때문에 모든 수속을 마치고 숙소에 도착하는 시각은 새벽 2시 정도는 되어야 한다. 따라서 발리에서 1박을 하고 플로레스 섬으로 출발할 수밖에 없다.

발리에서 플로레스 섬으로 가는 방법은 여러 섬을 경유하는 배를 이용할 수도 있지만 시간이 너무 많이 소요되기 때문에 비행기로 가는 것이 편리하다. 비행기로는 덴파사르 공항에서 플로레스 섬의 대표적인 도시인 마우메레로 가는 방법이 일반적이다. 비행 시간은 1시간 30분 정도이다. 하루에 한 편만 운행하는데 비행 시간이나 출발 시각이 정확하지 않다. 우리 일행도 출발 예정은 13시 30분이었지만 실제로는 14시 30분에야 출발할 수 있었다. 우리나라의 경우였다면 항의하고 난리가 났겠지만 이곳에서는 흔한 일이라서 그런지 모두 조용히 기다리고 있었다.

플로레스 섬의 관문 마우메레 공항

우리는 2시간 정도 후인 16시 20분 정도에 마우메레 공항에 도착하였다. 기내에서 바라본 플로레스 섬은 나무가 거의 보이지 않는 산이 많아 '꽃'이라는 이름이 붙여진 것이 맞나 하는 의구심이 생겼지만 비행기에서 내리자 매우 아름다운 풍경이 우릴 맞이했다.

공항 시설은 인도네시아의 다른 작은 섬들에서 보았던 것과 마찬가지로 열악해 보였다. 승객의 짐은 사람이 끄는 큰 달구지를 이용하여 운반되고 있었고, 건물 벽에 구멍을 뚫고 그 공간으로 짐을 공항 대합실로 옮기고 있었다. 특이한 점은 우리나라에서는 짐표 검사를 하지 않는 것이 일반적인데 이곳에서는 철저하게 확인한 후에야 밖으로 나갈 수 있다는 것이다.

발리 섬에서 플로레스 섬으로

2004년 모 방송사에서 '발리에서 생긴 일'이라는 드라마로 한때 신혼여행지로 각광을 받던 발리에는 많은 교포들이 살았다고 한다. 단체 여행객을 상대로 식당, 호텔, 기념품상 등을 운영하기 위해서 수천 명의 한국인이 발리에 거주했던 것이다. 그래서인지 가끔 한글 간판이 보이기도 한다. 그런데 최근에는 근본적으로 관광객이 줄기도 했지만, 인터넷이 발달하고 외국어가 능숙한 젊은이들이 많아지면서 구태여 우리 교포들이 운영하는 곳을 찾지 않는다고 한다. 현재 발리에는 1천여 명의 한국인이 살고 있는데 경기가 좋지 않은 상황이어서 이사를 가거나 직종을 바꾸는 사람들이 허다하다고 한다.

우리는 해변에 위치한 호텔에서 숙박했는데 숙박비가 1인당 30달러 정도였다. 시설은 우리나라에 비하여 좋지 않았지만 하루 머물기에는 크게 불편하지 않았다. 아침에 창문 밖으로 펼쳐진 일출은 일부러 연출하려고 해도 만들 수 없을 만큼 아름다웠다.

발리의 덴파사르 공항에서 출발 시간이 지연되어 플로레스 섬과 관련된 책을 사려고 했으나 마땅한 것이 없었다. 이렇게 책이 없을 수가 있냐는 볼멘소리를 듣던 가종수 교수님이 "우리가 답사한 후에 플로레스 섬에 관한 책을 쓰면 그게 가장 자세한 안내서가 될 겁니다."라고 했던 말이 기억난다. 겨우 구입한 것이 한 장으로 된 지도인 'Indonesia Sulawesi Nusa Tenggara · East Timor'(9만 5천 루피아, 한화 약 8,500원), 간단한 관광 안내용 도서인 'East of Bali'(18만 루피아), 그리고 인도네시아를 전반적으로 소개한 책자인 'Indonesia'(40만 8천 루피아)였는데 우리나라의 책값과 비교해도 매우 비싼 편이었다. 9만 5천 루피아를 주고 산 지도는 우리나라의 관광지에서 무료로 받을 수 있는 정도의 지도였다.

우리나라의 저가 항공기 정도의 경비행기(Lion Air)를 타고 가는데 프로펠러가 보이는 좌석이라 시끄러웠다. 하지만 비행기는 비교적 깨끗했고 서양인들도 꽤 많이 탑승했다. 옆 좌석의 여학생은 자카르타에서 고등학교를 다니는 학생이었는데 집이 플로레스라서 방학을 이용하여 집에 온다고 했다. 아주 일부이기

인도네시아 안내 자료

는 하지만 플로레스 섬에서도 가정 형편이 좋은 집에서는 자녀들을 수도인 자카르타로 유학 보낸다. 인도네시아의 교육에 대해서 많이 물어보고 싶었지만 짧은 영어 실력이 이를 가로막았다. 그 여학생은 싸이는 몰라도 '강남 스타일'은 알고 있었다. 싸이가 국제적인 인사가 되었다는 것은, 오지에서 만난 어린아이들에게 한국에서 왔다고 하자 '강남 스타일'을 노래하며 코믹한 춤을 따라하던 모습을 보고 실감했다.

우리가 답사를 했던 기간은 라마단 기간이었다. 운전기사는 때가 되어도 식사를 하지 않았고, 껌을 주어도 사양하는 모습에서 라마단이 무엇인지를 짐작할 수 있었다.

플로레스 섬의 마우메레에서 첫날

플로레스 섬의 관문인 마우메레 공항에 도착하여 택시운전사들의 애교 어린 호객행위를 뒤로 하고, 가 교수님의 지인인 일명 미스터 리(YIE GAE TJIE; 余藝志)라는 사람의 가게에 도착했다. 미스터 리로 통하던 이 화교는 이곳에서 골동품 가게를 운영하고 있었다. 그의 가게에 들른 것은 답사지인 누와바리(Nuwa Bari) 마을의 안내를 부탁하기 위해서였다. 답사를 안내해준 대가는 물건을 팔아주는 것

누와바리 마을에서 구입한 목상

이었다. 그래서 나는 전통적인 목상 세 개(60만 루피아)와 티셔츠 두 벌(25만 루피아)을 구입했고, 일행들도 기념품 이것저것을 구입했다. 후에 방문했던 전통 마을에서는 목상 세 개를 25만 루피아에 구입할 수 있어서 바가지를 썼다는 생각을 했다.

골동품 가게를 운영하는 중국인의 살아가는 방법도 알 수 있었다. 미스터 리는 지인인 가 교수님께 다짜고짜 봉사활동을 함께 가자는 제의를 했다. 결론은 가 교수의 돈을 받아서 생색을 내려는 것이었다. 일정 관계로 정중히 거절했지만 외국인을 이용하여 본인의 입지를 넓히려는 미스터 리가 달가워 보이지는 않았다. 사실 가 교수님은 전에 이곳을 방문했을 때 꽤 많은 돈을 들여 생활이 어려운 심장병 환자를 치료해주었다고 한다. 그래서 돈 많은 갑부로 생각 해서 또 제의를 한 것이라고 한다.

저녁은 어류 도매업을 하는 이남영 사장님을 만나 함께 했다. 바닷가재와 한국에서는 구경하기 힘들다는 다금바리 요리를 시켰는데 맛이 좋았다. 이 사장님은 플로레스 섬에 사는 유일한 한국인이었다. 국내에서 사업에 실패하여 이곳을 찾은 지 4년 만에 우직하고 원칙적인 운영으로 사업기반을 잡았다고 한다. 현지인 아내의 도움이 있었다고는 하지만 우리 민족은 참으로 대단한 민족이라고 새삼 느꼈다.

호텔은 이 지역에서는 고급이었는데 깨끗했고, 숙박비는 2인 1실로 하여 한화로 4만 원 정도(개인당)였다.

해가 저물어가는 시간에 시내에는 초등학생, 중학생으로 보이는 학생들이 길가에 줄을 서서 퍼레이드 연습을 하고 있었는데, 8월 15일 독립기념일 행사를 준비 중이라고 했다. 아이들의 얼굴은 힘들어하는 모습이 역력했고, 회초리를 들고 지도하는 교사 역시 표정이 없어 보였다. 인도네시아는 아직도 독립기념일에 퍼레이드를 성대하게 거행하고 있다고 한다.

첫 답사지 누와바리 마을

첫 유적인 누와바리 마을을 만나러 8시 30분에 출발했다. 누와바리는 마우메레에서 서남쪽으로 52km 정도의 거리에 위치하지만, 길도 험하고 고산지대라서 자동차로 3시간 정도를 달려야 도착할 수 있었다.

'누와바리'란 마을 이름은 산 정상부에 만들어진 최초의 마을(母村)을 칭하기도 하지만, 주변으로 파생된 15개 마을을 모두 포함해 부르는 명칭으로 사용되기도 한다.

최초의 마을인 누와바리에서 분리되어 나온 주변 마을이 15개소에 달하는데 고인돌이 분포하는 마을은 고산지대에 위치하는 세 마을 정도라고 YIE GAE TJIE(余藝志) 씨가 설명했지만 더 많은 마을에 고인돌이 있었다. 누와바리의 중

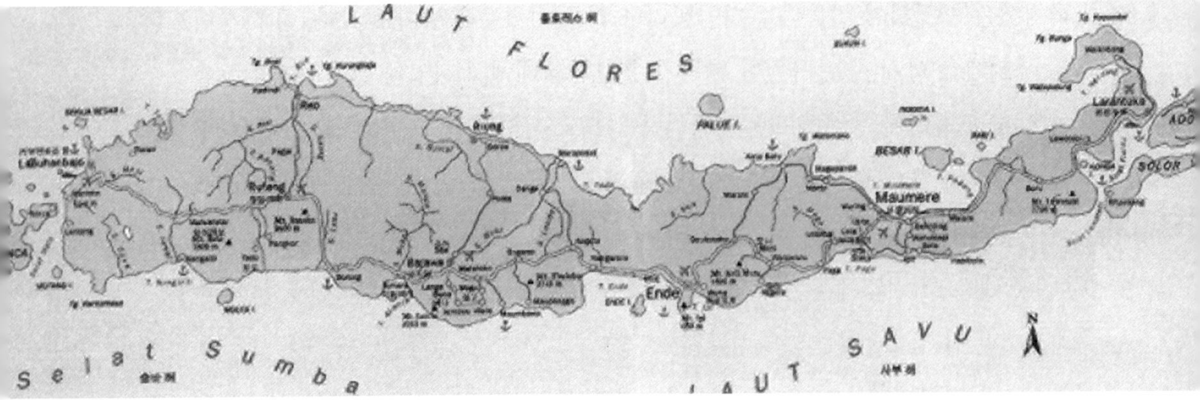

플로레스의 답사지 지도

심 모촌(母村)은 산 정상부에 자리하였고 여기에서 파생된 작은 마을들은 주변의 산기슭에 산재했다. 산 정상부의 모촌에 고인돌이 가장 밀집되고 산 아래쪽으로 내려올수록 고인돌의 분포는 희박했다. 그 이유는 산 아래쪽의 마을일수록 최근에 조성된 탓에 고인돌을 축조하는 풍습이 사라져가고 있기 때문이다.

안내했던 미스터 리는 입촌 의례를 위해 오이, 고추 등의 씨앗을 구입해서 가져갔다. 물론 씨앗 값은 우리가 지불했다. 입촌 의례는 현금으로 내는 경우가 대다수이다. 그런데 이 마을에서는 씨앗을 사러 나오는 것이 너무 힘든 일이기에 가는 길에 생산적인 씨앗을 사다 주는 것이다. 숨바 섬을 답사했을 때 담배나 사탕을 사서 나누어 주었던 손이 부끄러워졌다. 재배할 수 있는 작물의 씨앗을 사다 주는 가이드가 현명해 보였다. 입촌 의례 비용은 일종의 입장료이다. 아주 잘 알려진 관광지가 아니면 알아서 주고받는 것이 이쪽의 문화이다.

가이드의 설명에 의하면 누와바리 마을에는 총 500여 가구가 사는데 가구당 10~15명 정도가 생활한다고 한다. 주식은 좁쌀 종류이고, 부식은 얌(감자의 일종)이며 과거에는 왕, 신관, 평민, 노예가 있었으나 지금은 신분제가 거의 없어졌다고 한다. 고산지대에 살던 사람들이 점점 분촌하여 낮은 지역으로 옮겨서 살고 있으며, 100여 년 전에 가톨릭교가 들어와 종교는 모두 가톨릭을 믿는다고

고지대의 누와바리 마을로 향하는 길에서 보이는 바다 풍경

한다.

고인돌은 가족 단위로 합장을 하며 크기는 신분이나 부에 따라 차이가 있다. 세력이 커지거나 돈이 많아지면 독립적으로 무덤을 만들기도 한다. 고인돌을 만들기 위해서는 그 과정에서 희생시킬 동물이 준비되어야 해서 부자들은 몇 개월 후에 무덤을 만들 수 있지만, 가난한 사람들은 5년까지 걸린다고 한다. 제물로 희생되는 가축은 소 10마리, 돼지 50마리 정도라고 하니 장례의식이 매우 성대함을 알 수 있다.

결혼은 순환혼(循環婚) 풍습이 있었다고 하지만 지금은 자유결혼으로 바뀌었다. 순환혼은 일방적으로 신부를 보내는 부족(Wife Giver)이 있고, 신부를 받는 집단(Wife Taker)이 고정되어 지속적으로 이루어지는 것이다.

마을에는 신당이 있는데 신당 가까운 곳에는 지위가 높은 사람들(왕 혹은 신관)이 거주하며, 고인돌도 그 부근에 자리한다. 이에 비해 하층민은 신당에서 일정한 거리를 두고 별도 위치에 고인돌을 축조한다. 지금의 촌장은 대개 과거의 라자(왕)의 후손이라고 한다.

누와바리 마을은 매우 가파른 고지(해발 700~800m)에 위치한 그야말로 '오지'이다. 이러한 입지 때문인지 플로레스 섬에서 유일하게 현재까지 고인돌을 축조하고 있는 것이다. 플로레스 섬에서 고인돌이 축조되고 있는 동쪽 경계선이 누와바리라는 것은 시사하는 바가 크다. 즉, 플로레스 섬의 고인돌은 서쪽으로부터 전파되어 왔으며, 중서부지역에서는 고인돌과 함께 확인되는 선돌(立石)이 보이지 않는 점도 동쪽으로 갈수록 거석문화가 쇠퇴해가고 있음을 보여준다.

누와바리 마을의 고인돌

누와바리 마을 입구의 왼편에는 서너 채의 가옥이 있는데 이곳에서 자연 바위를 이용한 고인돌을 볼 수 있다(1구역).

고인돌의 덮개돌이나 무덤방 방향은 일정하지 않으며, 집 앞에 주로 무덤을 만들고 있다. 무덤은 가족 중심으로 추가장을 하고 있으며, 짐승의 뼈를 함께 묻기도 한다. 무덤은 대개 바위를 1m 정도 파고 뼈를 합장한 후 덮개돌을 덮는데 굄돌은 따로 만들지 않고 굄돌 모양으로 30~40cm 정도 높이로 바위를 깎은 후 그 위에 덮개돌을 얹은 모양이 많았다.

가장 큰 덮개돌은 175×140×18cm, 무덤방은 긴 쪽이 118(길이)×20(높이)cm, 짧은 쪽이 83×20cm로 작은 편이며 무덤방의 크기로 보아 2차장을 했음을 알 수 있다.

1구역에서 계단을 이용하여 정상부 방향으로 올라가면 누와바리 마을의 중심이 되는 전통가옥과 신당이 위치하고 있다(2구역). 2구역 입구에는 직경 2m, 둘레 6~7m 정도 되는 거목(巨木)이 하늘을 향해 뻗어 있다. 이러한 거목은 의례의 중심이 되는 마을에서 주로 볼 수 있는데 신목(神木)으로도 불린다. 신목은 하늘을 향해 뻗어 있으므로 지상세계와 천상세계를 잇는 신성한 것으로 여겨져 신

1구역 고인돌

앙의 대상이 되고 있다.

이곳은 해발 753m이며, GPS S 08° 44′ 50″ E 122° 00′ 31″에 해당한다.

이 마을의 특징은 신당을 중심으로 30기 이상의 많은 고인돌이 분포하며 암반을 파서 무덤을 만든 경우도 있지만 최근의 것은 방형의 큰 돌을 떠다가 구덩을 판 후 뼈를 매장하는 것들도 볼 수 있었다. 수장(首長)의 후손들 무덤은 주로 신당 옆에 자리하여 일반 무덤과는 위치를 달리하는데, 고인돌의 규모도 상대적으로 크다.

전통가옥 옆에는 아둥도 보였다. 아둥이란 적대적인 다른 부족의 목을 베어다가 걸어놓고 의례행위를 하는 나무이다. 인도네시아 공화국 성립 이후에는 그러한 행위가 없어졌기에 현재는 40cm 정도 높이로 간략화된 것만 남아 있다.

촌장을 만나 입촌 의례비로 4만 루피아를 지불했다. 가이드가 준비해온 씨

아둥과 원주민

앗은 지인들에게 가이드가 별도로 선물하는 것이었다.

2구역에서 북쪽으로 150~200m 정도에는 10여 채의 집이 있고 집 앞마다 고인돌이 분포하는 지역을 3구역이라고 하였다. 3구역은 2구역보다 20~30m 정도 낮은 곳이다.

위에서 살펴본 바와 같이 누와바리 마을의 중핵 마을은 전통가옥과 신당이 집중된 2구역이다. 2구역은 가장 높은 곳에 자리하고, 1 · 3구역은 2구역에서 파생된 마을이다. 같은 친족집단이지만, 한번 자촌(子村)으로 내려가면 중핵마을(母村)의 묘역에 다시 올라와 매장될 수 없다고 한다.

누와바리 마을의 고인돌은 전반적으로 작으며 규모가 커 보이는 것은 겉면에 무늬가 새겨진 것으로 보아 오래된 것으로 보이지는 않았다. 그리고 좁고 긴 지형 탓에 마을 광장은 크지 않았다.

많은 어린이들이 우리를 구경하고 있어서 껌을 주었는데 노래를 계속하면서 4km 정도까지 따라와서 미안한 생각이 들기까지 했다.

신당 주변의 고인돌

3구역 고인돌

누와바리 주변 마을들

누와바리에서 동쪽으로 1.5km 정도 내려가면 레이트웨이(Ratewei) 마을이 있다. 도로 사정이 좋지 않아 차를 타고 들어갈 수 없어서 200m 전방에서 걸어 들어갔다.

이곳은 해발 729m, GPS S 08° 44′ 39″ E 122° 00′ 08″에 해당한다.

누와바리 마을보다 마을 중심의 광장이 넓고 많은 사람이 살고 있었으며, 고인돌은 20여 기가 있었다. 이곳에는 장례를 위해 미리 준비한 고인돌과 축조한 지 얼마 되지 않은 것도 볼 수 있었다. 그리고 야자수로 만든 술을 맛보게 해서 마셔보기도 했는데, 이곳에서는 권하는 술을 거절하면 불쾌하게 생각한다고 한다. 물론 술값은 계산해야 한다.

고인돌을 만들기 위한 돌감은 대나무 등의 나무를 이용하여 운반한다고 한다. 이 마을의 고인돌은 대부분 상자식 석관형이며, 누와바리 마을의 분촌(分村)이어서 특별한 신당은 확인되지 않았다. 이 마을은 고산지대이기 때문에 수전(水田)은 없고 육도(陸稻)나 얌 재배로 생계를 유지한다.

레이트웨이에서 내려오는 길에 월로리아(Woloria) 마을(해발 564m, GPS S 08° 44′ 33″ E 122° 01′ 02″)에 잠깐 들렀는데 이 마을에도 고인돌이 있었다. 상자식 석관 형식의 고인돌이 6기 정도이고, 시멘트와 타일로 만든 개량식 고인돌도 8기 정도 확인하였다. 전통마을에서 산 아래쪽으로 내려가면 갈수록 시기적으로 늦고, 현대화된 개량식 고인돌이 성행함을 알 수 있었다.

길을 잘못 들어선 탓에 덤으로 방문한 워투쿠비(Watukubi) 마을에도 어김없이 고인돌이 있다. 이 마을(해발 705m, GPS S 08° 44′ 44″ E 122° 00′ 39″)은 30여 기의 고인돌과 아둥도 있다. 워투쿠비 마을이 분촌이어서 그러한지 고인돌 덮개돌의 규모가 1m 미만의 소형이 많았다.

싯카족이 주로 사는 누와바리와 그 부근의 고인돌은 바위에 무덤방을 만들고 덮개돌을 덮거나 방형의 바윗덩어리를 떼어서 옮긴 후 무덤방을 판 후 뼈를 안치하고 옷감으로 덮은 후 덮개돌을 덮는 것이 무덤을 만드는 순서이다. 이곳

레이트웨이 마을 전경

덮개돌을 올리기 전의 고인돌

무덤방을 덮었던 천이 남아 있는 고인돌

의 고인돌은 이후에 답사했던 엔데 근처의 고인돌과는 차이가 있었다. 엔데 근처의 마을들은 고인돌보다는 적석을 한 후 무덤을 만드는 것이 일반적이었다.

앞에서 설명한 바와 같이, '누와바리'란 마을 이름은 산 정상부에 위치한 마을(母村)을 칭하기도 하지만, 주변으로 파생된 15개 정도의 마을을 포함한 넓은 의미의 명칭으로 사용되기도 한다.

누와바리의 모촌과 분촌들은 차이가 있다. 즉, 중핵마을인 정상부의 모촌(협의의 누와바리)은 여러 마을 중에 가장 높은 고지에 입지하며 수백 년 된 신목(神木)이 있고 관습(전통)가옥, 아둥, 70~80기 정도의 고인돌이 확인된다. 이에 비해 주변의 분촌들은 각기 20~30기의 고인돌만 보일 뿐이다. 산 아래로 내려올수록 고인돌의 숫자는 줄어들 뿐만 아니라 시멘트나 타일 등의 재료를 사용한 개량된 형식들이 증가한다.

누와바리 마을의 거주지와 무덤 공간은 산 정상부에 주로 입지하여 플로레

누와바리 마을 전경

아둥과 고인돌

스의 다른 마을이나 숨바 섬의 그것에 비해 공간이 협소하고 고인돌의 규모도 작은 것이 많다. 누와바리가 주거에 불편한 산 정상부에 자리하고 플로레스의 가장 동쪽에서 고인돌을 축조하는 마지막 마을인 것을 보면 불가피하게 피난 온 집단일 가능성도 있다. 상자식 석관의 형식을 보면, 서숨바의 고인돌 형식과 통하기도 한다.

배 모양을 하고 있는 겔라 마을

월로와루(Wolowaru)에서 남서쪽 해변 방향으로 1시간 정도의 거리에는 비교적 옛 모습이 잘 남아 있는 겔라(Nggela) 마을이 있다. 주소지는 엔데 현 월로와루(Wolowaru) 군 겔라이다. 해발 150m, GPS S 08° 50′ 27″ E 121° 50′ 47″에 위치하는데 바다가 잘 내려다 보인다.

도로 위로 바위가 굴러 떨어지고 큰 나무가 쓰러진 것을 치우기도 하면서 마을에 도착했을 때 이캇(Ikat: 전통 직물)을 팔러 나오는 여인들을 보고, 찾는 사람들이 꽤 있음을 짐작할 수 있었다.

마을은 거석 광장인 칸가(Kanga)를 중심으로 긴 타원형으로 가옥이 배치되어 있어, 위에서 내려다 보았을 때에 배 모양을 하고 있다.

겔라의 무덤은 고인돌도 있지만 대다수는 방형의 적석무덤이다. 이와 비슷한 무덤 양식은 겔라에서 해변을 따라 서쪽에 위치하는 월로토포(Wolotopo) 마을에서도 확인되어 이 일대에서 유행했던 무덤 양식임을 알 수 있다. 고산지대나 엔데의 서쪽 지역에서는 볼 수 없는 무덤 양식이다.

무덤을 만드는 방법은 돌로 단을 쌓은 후 적석의 가운데 부분에 공간을 만들고 항아리나 나무곽에 뼈를 넣은 후 안치한다. 납골하기 전에 탈골을 위해 수년간 토장(土葬)단계를 거친다고 한다. 무덤방은 깊이가 1m 정도라고 하는데 공간이

겔라 마을 전경

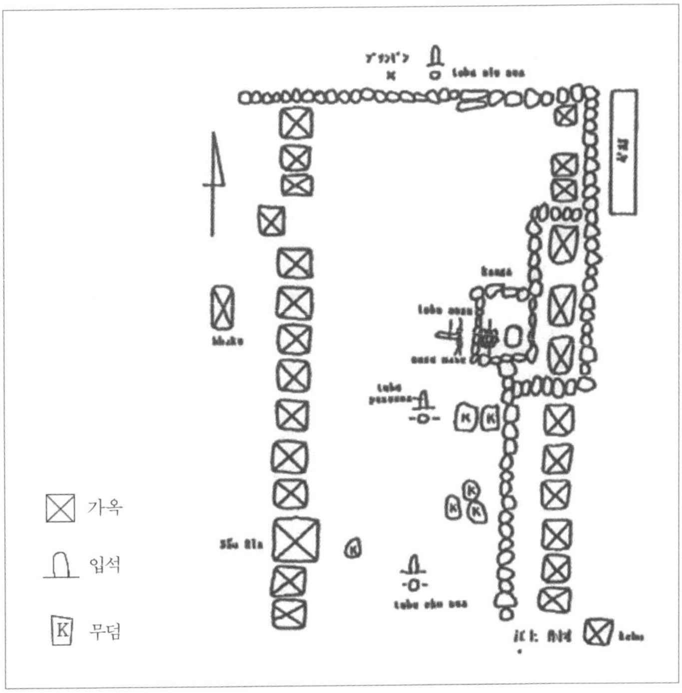

겔라 마을 배치도
(江上幹幸 1989 수정)

적석무덤

바쿠의 모습

바쿠에 안치된 관

배꼽돌

성혈(홈 구멍)

부족하면 위로 높이거나 옆으로 넓히기 때문에 적석무덤의 규모는 점점 커진다.

집집마다 집 앞에 무덤을 만드는데 신관(Mosa Laki)의 집과 수장(Sao Laki) 집 앞의 무덤이 가장 크다.

마을의 한쪽에는 바쿠(Bhaku)가 위치하고 있다. 바쿠는 모양이 다양한데 이곳은 시신을 목관에 넣어서 바쿠의 지붕 아래에 안치한 후, 몇 년이 지나서 장례식 준비가 끝나면 고인돌이나 적석묘, 디소릿드 등에 매장하는 것이다. 이 마을의 바쿠는 원두막 크기로 지어졌는데 마을 사람들은 생활의 한 공간으로 활용하고 있다.

광장에서 눈에 띄는 것은 선돌과 고인돌, 성혈(홈 구멍)이 새겨진 돌이다. 이 돌들은 규모가 작지만 마을에서는 건드리면 병이 들거나 나쁜 일이 생긴다는 속설 때문에 그 자리에 계속 남아 있다.

선돌 중 마을의 중심부에 위치한 작은 선돌은 배꼽을 상징하는 것으로 마을 행사의 중심지가 되며 배 모양의 마을에 돛을 상징하는 것으로 보인다.

광장에는 직경 45cm, 두께 7~8cm 정도의 돌에 성혈(홈 구멍)이 11개가 새겨져 있는데 추장의 계보를 표시한 것이라고 전한다. 주민들은 이 돌을 함부로 움직이면 병이 든다고 믿고 있어 작지만 그 자리를 지키고 있다.

우리나라 고인돌에서 많이 볼 수 있는 성혈이 있어 이채로웠다. 우리나라의 경우 성혈은 별자리를 상징하거나, 다산 · 풍요 · 질병 치유를 기원하는 목적으로 만들어지거나 자손의 수를 표시한 것이라는 등 여러 학설이 있다.

겔라에서는 무덤을 '바투쿠불'(batu kubul)이라고 부른다.

광장에는 작은 개석식 고인돌도 있다. 개석식 고인돌은 땅 위에 놓여 있는데 초기의 무덤으로 보인다. 방형 적석무덤도 개석식에서 발전한 것으로 보인다. 왜냐하면 적석무덤 위에서도 개석식 고인돌의 모습을 모방한 고인돌을 볼 수 있기 때문이다. 따라서 이곳의 무덤은 개석식 고인돌 → 묘역식 고인돌 → 적석묘역식 고인돌로 변화되었다고 볼 수 있다. 이는 지하에 묻는 것에 한계를 느껴 돌단을 쌓아서 무덤방을 확보했거나, 아니면 무덤을 웅장하게 보이기 위하여 단을 쌓았던 것으로 생각된다. 구획식 무덤을 높게 쌓은 것은 근래에 이루어진 것으로 인구 증가와 무관하지 않을 것이다. 여기서 주목되는 것은 지금 확인되는 적석묘역식 고인돌의 덮개돌은 최초 무덤 조성 시에 사용되었던 개석식 고인돌의 덮개돌이 그대로 사용되어 적석부 위로 점차 올라간 것이라는 점이다.

방단구획 적석묘 내에는 직경 1m 이상의 비교적 큰 덮개돌(두께 10~20cm)과 50cm 내외의 개석(얇은 판석)으로 구분되어 확인되는 예가 있다. 전자의 경우는 구획묘 내에서 중심에 자리하고 시기적으로 좀 더 앞선다. 이에 비해, 후자는 전자의 주변에 자리하며 시기가 더 늦은 후손들의 무덤이다. 일반적으로 덮개돌 아래에 1개씩의 매장 주체부가 있다고 한다. 최근에는 덮개돌이 없이도 매장 주체부를 만드는데, 때로 1차장을 하기도 한다.

현재는 개별적으로 집 앞에 무덤을 조성하여 추가장을 하고 있다. 그중에서 족장의 집은 다른 집보다 크며, 족장의 무덤도 일반 무덤에 비해 대형이다. 족장 집 앞에는 형과 동생의 묘가 구분되어 있는데, 족장의 집도 형제가 좌우로 방을 구분하여 사용한다. 족장 집의 주거공간이 제한되어 있으므로 직계 형제만 남고 나머지는 다른 곳으로 나간다고 한다.

방단 구획묘의 한쪽 중앙부에는 작은 선돌이 세워져 있는데 이것은 입구, 머

개석식 고인돌

적석 위의 개석식 고인돌

리를 표시하며 기도나 제사행위를 하는 곳이다.

이곳 사람들도 피낭을 씹어서 땅에 뱉는 모습을 쉽게 볼 수 있었는데, 피낭을 씹는 습관은 숨바 섬과 비슷한 문화권임을 짐작하게 한다.

제대로 조사하지 못해서 아쉬운 조푸와 월로콜리 마을

겔라 마을의 조사를 마치고 들른 조푸(Jopu) 마을은 동누사탱가라(East Nusa Tenggara) 주, 엔데(Ende) 현, 월로와루(Wolowaru) 군에 위치하는데 해발 331m, GPS S 08° 47′ 39″ E 121° 51′ 41″이다.

조푸 마을에서는 망가라이 현의 촘방 치발(Compang Cibal) 마을과 유사한 형태의 '코타'(Kota)라 불리는 적석단과 이를 에워싸는 타원형의 돌담이 잘 남아 있다. 선돌 모양의 페오가 있고 적석단 주변의 타원형 돌담을 무덤으로 활용하고 있었다. 그리고 광장 옆에는 겔라 마을이나 월로토포 마을에서 볼 수 있었던 바쿠가 있었다.

조푸 마을의 동북쪽에는 월로콜리(Wolokoli) 마을이 있다. GPS S 08° 47′ 29″ E 121° 51′ 45″인 이 마을에도 바쿠와 적석무덤이 만들어진 광장이 있다.

월로콜리 마을에서 조금 내려오면(GPS S 08° 47′ 34″ E 121° 51′ 54″) 커다란 신당 앞의 적석무덤을 볼 수 있다.

저녁 무렵에 들른 마을이라 자세히 조사하지 못한 아쉬움이 남는다. 조푸와 월로콜리 마을의 공통점은 거석광장과 바쿠가 함께한다는 점이다.

답사 후 삼색호수와 가까운 호텔(Flores Sare Hotel)에서 숙박을 했는데 호텔이라는 단어를 사용하기가 어려울 정도의 열악한 시설이었다. 잠을 잘 때는 추수기의 날씨 정도로 쌀쌀했다. 물론 플로레스 섬의 어느 숙박시설에도 난방 시설은 없다. 호텔을 나설 때에도 물이 나오지 않아서 세면도 하지 못했다. 아침은 호

조푸의 적석단

바쿠

월로콜리의 거석광장

텔식 대신 호텔 주방에서 라면을 끓여 먹었는데 현지식보다 훨씬 맛있었다.

삼색호수를 보기 위해 몰려든 사람들로 주변의 숙박지가 모두 만원이었고, 저녁을 먹기 위해 어제 들렀던 식당에는 러시아, 네덜란드, 스위스, 영국 등 다양한 국가의 사람들을 만날 수 있었다.

삼색호수의 일출을 보기 위해 새벽 04시 10분에 일어나 어렵게 다녀왔는데 자연과학을 공부한 사람이라면 매우 흥미로워했을 장소였다.

거석광장

거석광장

적석단 위의 고인돌이 멋진 월로토포 마을

엔데에서 점심 식사 후 월로토포(Wolotopo)로 향했다. 월로토포는 엔데에서 비교적 교통이 좋은 곳이다. 물론 포장이 되어 있는 도로는 아니지만 비교적 평탄한 길이어서 중간에 정차하는 일은 없었기 때문이다. 마을에 이르기까지 멋진 해변을 한참 달려야 하는데 발가벗고 신나게 수영을 하는 아이들의 웃음소리가 지금도 들리는 듯하다.

위치는 해발 61m, GPS S 08° 51′ 17″ E 121° 42′ 40″이다.

마을 입구의 커다란 성당과 학교를 뒤로 하고 마을 끝쪽으로 가다 보면 비교적 보존이 잘 되어 있는 전통가옥과 그 앞의 커다란 적석단을 만날 수 있다.

적석단 바로 아래에 있는 전통가옥은 수장집으로 규모는 정면 7칸, 측면 4칸이며, 칸 사이의 너비는 약 2.5m이다.

월로토포 마을 수장 집 바로 앞 언덕 위에는 높이 3m 정도의 적석단을 마련하여 인공으로 만든 거석광장이 마련되어 있는데 광장은 길이 25m, 너비 11m 정도이다. 거석광장은 칸가(kanga)라고 불리는데, 광장은 마을의 공동 재산으로 인식되고 있다. 광장 위로 13기 정도의 고인돌이 축조되어 있으며, 고인돌의 형태는 탁자식과 개석식이다. 이곳의 고인돌도 겔라 마을에서 본 것과 같이 개석식이 이른 시기의 것이고 탁자식이 나중에 만들어진 것으로 추정된다. 고인돌 덮개돌의 크기는 큰 것은 길이 2m 내외, 너비 1~1.5m, 두께 20~25cm, 작은 것은 길이 1m 내외, 너비 50cm 내외, 두께 10cm 내외이다. 거석광장에서 가장 큰 탁자식 고인돌의 덮개돌은 길이 220cm, 너비 175cm, 두께 24cm이고, 무덤방의 크기는 길이 150cm, 너비 88cm, 높이 53cm이다.

이 광장에는 평민은 묻히지 못하고, 수장 · 신관 · 장로 등 집단의 유력자만 묻힌다고 한다. 유력자 집안에서도 직계 자식들 중 한 명(주로 장남)만 묻히고 여타 사람들은 이 광장 주변이나 외곽의 별도의 공간에 매장한다고 한다. 광장 내 고인돌들은 몇 개의 소군집으로 구분되는데 소군집이 혈연관계를 의미하는 것

월로토포 적석광장 위의 바쿠

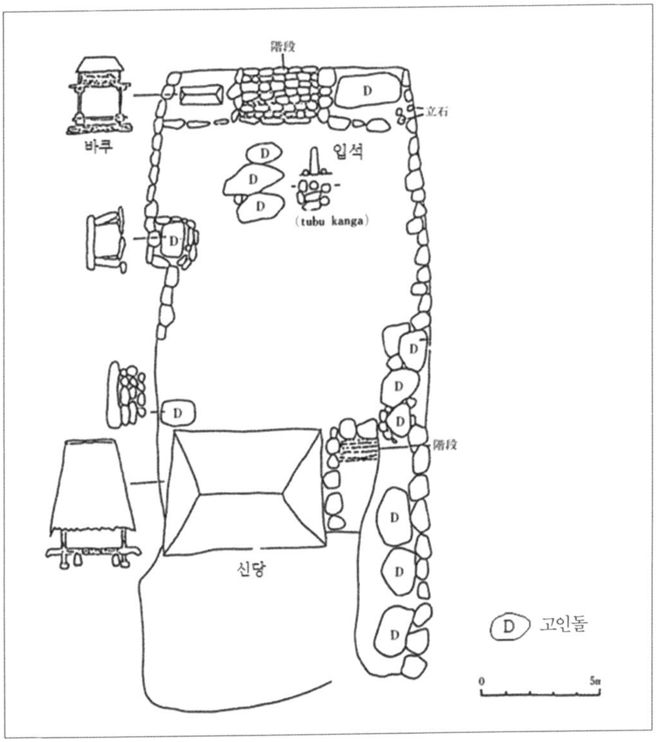

적석광장 위의 바쿠와
석조물 배치도
(江上幹幸 1989 수정)

적석광장

은 아니라고 한다. 큰 덮개돌을 가진 고인돌은 그에 비례하여 재력이나 권위를 대변하는 것이다.

광장의 고인돌에 묻히기 위해서는 일정한 의례를 거쳐야만 한다. 그 절차는 먼저, 사후 3일 후 마을 외부에 가매장하는데 천으로 싸서 굴장을 했다가 어느 정도 시일이 지나 육탈이 되면 뼈를 바쿠에 모신다. 그 후 장례를 치를 여력이 생기면 희생의례를 통해 고인돌에 뼈를 매장한다.

한편, 광장에는 여자도 묻히지 못한다. 수장이나 신관의 부인이라도 관습법에 따라 마을 외곽의 일정 장소에 묘 표식 없이 매장한다고 한다. 여자는 3일 내에 매장된다. 별도의 표식이 없이 토장하므로 오래된 무덤은 그 위치를 알 수 없다. 노예층도 산속이나 마을 외곽에 토장을 하고, 고인돌에는 묻히지 못한다고 한다.

우리가 현지를 답사하는 중에 한 남성이 고인돌 덮개돌 위에 밥을 한 숫가락

적석광장의 선돌과 고인돌

적석광장 아래의 고인돌

정도 놓고 예를 갖추는 조상숭배 모습을 볼 수 있었다.

월로토포의 마을 위치가 구릉 끝에 돌출한 평탄면이고 고인돌이 밀집한 적석단은 장방형의 구획된 공간이며 바다를 바라보고 있다. 또 배 모양의 적석단 위에 시신을 안치한 고인돌을 만들고 있어 조상신이 있는 곳으로 항해하는 모습을 상징한다고 볼 수도 있다.

적석단 위에서는 바다 멀리까지 굽어볼 수 있을 뿐만 아니라, 마을이 모두 내려다 보이는 경관이 빼어난 장소이다. 플로레스 섬을 '꽃'으로 비유한 것은 꽃을 피우는 나무가 많기도 하지만, 이곳에서 본 경치를 비유하지 않았나 하는 생각이 들 정도였다. 보름간의 답사에서 보았던 장소 중에 가장 아름다운 곳이었다. 고산지대의 마을로는 베나(Bena) 마을을 이에 견줄 수 있을 것이다.

적석단 위에 마련된 광장에는 작은 선돌(90×20×20cm)이 세워져 있는데 이는 마을의 배꼽이나 노를 상징하는 것이다. 이는 마을 자체를 배에 비유할 때 중심부에 세우는 노를 상징하는 것으로 겔라 마을에서도 볼 수 있었던 것이다. 이 선돌 앞에는 비교적 작은 개석식 고인돌 1기가 있었는데 수장의 무덤이라고 한다. 다른 고인돌에 비해 작아서 주목되는데 주민들의 전언으로는 관습법에 따라 수장의 덮개돌은 작다고 한다. 선돌과 소형 개석식 고인돌의 조합은 수장묘의 표식이면서 또한 집단을 상징하는 의미도 있는 것으로 보인다. 전통가옥인 수장의 집도 배를 형상화하여 만들었는데 노 모양으로 만든 기둥을 세웠다.

적석단의 남쪽 가장자리에 만들어졌던 신당(전통가옥, koda kanga)은 현재는 무너져 주춧돌만 남아 있다. 신당에서는 마을의 중요한 회의가 개최되었으며, 신당 내에는 조상의 신상 3개가 있었다고 하나 현재는 발리박물관에 전시되고 있다.

적석단 아래에도 석단을 중심으로 많은 고인돌이 분포하고 있다.

겔라, 조푸, 월로토포에서 살펴본 바와 같이, 엔데 근처에서 거주하는 리오족은 돌로 단을 쌓아서 높게 하고 그 위에 무덤을 만드는 풍습을 가지고 있다.

플로레스 섬에서 가장 멋진 베나 마을

우리나라의 민속촌 베나 마을

베나(Bena) 마을은 바자와에서 남쪽으로 50분 정도의 거리로 해발 837m, GPS S 08° 52′ 40″ E 120° 59′ 08″에 위치한다. 주소지로는 가다(Ngada) 현 아이메레(Aimere) 군에 소재하는데 유명한 임페리아 산(해발 2,130m, Imperia; Gunung Inerie) 중턱에 해당한다.

마을 구조는 남북 길이 약 100m, 동서 너비 20~40m로 사다리꼴 모양이다. 남북으로 길게 2열로 배치된 35채의 가옥이 있고, 계단식의 테라스형 광장이 있다. 북쪽 입구로 4m 이상의 계단을 오르면 가장 낮은 거석광장을 시작으로 4단

베나 마을 전경

베나 마을 입구

의 테라스형 광장이 층층이 나타난다. 남쪽 끝의 광장이 있는 곳이 마을에서 가장 높은 곳으로 마을 전체를 조망할 수 있다. 그리고 남쪽 끝부분 외곽은 경사가 심해서 외부의 접근을 차단하기 좋은 지형을 갖추고 있다.

마을의 중심적 역할을 하는 곳은 입구에서 가장 안쪽(남쪽)이면서 가장 높은 곳에 해당하는 곳으로, 가장 오래된 이곳에서는 여러가지 의례가 행해진다. 광장의 규모는 남-북 44m, 동-서 15m 정도이다(A구역).

A구역의 북쪽 입구에서 보면 광장 왼쪽에는 전통가옥, 광장에는 가두(Ngadhu, 남신당), 바가(Bhaga, 여신당), 디소릿드(Dissolithen) 등이 세워져있고, 오른쪽 끝에는 선돌과 개석식 고인돌 등이 테두리를 장식한 듯 배치되어 있다. 가두는 남성의 상징으로 원추형의 초가지붕과 조상신이 조각된 1개의 기둥으로 되어 있는데 해변에서 흔히 볼 수 있는 파라솔과 유사한 모습이다. 바가는 여성의 상징으로 전통가옥을 축소한 모습이다. 다시 말하면, 가두는 남자 선조를 위해서 세우고, 여자 선조를 위해서는 바가를 세운다. 가두와 바가는 몇 년에 한 번씩 신

가두와 바가

디소릿드

축하여 숫자가 늘어나는데 그때마다 성대한 축하연이 열린다. 그때에는 물소와 돼지를 희생시켜 그 피를 바가의 기둥과 선돌에 바르면 가두가 완성된다.

디소릿드는 대부분 수장 집 앞에 세워지는데 몇 기의 고인돌과 복수의 선돌을 세운 형태이다. 디소릿드의 고인돌은 의례 때 수장이 앉는 자리로 사용하기

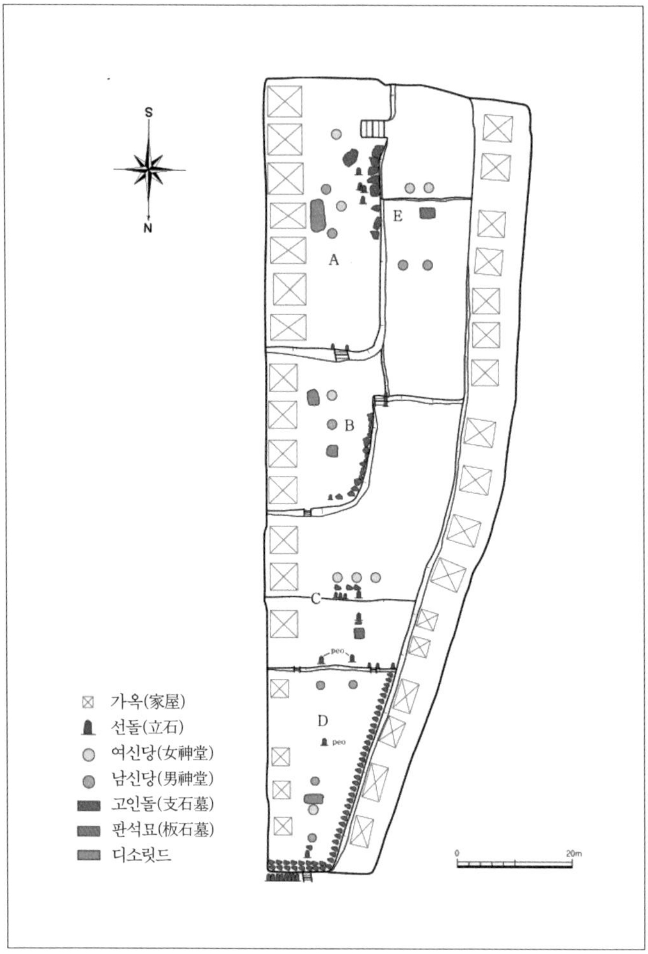

베나 마을 취락구조

도 하고, 제물을 차려놓는 제단으로도 사용된다. 뾰족하게 세워진 선돌(입석)은 마을의 설립자와 그 후손을 기념하기 위하여 세운 것이다. 디소릿드는 대부분 수장의 죽음과 관련하여 세워지지만 지진, 화산, 일식이나 전쟁(전사자)이 발생했을 때에도 만들었다고 한다.

농작물의 신년(파종)제와 수확제 등의 여러 의례에도 디소릿드가 제단으로 사용되어 물소, 돼지, 닭 등의 가축 공희제(供犧祭)가 벌어진다. 제물로 바쳐진 돼지나 닭의 생간은 신관이 의례의 길흉을 점치는 데 사용한다.

가다 현에서 고인돌과 디소릿드가 남아 있는 마을은 아이메레 군의 베나 마을 이외에도 티우 리우(Tiwu Riwu) 마을, 이넬리카(Inelika) 마을, 멘가(Menga) 마을, 누아 가에(Nua Gae) 마을이 있고, 골레와(Golewa) 군의 마탈로코(Mataloko) 마을, 바타 돌루(Bata Dolu) 마을, 타우 우이(Tou Woi) 마을, 월 포레(Wolo Pore) 마을, 라토 게사(Rato Gesa) 마을, 와고 라마(Wago Lama) 마을유적 등이 있다.

베나 마을 들여다보기

베나 마을의 광장에 세워져 있는 고인돌, 선돌, 디소릿드, 가두, 바가, 페오 등에 대하여 간단히 살펴보면 다음과 같다.

먼저 가장 이른 시기에 만들어진 것으로 추정되는 남쪽 최상단부의 광장(A구역)에는 디소릿드 1곳(680×340cm), 가옥 7채, 가두와 바가 각 2채, 선돌 5기, 고인돌 8기(디소릿드의 것은 제외) 등이 있다. 이곳에서 가장 큰 고인돌은 길이 262cm, 너비 182cm, 두께 30cm로 개석식이다. 소형은 서쪽 가장자리에 자리하는데, 길이 90~150cm, 너비 80~130cm, 두께 10~20cm 정도이다. 개석식 고인돌은 겔라 마을, 월로토포 마을의 고인돌과 같이 이른 시기에 만들어진 것으로 추정되며, 개석식 고인돌이 디소릿드로 발전한 것으로 보인다. 디소릿드는 여러 기의 선돌과 여러 기의 석주식 고인돌의 조합인데, 선돌 중 가장 큰 것은 4.5m에 달하고, 가장 큰 고인돌의 덮개돌은 길이 208cm, 너비 172cm, 두께 12cm이다. 선돌의 규모는 대개 높이 60~160cm, 가로 27~70cm, 세로 12~22cm 정도이다. 그리고 짐승을 희생시킬 때 끈을 매어 놓는 작은 선돌 모양의 페오(Peo)도 1기가 세워져 있다. 의례 시에 희생시킨 소의 피를 페오에 바른다고 한다.

상단부에서 한 층을 내려오면 작은 광장이 있다(B구역). B구역에는 전통가옥 4채, 고인돌(개석식) 9기, 디소릿드 2기, 가두 1채, 바가 1채가 있다. 고인돌은 모두 개석식인데, 큰 것은 길이 210cm, 너비 130cm, 두께 20cm 정도이며, 작은 것은 길이 60~70cm에 불과하다. 2기의 디소릿드는 각기 370×320cm 및

400×350cm의 규모이다. 디소릿드 내에 위치한 고인돌 덮개돌 중 대형은 길이 200cm, 너비 150cm, 두께 12cm이며, 선돌 중 대형은 2.7m에 달한다.

A구역과 B구역을 잇는 계단의 상부 양쪽에는 선돌이 1기씩 있어 입구를 표시하면서도 경계의 의미를 가지는 것으로 보인다. B구역의 북쪽과 서쪽은 급경사를 이루는데, 경사면 가장자리를 돌아가며 선돌과 비슷한 석재를 이용하여 열지어 세워 놓았다. 소형은 높이 30~40cm, 중형은 높이 60~70cm, 대형은 높이 1.5~2m 정도이다. 이러한 석재는 급경사면의 붕괴 방지 역할도 하겠지만, 의례를 행하는 거석광장을 신성하게 보이도록 하는 과시 효과도 있을 것으로 보인다. 낮은 곳에서 보면 그러한 효과는 배가 된다.

디소릿드와 개석식 고인돌은 모두 매장시설로 이용되지만, A · B구역을 보면 다음과 같이 정리해볼 수 있다. 즉, 전통가옥과 인접한 디소릿드는 수장층만 매장되는 신성한 의례공간이고, 거석광장의 가장자리에 위치한 소형 개석식 고인돌은 수장 외의 친족들이 매장된 것으로 보인다.

B구역 아래로는 C구역이 있다. C구역은 남-북으로 24m 정도의 공간인데, 바가 3채, 페오 2기, 고인돌 4기, 선돌 4기 등이 있다. 바가에 인접한 선돌과 고인돌은 서로 유기적으로 연결되어 있다. 고인돌은 개석식과 석주식이 혼재되어 있다. 선돌은 높이가 50~100cm 정도이며, 고인돌 덮개돌은 길이 1m 내외, 두께 10cm 내외이다. 이 외에 비교적 늦은 시기에 축조된 것으로 보이는 장방형 묘역 판석묘 1기가 있다. 길이 2.7m, 너비 1.7m, 높이 0.7m 정도이다. 장방형 묘역 판석묘가 시기적으로 늦다는 것은 베나 마을의 분촌인 구루시나 마을에서 다수 확인되고 있다는 점에서도 뒷받침된다.

C구역 아래의 D구역은 마을 입구쪽이며 가장 낮은 지대이다. 가두 4채, 바가 1채, 페오 1기(87×24×12cm), 디소릿드(325×155cm) 1곳(고인돌 4기 포함), 소형 선돌 및 개석식 고인돌 조합 1개소 등이 있다. 디소릿드는 여신당인 바가 바로 남쪽에 접해 있는데, 디소릿드를 구성하는 선돌은 A, B구역보다 소형이다. 이는 디소릿드가 시기가 내려오면서 소형화됨을 의미한다.

단 둘레에 만들어진 개석식 고인돌(B구역)

디소릿드와 바가

그리고 외부에서 거석광장의 입구인 D구역으로 진입하는 북쪽 경계부에는 다수의 개석식 고인돌과 선돌들이 밀집하며, 서쪽 경계부에도 개석식 고인돌들이 열지어 분포한다. 광장의 북쪽 입구는 계단식으로 단을 쌓았는데 그 높이가 4m 정도나 되어 외부와 뚜렷한 구획이 된다. 북쪽 경계부 상단에 위치한 선돌(15기 내외)은 외양적으로 거석광장의 입구를 장식하고 웅장하게 보이는 효과를 준다. 북쪽 경계부의 고인돌은 2열, 서쪽 경계부의 고인돌은 1열로 열지어 배치되어 있다.

고인돌의 덮개돌은 가장 큰 것이 210×205×6cm 정도이고 얇은 판석형인데, 대다수가 크기가 100cm도 되지 않는 작은 것들이다. 거석광장 가장자리에 위치한 고인돌은 광장 중심의 디스릿드에 비해 상대적으로 하위의 무덤으로 보인다. 고인돌과 선돌이 집중된 공간은 무덤공간이기도 하지만, 경계의 의미를 지니며, 의례 시에 신관이 앉는 자리로 활용된다고 한다. 신관이 앉는 자리를 현지에서는 '바투두둑'이라고 부른다.

A · B구역 외곽에도 고인돌과 선돌들이 확인된 바 있는데, D구역 외곽에 있는 것들과 같은 성격으로 파악된다. 즉, 초기에 A, B구역이 묘역 · 의례의 중심이었다가 후대에 D구역까지 범위가 확장되었을 것으로 보인다.

마지막으로 E구역은 A구역의 서쪽 하단에 자리한다. 가두 2채, 바가 2채, 장방형 구획 판석묘 1기 등이 확인된다. 장방형 구획 판석묘는 길이 2.5m, 너비 1.5m, 높이 0.8m 정도인데, 북쪽에 70~90cm 정도의 석주 6기가 세워져 있다.

전체적으로는 베나 마을은 남고북저(南高北低)의 지형이며, 계단식의 취락이다. 마을은 남쪽(A구역)에서 가장 먼저 만들어졌을 뿐만 아니라 계층 · 의례상 중심 마을이고 분촌이 되면서 차츰 북쪽으로 확장된 것이다. 이러한 양상은 거석문화를 통해서도 확인된다. 남쪽에서는 규모가 큰 디소릿드와 고인돌(석주식 · 개석식)이 확인되고, 선돌의 숫자도 가장 많지만 북쪽으로 내려올수록 디소릿드 · 고인돌(개석식) · 선돌의 수와 규모가 작아진다.

가옥은 동쪽 열과 서쪽 열로 구분되는데, 동쪽 가옥들이 더 높은 곳에 자리하고 의례의 중심이다. 동쪽 열 가옥들보다 지대가 낮은(테라스 광장의 밖에 해당함) 서쪽열의 가옥들은 더 늦게 조성된 것이다. 서쪽 열 마을이 위계상 낮고, 동쪽열 주민들과는 묘역도 달리한다고 한다.

베나 마을은 전체가 사적지로 지정된 마을이지만 2차장을 했던 과거와는 달리 현재는 기독교의 영향으로 1차장을 하고 있으며, 십자가가 꽂혀있는 무덤을 광장에서 쉽게 볼 수 있다. 십자가가 꽂혀있는 쪽이 머리쪽(頭向)이라고 한다.

베나 마을과 유사한 구루시나 마을

베나 마을에서 남쪽으로 10분 정도의 거리에도 전통 마을로 지정된 구루시나(Gurusina) 마을이 있는데(GPS S 08° 53′ 45″ E 120° 59′ 27″) 전통가옥이 만들어지는 광경을 목격할 수 있었다.

전통가옥의 상량식을 위해 동네 사람들이 모여 공희 준비를 하고 있었으며, 이를 위해 희생시킬 돼지를 묶어 놓은 것도 볼 수 있었다.

구루시나 마을은 베나 마을의 분촌이라고 하는데, 해발 397m로서 베나 마을에서 도로를 따라 많이 내려온 곳이다. 큰 의례가 있을 때에는 분촌에 사는 사람들은 모촌인 베나 마을에 가서 일을 도와준다고 한다.

마을 구조는 직사각형을 하고 있었다. 이곳도 베나와 비슷하게 단을 쌓아서 구역을 나누었으며 디소릿드는 단마다 만들어져 있었다. 이 마을의 디소릿드는 베나 마을에 비해 선돌이 소형화되었으며, 석주식 고인돌도 소형화 · 퇴화되고 매장 주체부가 판석으로 된 구획 적석묘가 중심이 되고 있다.

가두와 바가는 각각 3채씩 만들어져 있었으며, 오래된 마을로 보이지는 않았다.

구루시나 마을 전경

공희를 위해 악기 치는 아이들

신비로움을 품고 있는 워고 라마 마을

워고 라마(Wago Lama; Wolo Lama) 마을은 바자와의 동남쪽에 위치한다. 이미 폐허가 된 마을이라 풀이 무성하게 자라 있었지만 주변 환경과 디소릿드가 신비로운 조화를 이룬다. 'Wago Lama'라는 지명은 '오래된(라마) 와고' 마을이라는 뜻이다.

이 마을은 네덜란드 식민지 시기에 주민들이 이주(1936)해 가서 폐허가 되었으나 최근에 정부에서 유적으로 지정하여 보존하고 있다. 1936년에 이주했으므로 이 마을이 폐허가 된 것은 80년 정도 되는 셈이다. 해발 1,123m의 고지대 마을이고 GPS는 08° 50′ 33″ E 121° 03′ 12″이다. 마을은 디소릿드의 분포로 보았을 때 동서로 길게 배치되어 있었던 것으로 보인다.

유적 전경

아름다운 유적 전경

디소릿드

20곳 이상의 디소릿드가 있었던 것으로 추정되나 일정이 촉박해서 사진을 간단히 찍고 가장 큰 디소릿드를 구성하고 있는 선돌과 고인돌만을 측정하는 것으로 만족해야 했다. 마을 중간에 위치한 디소릿드는 선돌(315×65×20cm)과, 고인돌 덮개돌(298×183×12cm)이 조합을 이루어 아름다우면서도 위엄을 가지고 있다.

키가 큰 대나무 밭을 지나서 디소릿드와 파란 풀들이 어우러진 워고 라마 유적은 경이로운 모습을 한 마을이었다. 폐허지이지만 디소릿드와 전통가옥이 어우러진 멋진 마을이 충분히 상상되었다. 중심부에 디소릿드가 자리하고, 가장자리에 열을 지어 전통가옥이 배치된 일반적인 마을 구조였을 것이다.

베나 마을, 구루시나 마을, 워고 라마 유적 등 바자와 근처의 마을에서 볼 수 있는 공통점은 디소릿드를 주로 만들고 있으며, 엔데 주변의 마을에서 볼 수 있었던 바쿠는 볼 수 없었다.

바자와(Bajawa)에서 2박을 했던 호텔(Hotel Bintang Wisata)은 피서의 개념보다는 추위와 싸우면서 밤을 지내야 했다. 긴 옷을 껴입고, 양말을 신은 후에야 잠을 조금 잘 수 있을 정도로 추웠다. 제반 시설이 매우 열악해서 화장실의 샤워기는 물이 나오지 않고 수도꼭지로만 나오는 불편은 있었으나 변기의 물이 잘 빠져 삼색호수를 보기 위해 머물렀던 호텔보다는 좋다고 스스로 위로했다. 물론 온수가 나오지 않아서 바가지로 찬물을 퍼부으면서 샤워를 하는 데에는 큰 용기가 필요했다.

돌문화의 백미 루텡 라마

플로레스 섬의 서쪽 중심지인 루텡(Ruteng)은 바자와에서 110km 정도의 거리에 있지만 도로 상태가 좋지 않아 5시간 정도 소요되었다. 루텡은 망가라이족

모내기 하는 여인들

의 고향으로 남쪽에는 해발 2,400m에 이르는 라나카(Ranaka) 산을 끼고 있는 고지대(해발 1,200m)에 위치하고 있어 8월에도 잠을 설칠 정도로 선선하다. 북쪽으로는 계단식 논이 드넓게 펼쳐진 농경지에서 많은 쌀을 생산하여 플로레스 섬의 쌀 공급원이 되는 곳이다.

예로부터 살기 좋은 환경을 가졌던 루텡의 가까운 곳으로는 루텡 라마 유적이나 리앙 부아 동굴 등이 위치하고 있다.

리앙 부아 동굴에 대해서는 앞에서 언급한 바가 있어서 자세히 다루지는 않겠지만 루텡에서 북쪽으로 30분 정도의 거리에 위치한다(GPS S 08° 31′ 50″ E 120° 26′ 36″).

루텡 라마(Ruteng Lama; Ruteng Puhu)는 망가라이 현 랑커렘봉(Langkerembong) 군 골로 두칼(Golo Dukal) 면에 있는데 이곳에서는 예쁜 거석광장을 만날 수 있다. 마을은 해발 1,208m, GPS S 08° 36′ 43″ E 120° 26′ 45″로 루텡 중심지의 서북쪽

에 해당한다.

망가라이족이 중심이었던 루텡 라마 마을은 '촘팡'(Compang)이라는 거석광장 밖으로 가옥이 배치되어 있다. 촘팡의 핵심 시설은 무덤이 만들어져 있는 '코타'(Kota)인데 이를 중심으로 주변에 둥글게 광장이 만들어져 있다. 코타에서 6.5~22m 정도의 광장 밖으로는 너비 3~8.8m 정도의 돌 울타리를 성벽을 쌓듯 타원형으로 쌓아 에워싸고 있다. 돌 울타리의 너비는 동-서쪽은 좁아 3m 정도이고, 북쪽은 7.8m, 남쪽은 8.8m로서 서로 다르다. 코타에서 돌 울타리까지의 거리도 방향별로 상이한데, 동-서쪽으로는 6.5~7m, 북쪽으로는 10m, 입구인 남쪽으로는 22m 정도의 거리를 두고 있다. 높이가 50~80cm인 돌 울타리 시설은 방어시설 같은 느낌을 준다.

거석광장의 남쪽에는 거석광장으로 향하는 진입로(적석시설)가 길게 만들어져 시선을 끈다. 이 적석시설의 전체 길이는 약 48m, 너비 6m 내외, 최대 높이는 3.8m이다. 종 방향의 진입로에 직교하여 십자(十字)를 이루도록 3개의 횡 방향 통로도 확인된다. 횡 방향 통로는 중앙통로에서 양쪽으로 5~6m 뻗어 있으며, 폭은 4~5m 정도이다. 사용된 석재는 직경 50~80cm에 이르는 대형과 직경 20~40cm의 소형으로 나누어진다.

거석광장 북쪽으로는 원추형의 전통가옥 2채가 눈에 들어오는데, 좌측(서쪽)의 가옥이 수장, 오른쪽(동쪽)이 수장 동생이 거주했던 집이라고 한다. 2채의 전통가옥 입구 양측에는 작은 선돌(立石)이 세워져 있는데, 지배층의 위세를 보여주는 상징물로 추정된다. 수장집 주변의 나머지 집들은 양철 지붕으로 개조되었다. 1980년대까지만 해도 양철지붕은 없고 전통적인 전통가옥만 있었다고 한다. 전통가옥의 원추형 상단에는 신상(神像)과 물소뿔(富와 權威 상징)이 결합된 목상(木像)이 올려져 있다. 수장과 수장 동생 간의 관계는 친형제라기보다는 오래전부터 내려오는 의제상의 형제로 2개 씨족일 가능성이 높다. 수장 동생 집안에서 수장 집안으로 여자를 시집보낸다는 점에서 이를 유추할 수 있다. 수장집의 여자는 또 다른 집안으로 시집을 간다고 한다. 이러한 결혼제도를 순환혼이라고

촘팡 전경

마을 입구의 석축 시설

한다.

코타는 성스러운 곳, 적석총, 적석 유구 등의 의미가 있는데 타원형의 코타 위로 규모가 작은 12기의 고인돌 무덤이 만들어져 있다. 코타의 규모는 길이 약 17m, 최대 너비 10m, 석축 높이 1.2~1.7m 정도이다. 고인돌의 형식은 소형의 개석식이거나 위석식이다. 고인돌의 크기는 길이 70~130cm, 너비 60~90cm, 두께 10~40cm 정도이다. 4기 정도의 고인돌 옆에는 소형 선돌(입석)이 세트로 있는 경우가 확인된다. 선돌의 높이는 30~80cm 정도이다. 선돌은 머릿돌로도 불려 두향을 추정케 한다. 이러한 고인돌과 소형 선돌의 조합관계는 월로토포 마을에서도 확인한 바 있다.

이곳 코타에는 지배층만이 묻힐 수 있는데, 예전에는 2차장을 했으나 최근에는 기독교의 영향으로 1차장도 행해진다고 한다. 오래된 중핵마을치고는 고인돌 수가 적은 편이다. 이는 2차장을 통한 추가장이 이루어졌다는 점도 있겠지만, 피장자가 수장이나 신관 등의 지배층에 한했다는 전언에서도 유추가 가능하다. 코타를 둘러싼 돌울타리 위에는 5기 정도의 덮개돌이 있어 무덤으로 추정된다. 개석식 고인돌에 해당하는데, 무덤돌(Grave Stone)로 칭해진다. 덮개돌의 규모는 길이 1m 내외이고 두께 10~15cm로 얇은 편이다. 그 위치가 수장의 동생 집 부근이어서 주목된다. 유추하면, 코타에 매장되지 못한 수장 동생 집안의 무덤일 가능성이 높다.

각 집에서는 돌 울타리(회랑)로 연결되는 계단이 확인된다. 그런데 고인돌이 있는 코타로 바로 올라갈 수 있는 계단은 수장 집에 가까운 쪽에만 있다.

지금은 마을의 내력을 알고 있는 원주민은 거의 살지 않아서 좀 더 자세한 설명을 듣기는 어려웠다.

둥글게 광장을 에워싸고 있는 돌담에는 일정한 거리마다 다답이 세워져 있는데 이것은 베나 마을의 페오에 해당하는 것으로 장례를 위해 바칠 소를 도살할 때 끈을 매어놓았던 것으로 요즘도 장례를 치를 때 소 1마리씩을 희생시킨다고 한다. 현재 확인되는 다답은 26개이다. 고인돌이 있는 거석광장 북

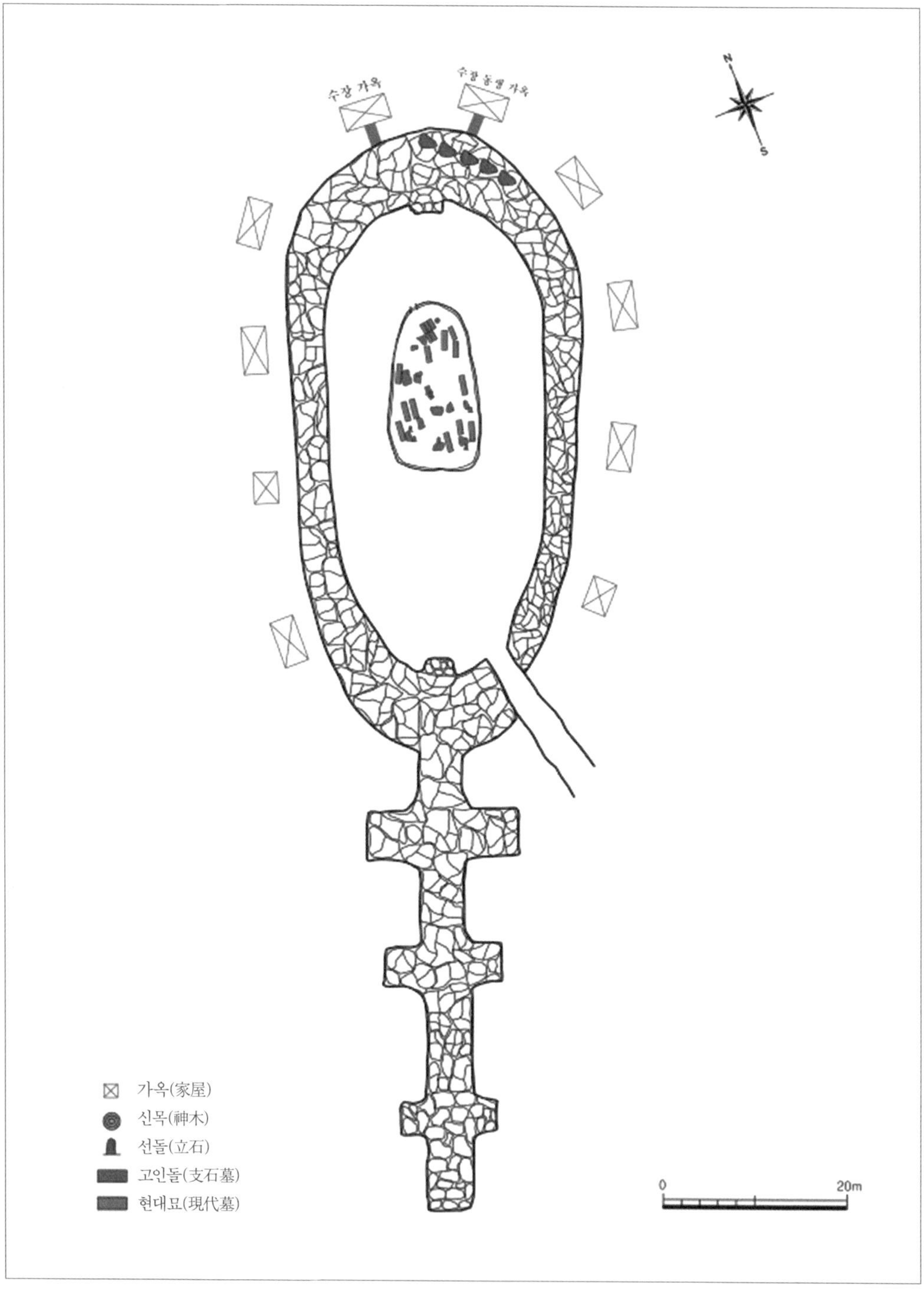

루텐라마 마을의 거석광장 (江上幹幸 1989 수정)

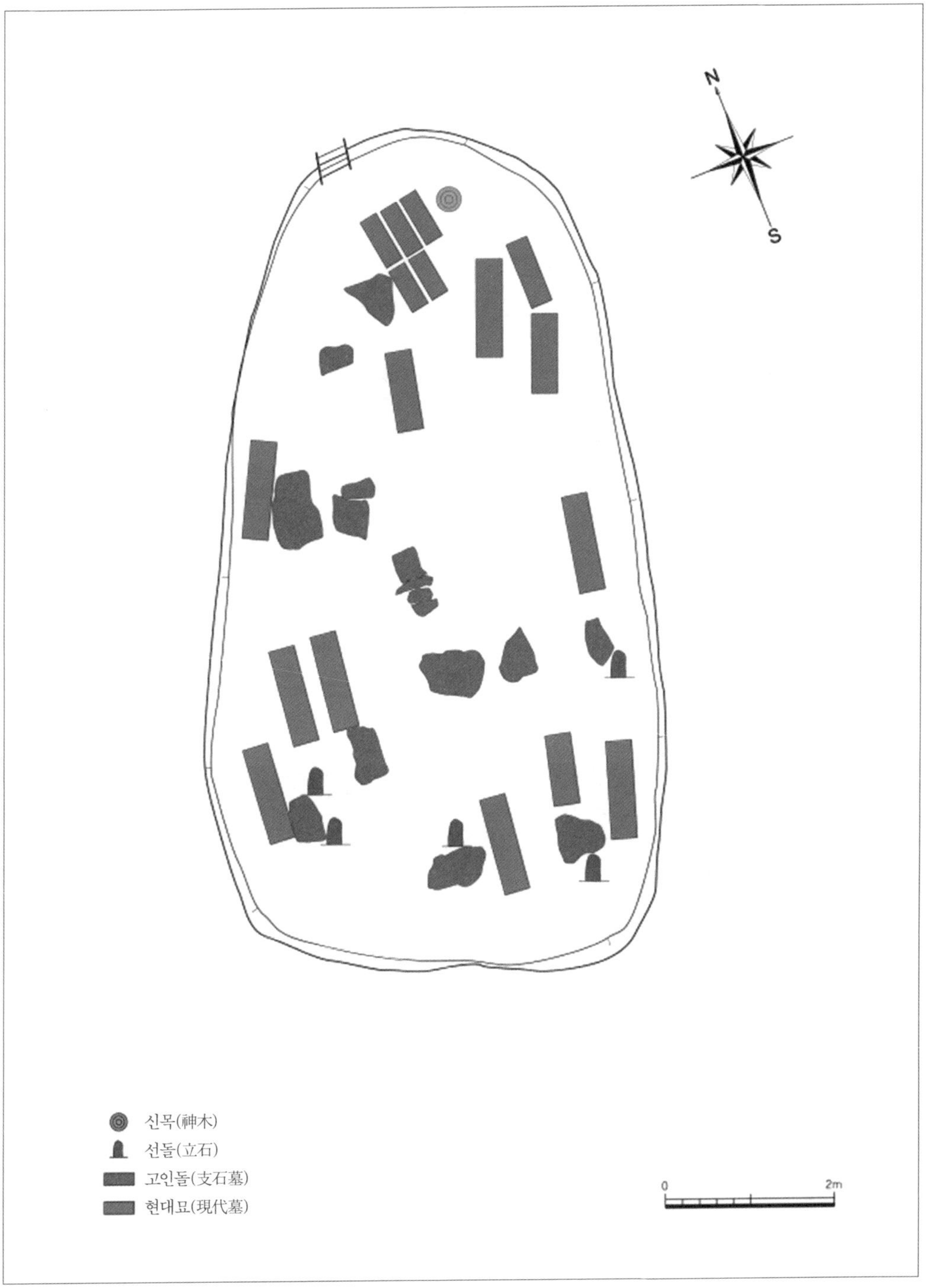

루텐라마 마을의 거석광장 내 코타(무덤시설)

촘팡 위의 고인돌

마을 입구의 현대식 무덤

쪽 가장자리에 큰 나무(직경 70~80cm)가 있는데 원래는 신이 강림하는 신목(神木)으로 여겨지지만, 다답의 기능을 하기도 한다.

마을 입구에는 홈 구멍이 6개 새겨진 돌이 있는데, 우리나라 고인돌의 홈 구멍(성혈)과 흡사하다. 크기는 직경 11cm, 깊이 6cm로 비교적 큰 것과 직경 8cm, 깊이 1cm 정도인 작은 것으로 구분된다. 언제 어떤 용도로 만들었는지는 정확히 알 수 없다.

마을 입구의 성혈

루텡 라마 마을과 같은 거석광장은 루텡 북쪽의 촘팡 치발(Compang Cibal)에도 잘 남아 있다.

플로레스 섬 서쪽 끝 와로카 유적

루텡을 출발한 지 4시간 30분 정도 후에 플로레스 섬의 서쪽 중심지인 라부한바조(Labuhanbajo)에 도착했다. 이 도시는 세계유산인 코모도의 왕도마뱀을 보기 위해 코모도 섬으로 가기 위한 경유지이기 때문에 관광객들이 많다.

라부한바조라는 지명은 배에서 일생을 보내는 해양민족인 '바조족(Bajo; Bajau)의 항구(Labuhan)'에서 유래한다. 라부한바조의 항구에서 1시간 20분 정도 남쪽으로 배를 타고 내려가면 와로카(Woroka)라는 작은 마을이 나타난다.

배를 타고 가면서 보이는 섬이나 해안은 화산섬답게 나무가 없이 풀로 만 뒤덮여 있어 어업 말고는 할 일이 없었을 것으로 생각되었다. 결국 사람들이 살기

와로카 마을 선착장

코모도 왕도마뱀

선돌

석주식 고인돌 유적지에서 내려다 본 마을 전경

에는 적당하지 않은 지형이라서 아직까지 자동차 길도 없어 배로 이동할 수밖에 없는 곳이다.

와로카 마을에는 부기스족이 대부분이고 모두 이슬람교를 믿는다.

해안변에는 높이 2m, 직경 30cm 정도의 선돌 4기가 세워져 있는데, 해발 2m, GPS S 08° 36′ 06″ E 119° 48′ 41″인 보건소 건물 옆에 위치한다. 이 유적은 2008년 인도네시아 국립가자마다대학에서 발굴하여 토기가 출토되기도 했다고 한다. 와로카 마을의 선돌은 플로레스의 다른 마을의 선돌과 달리 잘 다듬어진 석주식이어서 주목된다. 원래부터 결이 잘 나는 석재를 이용한 것으로 보인다.

마을에서 오른쪽의 가파른 능선을 오르면 바다와 마을이 한눈에 보이는 탁월한 위치에 석주식 고인돌과 부러진 선돌(石柱)이 있다. 이곳은 해발 142m, GPS S 08° 36′ 20″ E 119° 48′ 47″로 숨바 섬에서 본 것과 같은 석주식 고인

석주식 고인돌

돌 2기와 무덤으로 보이는 덮개돌이 있다. 고인돌(2기) 덮개돌의 크기는 길이 155~170cm, 너비 110~115cm, 두께 15~17cm이다. 굄돌은 4개씩이며, 굄돌의 크기는 높이 24~40cm, 직경 15~25cm 정도이다. 석주식 고인돌의 굄돌은 선돌을 깨뜨려 만든 것처럼 매끈하다. 그리고 주변에는 긴 선돌(石柱)이 많이 넘어져 있는데 원래는 무덤 주변에 세워졌던 것으로 추정된다. 굄돌과 덮개돌의 암질은 가까운 곳에서 구하기 쉬운 화산암이 아니라 먼 곳에서 옮겨온 화강암이다.

고인돌 유적을 뒤로 하고 마을 뒤쪽(북쪽)으로 30여 분을 내려가면 작은 동산 위의 봉우리 정상부를 중심으로 긴 선돌(석주) 10여 기가 넘어져 있다(해발 113m, GPS S 08° 36′ 03″ E 119° 48′ 51″). 10여 년 전까지는 세워져 있었다고 한다. 이곳에는 고인돌은 없고 선돌만 확인된다. 석주 중 가장 잘 남은 것은 길이 305cm, 직경 25~30cm 정도이다. 봉우리 정상부를 중심으로 직경 20m 정도를 둘렀던 석주 기념물이 있었던 것으로 보인다. 이 선돌들은 절단된 것들이 많아 고의적

파괴된 선돌

선돌

이슬람교도인 부기스족

으로 훼손시킨 것으로 판단된다. 이 지역은 원래 망가라이족이 살았던 지역인데 해양민족인 부기스족이 이주하여 살면서 종교적(이슬람교)으로 상통하지 않는 고인돌이나 선돌 유적을 훼손했을 가능성이 높다.

마을 뒤쪽으로 5분 정도를 더 내려가면(해발 47m, GPS S 08° 35′ 57″ E 119° 48′ 51″) 역시 10여 기의 선돌(석주)이 작은 봉우리를 중심으로 넘어져 있다. 가장 큰 것은 430(높이)×37×22cm에 이를 정도로 상당히 큰 규모이다.

라부한바조에서 머물던 호텔은 직원들이 문제가 좀 있었지만 풀장과 해수욕장 그리고 야자수 정원이 조화를 이룬 훌륭한 호텔이었다. 사전 예약을 하고 오면 35달러이고, 그렇지 않으면 100달러이다.

플로레스 섬의 거석문화 요약

인도네시아 플로레스 섬은 동-서로 긴 형태대로 거석문화의 지역성이 보이는데, 4지역으로 세분할 수 있다.

✚ 플로레스 섬의 거석문화

행정구역	망가라이 현	가다 현	엔데 현	싯카 현
위치	서부	중서부	중부	중동부
민족 구분	망가라이족	가다족	엔데족	싯카족
고인돌 형식	석주식, 개석식	석주식, 개석식	개석식, 탁자식	상자식, 암광식
거석문화의 특징	거석광장(kota)	선돌, 디소릿드	거석광장(kanga), 소형선돌, 적석묘	상자식 고인돌 군집
주요유적	와로카, 루텡라마	베나, 와고	워로토포, 겔라	누아바리
비고		디소릿드 (고인돌+선돌) 성행		아둥, 상자식 · 암광식 고인돌은 숨바 섬과 유사

베나 마을과 와고 마을에서는 전형적인 디소릿드(Dissolithen, 다수의 선돌+다수의 석주식 고인돌)가 확인된다. 마을 수장은 주로 디소릿드에 매장된다고 한다(江上幹幸 1989).

베나 마을의 늦은 단계에 이르면 전형적인 디소릿드가 약식화되어 소형 선돌과 개석식 고인돌로 축소된다. 이러한 소형 선돌과 개석식 고인돌의 조합은 베나 마을보다는 동쪽인 워로토포 마을에서도 1조 확인된다. 그리고 더 동쪽의 겔라 마을에서는 소형 선돌과 개석식 고인돌이 분리되어 있다. 플로레스 섬에서 고인돌이 많이 분포한 가장 동쪽인 누아바리 마을에서는 선돌이 보이지 않고 상자식 고인돌만 군집한다.

디소릿드는 동쪽으로 가면서 점차 간결해짐을 감안하면, 플로레스의 거석 문화는 중서부지역의 가다 현에서 가장 성행하였고 동쪽으로 가면서 점점 축소되거나 변형된다고 볼 수 있다.

참 고 문 헌

가종수, 「니아스섬의 거석문화」, 『선사와 고대』 21, 2004.

______, 『지금도 살아 숨쉬는 숨바 섬의 지석묘 사회』, 북코리아, 2009.

______, 『신들의 섬 발리』, 북코리아, 2010.

______, 『자바의 사원과 유적』, 북코리아, 2012.

______, 「인도네시아 플로레스 섬의 지석묘」, 『계간 한국의 고고학』 23, 주류성, 2013.

국립제주박물관, 『적도의 황금왕국 인도네시아』, 2012.

김병모, 「한국거석문화 원류에 관한 연구(Ⅰ)」, 『한국고고학보』 10 · 11, 1981.

______, 『김병모의 고고학 여행』 1, 고래실, 2006.

양승윤, 『인도네시아사』, 한국외국어대학교출판부, 2013.

우장문, 『우리나라와 인도네시아의 고인돌 연구』, 학연문화사, 2013.

윤호필, 「청동기시대 장송의례의 재인식: 인도네시아 숨바섬 지석묘의 장송의례 비교를 중심으로」, 『무덤을 통해 본 청동기시대 사회와 문화』, 학연문화사, 2012.

이동희, 「인도네시아 숨바 섬과 한국 지석묘 사회의 비교 연구」, 『호남고고학보』 38, 2011.

임영진, 「인도네시아의 선사문화」, 『서울대학교 인도네시아 학술조사단 보고서』, 1981.

장철수, 『옛무덤의 사회사』, 웅진출판, 1995.

조진선, 「인도네시아 숨바 섬의 거석묘 조영과 확산과정」, 『고문화』 76, 한국대학박물관협회, 2010.

가기야 아키코, 「서숨바 섬의 거석묘 만들기」, 『지금도 살아 숨쉬는 숨바 섬의 지석묘 사회』, 북코리아, 2009.

요시다 야스히코, 「동숨바 섬의 거석문화」, 『지금도 살아 숨쉬는 숨바 섬의 지석묘 사회』, 북코리아, 2009.

江上幹幸, 「続東インドネシア, フローレス島の巨石文化」, 『東南アジア考古学会会報』 9, 1989.

八幡一郎 · 田村晃一, 『アジアの 巨石文化』, 高麗書林, 1991.

Agus Aris Munandar, 「인도네시아의 고인돌과 거석문화의 연속성」, 『아시아 거석문화와 고인돌』, 동북아시아지석묘연구소, 2007.

Haris Sukender, 「인도네시아의 거석문화: 특징과 형태」, 『세계 거석문화와 고인돌』, 동북아시아지석묘연구소, 2004.

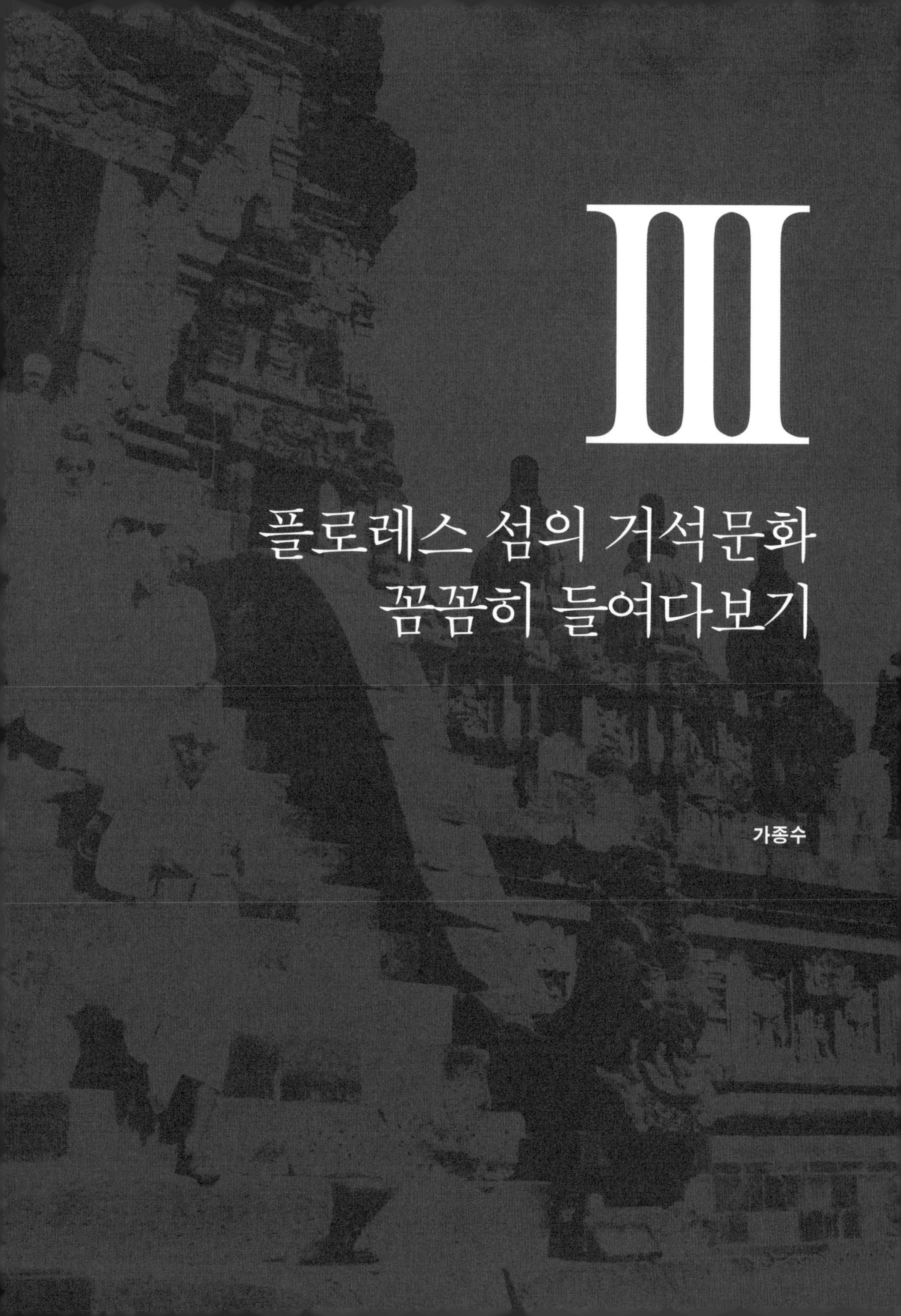

III

플로레스 섬의 거석문화 꼼꼼히 들여다보기

가종수

01

누사텡가라 티모르

동인도네시아

인도네시아공화국 중앙의 남쪽에 있는 누사텡가라 티모르(Nusa Tenggara Timor: 남동에 있는 섬들) 주(州)는 롬복 섬에서 동쪽 끝에 있는 티모르 섬까지 크고 작은 1천여 개의 보석 같은 섬들이 동서 약 1,200km에 걸쳐서 길게 펼쳐져 있다. 발리 섬과 롬복 섬 사이에는 롬복 해협이 있는데 이 두 섬은 약 30km밖에 떨어져 있지 않다. 19세기 영국인 알프레드 라세르 워레스는 발리 섬과 롬복 섬을 경계로 생식하는 동물군이 다르다는 것을 발견했다. 즉, 발리 섬까지는 유라시아 대륙의 동물이 서식하고 롬복 섬에는 오세아니아 대륙에 살고 있는 동물군이 주로 서식하고 있어 롬복 해협을 워레스 라인이라고 부른다.

누사텡가라 티모르 지역은 역사적으로 유라시아 대륙과 오세아니아를 잇는 민족의 징검다리 역할을 하였다. 역사적으로 14세기 동부 자바에 거점을 둔 마자파힛 왕조와 교역을 했던 기록이 남아 있지만, 플로레스 섬은 자바나 발리와는 다르게 인도 종교인 불교와 힌두교의 영향을 거의 받지 않았다. 백단 나무와 노예사냥을 위해서 중국인, 인도인, 포르투갈인, 영국인, 네덜란드인, 그리고 일본인이 왕래했다. 초기의 교역자들은 일부 수장들과의 교류가 있었을 뿐 원주민

사회에 그다지 영향을 끼치지 못했다. 그러나 플로레스를 식민지로 비교적 오랫동안 지배했던 포르투갈인, 네덜란드인, 일본인은 침략자, 식민지 착취자로 현지 사람들의 문화와 역사에 많은 영향을 끼쳤다. 특히 포르투갈의 가톨릭 선교사들은 원주민의 교화에 열심이었다.

16세기를 중심으로 플로레스 섬의 역사는 선사시대와 식민지시대로 양분할 수 있다. 선사시대는 구석기시대, 신석기시대, 청동기시대(=거석문화)로 세분할 수 있다. 현재 플로레스 섬은 발굴조사나 문헌 등의 사료가 없어 상세한 연대 구분은 불가능하지만, 인도네시아의 청동기시대를 시원으로 하는 거석문화가 식민지시대까지 계속되다가 16세기 식민지시대를 맞이하면서 사회와 문화가 크게 변화한 것으로 보인다. 그러나 일부 산악지대에 사는 원주민은 최근까지 식민지시대 기독교의 영향을 받지 않고 지금도 거석문화를 유지하고 있고, 설령 종교를 기독교로 개종했다고 해도 토착문화와 기독교문화가 융합한 상태로 남아 있다.

이 지역의 다양한 문화는 다민족 사회였던 누사텡가라의 현대화와 기독교, 이슬람교가 초래한 것이다. 현재 동인도네시아에는 다양한 토착문화 위에 다양한 외부 문화가 복잡하게 혼합하여 있다. 작은 섬 안에서도 문화나 언어가 다른 다양한 민족이 생활하고 있다. 같은 섬이라고 해도 산간부와 연안부에 사는 사람들의 종교, 문화와 관습이 많이 다르다. 그러나 누사텡가라 원주민의 조상 숭배를 중심으로 하는 애니미즘, 관습법 등의 기층문화는 지금도 살아있다.

플로레스 섬(Pulau Flores)은 인도네시아 소순다 열도 안에 있는 섬으로 행정구역상 '동(東)누사텡가라 주'에 속하며, 포르투갈어로 '꽃'이라는 의미의 아름다운 섬이다. 섬 이름이 포르투갈어로 알려진 것은 15세기부터 포르투갈 사람과의 교역이 매우 활발했기 때문이다.

플로레스 섬을 처음 찾아온 외국인은 12세기의 중국인으로 백단 나무를 구하기 위해서였다. 그 후 플로레스는 동부 자바의 마자파힛 왕조와도 교역을 했다. 15세기 후반 포르투갈 선단이 말라카 제도에서 가져온 향신료로 막대한 이

거석유구 (와고 라마 유적)

익을 얻었다. 포르투갈은 향신료 무역을 독점하기 위하여 말라카 제도에 군함을 파견하지만, 숫자로 우세한 이슬람 세력에 밀려 플로레스 해협으로 거점을 옮기게 된다.

그 후 16세기에서 17세기까지 포르투갈과 네덜란드는 향신료와 백단을 독점하기 위해 플로레스 섬을 둘러싸고 패권을 다투었다. 1859년 국력이 쇠퇴해진 포르투갈은 '동티모르'를 제외하고 현 인도네시아의 모든 식민지를 네덜란드에 매각하고 플로레스 섬에서 철수한다. 네덜란드 식민지 지배 후, 1942년에서 1945년까지 일본군이 식민지 통치를 했다. 일본군의 지배는 약 2년 반의 짧은 기간이었지만, 태평양전쟁 말기의 전시상황 아래에서 잔혹하게 물자를 수탈하고, 원주민을 강제 징용하여 플로레스 사람들에게 많은 피해를 끼쳤다.

플로레스 섬은 발리 섬에서 동쪽으로 4번째에 있는 섬으로 동누사텡가라 주

(NTT)에서는 외국인 관광객이 가장 많이 찾아오는 곳이다. 플로레스 섬은 플로레스 원인이 발견된 리앙 부아 유적, 선사시대의 거석문화가 살아있는 바자와, 삼색 호수의 클리무투, 싯카의 다양한 염직물, 망가라이의 온천, 리웅의 아름다운 해변으로 유명하다. 섬 서쪽에는 코모도 드래곤으로 유명한 코모도(Komodo) 섬과 숨바와(Sumbawa) 섬, 동쪽으로 렘바타(Lembata) 섬과 알로르(Alor) 섬이 있다. 남쪽으로는 숨바 해협을 사이에 두고 숨바(Sumba) 섬이 위치한다.

플로레스 섬

플로레스 섬의 면적은 1만 4,300km²로 동누사텡가라 주에서 3번째로 큰 섬이다. 남-북 약 70km, 동-서 약 360km로 동서가 길쭉하며 복잡한 지형의 섬에는 지금도 활화산이 16개나 있다. 서부에서 중부는 동서로 높은 척량산맥이 펼쳐져 있는 산악지대로, 해안 부근에 약간의 평지가 있을 뿐이다. 그 때문에 저지와 고지에서 상당히 큰 온도 차가 난다.

동서로 긴 지형 때문에 네덜란드 식민지시대부터 행정상 5개의 현(縣, kabupaten)으로 나누어져 있었다. 그 후 2007년에 망가라이(Manggarai) 현을 서(西)망가라이 현, 망가라이 현, 동(東)망가라이 현으로 분리했고, 가다(Ngada) 현을 가다현과 나게 케오(Nage Keo) 현으로 분리하면서 엔데(Ende) 현, 싯카(Sikka) 현, 동(東)플로레스 현, 바타(Nbata) 현 등과 함께 9개의 현으로 나누었다.

각 부족의 민족학적 구분은 아직 미해결의 여러 문제가 남아 있지만, 일반적으로 플로레스 섬의 원주민은 8개의 소규모 민족 집단으로 나눈다. 주요 민족은 서부 플로레스의 망가라이족, 리웅족, 가다족, 나게 케오족, 중부 플로레스의 엔데족, 리오족, 싯카족, 그리고 동부의 라란투카(Rarantuka)족이 살고 있다.

서부와 동부는 거의 같은 문화권으로 산악지대에 사는 원주민은 숨바족

시장 (모니)

과 같이 고(古)말레이족이다. 동부의 라란투카족은 언어학적으로 라마호롯(Lamaholot)어족으로 분류되며, 민족학적으로 뉴기니 원주민 등의 멜라네시아인적인 요소가 강하다. 플로레스의 지석묘를 비롯한 거석문화는 서부와 중부의 산악지대에만 분포하고 있어, 그 기원은 청동시대의 고말레이족의 도래와 관련하는 것으로 추정된다.

플로레스 섬 주민은 동일 문화를 가진 하나의 민족집단이 아니지만, 원주민에게 공통되는 생태는 높은 산악지대에 거주하는 고지성 부족이라는 점이다. 고지에 거주하는 이유는 예로부터 플로레스 해에 부기스(Bugis: 표류민)족의 해적선이 출몰하여 해안가 주민을 노예로 납치했기 때문이라고 한다.

평지가 적은 복잡한 지형 때문에 각 민족은 고립되어 활발한 교류가 없었다. 고지에 사는 원주민의 생업은 벼, 잡곡(옥수수), 얌(감자의 일종), 고추, 마늘 등을 주로 하는 화전경작이다. 동부와 중부의 일부 지역에서는 벼의 이모작도 행해지기도 하지만, 화산 섬이라서 전반적으로 토지가 척박하다.

이러한 자연 환경 때문에 일부 지역에서는 수전 농업이 불가능한 마을도 있다. 그러나 플로레스 섬 도작문화의 역사가 그리 오래되지 않았다는 에가미 도모코(江上幹幸)의 주장은 잘못된 것으로 보인다. 동남아시아 농경문화는 '근재'(根材), '부루벼'(sub-japonica, 熱帯島型品種群), '인도벼'(Indica) 등의 3개 작물이 확산했다고 추정되고 있다. 동남아시아 농경문화의 시작은 멜라네시아와 폴리네시아의 주식인 얌(참마의 일종), 토란, 빵 나무, 바나나 등의 근재(根栽)이다. 이러한 근재문화(古栽培文化)은 동남아시아로부터 멜라네시아나 폴리네시아에 전해진 것으로 동남아시아는 근재문화(根栽文化)의 기원지라고 할 수 있다.

제경 (망가라이)

농경문화의 제2의 물결은 '부루벼'로 중국 운남성 주변을 발상지로 해서 후에 동남아시아 각지로 확산해 갔다. 부루벼는 동손문화의 한 요소로서 플로레스 섬 각지에 청동기시대부터 전개되었다고 추정되고, 동손 동고(銅鼓)의 분포는 부루벼의 분포와 일치하고 있다. 특히 망가라이족이 사는 지역은 물이 풍부하여 지금도 수전이 많은 곡창지대이다. 플로레스 섬의 서부와 중부에 사는 원주민 마을에서 재배하는 '부루벼'는 청동기시대부터 전개되었다고 추정되고 있다.

이러한 부루벼 문화권은 쟁기 등의 농기구 사용법은 몰랐지만, 산지에 있는 용천수의 경사면에 논을 만들어 많은 물소를 몰아넣어 논을 일구는 제경(蹄耕, 踏耕)이라는 독자적인 수도(水稻) 경작법을 창출하였다. 또한 못줄을 사용하지 않은 모심기의 방법은 플로레스 섬의 수전경작이 최근에 전래된 문화가 아니라는 것을 입증하고 있다. 이러한 부루벼와 제경, 모심기 등은 원초적인 수전 농작법으로 플로레스 섬의 수전 경작이 결코 최근에 이루어지지 않았음을 입증하는 명백한 자료이다. 국립제주대학교의 박물관에 말을 밭 안에 몰아넣어 땅을 일구는 옛 사진이 전시되어 있다. 넓은 의미로 제주도의 제경 혹은 답전(踏田)은 동남아시아와 같은 문화라고 할 수 있다. 가축으로는 물소, 돼지, 말, 염소, 소, 닭이 사육되는데, 물소, 소, 말, 돼지, 닭은 주로 제례용(供犧) 가축이다.

플로레스 섬의 역사와 정치 체계는 부족 국가가 난립하고 있었던 수장국 사회였다. 수장은 자기 출신 집단을 중심으로 통치하고, 그 지위는 종교적 권위에 의존했다. 지금도 일부 오지 마을은 수장이 신관을 겸하는 곳도 있다. 플로레스의 전통사회는 수장과 신관 등의 귀족, 평민, 노예의 3계층으로 이루어진다. 귀족은 더욱 세분되어, 어떤 씨족이 역사 혹은 신화에서 다른 씨족보다 먼저 이주했는지에 따라서 상하 관계가 성립된다.

플로레스 섬은 인도네시아의 1만 3,700여 개 섬 중에서 포르투갈의 기독교(가톨릭계)의 영향을 가장 강하게 받았다. 지금도 포르투갈의 거점이었던 라란투카에서 거행되는 부활절은 인도네시아 각지에서 신자들이 모일 정도로 유명하다. 연안부 도시뿐만 아니라 내륙 깊은 산 속 마을에도 교회가 세워져 있다. 산악지대에 교회가 세워진 이유는 전통 마을의 대부분이 산악지대에 자리 잡고 있었기 때문이다.

그러나 플로레스 주민의 85%(최근 연안부에는 이슬람교도의 이주자가 증가했다)는 가톨릭이지만 본질적으로 토착 신앙의 조상숭배와 관습법이 지금도 강하게 명맥을 유지하고 있다. 그래서 마을 광장 안에는 전통가옥과 함께 입석과 지석묘가 남아 있다. 중부의 일부 마을에는 최근까지 지석묘가 축조되었는데 최근의 무덤은 소위 시멘트제(그리스도교 형이라고도 한다) 무덤으로 바뀌어 대부분 지석묘는 과거의 유적으로 남게 되었다.

02

플로레스의 거석유구

필자는 1990년부터 최근까지 서부와 중부 플로레스 산악지대에서 수천 기의 입석과 지석묘를 확인했지만, 플로레스 섬의 지석묘는 지금까지 어느 연구기관에서도 발굴 · 조사한 적이 없다. 플로레스 섬은 하이네 게르데른(R. Hine Geldern)이 주장한 '동부 거석제 문화' 지역에 속한다. 네덜란드 식민지시대에 아른트(Von. P. P. Arndt)가 플로레스 섬에서 상세한 현지조사를 하여 「가다의 종교」(1929, 1931), 「가다의 거석문화」(1932) 등의 논문을 남겼지만, 그의 연구는 네덜란드어로 발표되었기 때문에 우리에게 거의 알려지지 않았다.

M. J. 애덤스가 동인도네시아(숨바 섬)의 거석광장의 형태를 계단식 피라미드형 · 타원형 · 원형으로 분류했다. 플로레스 섬의 거석광장도 지역마다 약간 형태가 다르지만, 대개 애덤스가 분류한 것과 비슷한 형태이다. 또 에가미 도모코(江上幹幸)가 일본어로 「동인도네시아 플로레스 섬의 거석문화」(江上幹幸, 「東インドネシア、フローレス島の巨石文化」, 『白水』 12号, 三上次男先生追悼号)와 「속 동인도네시아 플로레스 섬의 거석문화」(江上幹幸, 「続東インドネシア、フローレス島の巨石文化」, 『東南アジア考古学会会報』 第9号, 1989)라는 단편적인 답사기를 남겼고, 필자도 1993년 일본에서 망가라이 현과 가다 현의 거석유구를 보고한 바 있다. 그리고 필자는 2013년 8월 한국의 지석묘 연구자인 우장문 박사, 이동희 박사와 함께 플로레스 섬

지석묘의 현지조사를 했다. 플로레스 지석묘의 상세한 보고는 고인돌 전문가인 두 분 선생님께 맡기고 필자는 플로레스의 사회와 문화를 개관하고 거석유구(지석묘)를 중심으로 '어디에', '어떤 유구가 있다'는 자료를 소개한다.

산악지대의 전통 마을 (베나 마을)

서부 플로레스의 거석유구

플로레스 섬의 서부는 행정적으로 서망가라이 현, 망가라이 현, 동망가라이 현으로 분리되어 있지만, 원주민은 플로레스 최대의 인구를 가진 망가라이족(32만 명, 1980년대)이 대부분이다. 부계씨족사회로 육도, 수도, 옥수수, 커피 등을 재배하고, 지붕이 원추형인 고상가옥에 살고 있다. 역사적으로 숨바와 섬의 비마 왕국과 말라카 해협의 마카사르 왕국의 지배를 받은 적이 있다.

망가라이족은 '촘팡'(Compang)이라는 거석광장을 중심으로 생활하고 있다. 그러나 20세기 초기 네덜란드 식민지 정부의 세금 징수 정책 때문에 강제로 산악지대에서 평지로 이주하게 되어, 전통 마을 대부분은 버려진 유적지로 변했다. 망가라이족의 전통 마을은 전망이 좋은 산의 경사지 혹은 사방이 확 트인 높은 언덕 위에 있다. 취락형태는 2열로 줄지어선 가옥군 혹은 타원형의 가옥군으로 형성되어 있다.

춤팡 (토도 마을)

마을 구조는 타원형의 경우는 전방부, 중앙부, 후방부로 나누어져 있고, 경사지의 경우에는 저지부(바앙), 중앙부(베오), 고지부(가운)로 나누어져 있다. 이러한 경계의 중앙 광장에는 잡석을 직사각형으로 쌓아올린 적석유구와 입석이 세워져 있다. 베나 마을 남쪽 이네리에 산기슭의 경사지에 구루시니 마을(Kampung Adat Gurisina)이 있다. 잘 보존된 전통가옥군 사이에 입석과 적석유구를 남아 있으나 베나 마을에서 볼 수 있는 개석식 지석묘는 찾아 볼 수 없다. 거석광장의 적석유구는 무덤이라고 한다.

타원형 구조의 마을은 마을 안쪽으로 높이 1~2m의 잡석을 쌓아 광장을 만들어 제장(祭場)으로 사용하고 있다. 그 중앙의 적석유구(원형, 사각형, 피라미드형)에 '천국의 나무'(부린긴 나무)와 지석묘, 입석 등이 있다. 이러한 의례의 중심 센터가 되는 적석유구를 망가라이족은 코타(Kota), 엔데족은 라테(Rate)라고 부른다.

입석과 적석유구 (구루시니 마을)

플로레스 섬 가장 서쪽 끝에 있는 라부한바조는 코모도 섬과 숨바와 섬으로 배가 왕래하는 아름다운 항구도시이다. 라부한바조라는 지명은 배에서 일생을 보내는 해양민족 '바조족(Bajo 또는 Bajau)의 항구(Labuhan)'에서 유래한다. 바조족은 필리핀 남서의 수루 해에서 말레시아, 보르네오 등 국경을 넘어 이동하며 사는 해양민족이다. 예부터 어업을 생업으로 하여 해삼, 진주, 조개를 잡으며 작은 아웃리트 카누에서 살아왔다. 육지에 집을 가지고 않고 선상에서 살기 때문에 표류민이라고 불렸다. 사유재산에 얽매이지 않고 바다를 자유롭게 이동하며 사는 바조족의 삶은 도심에 찌들어 사는 현대인이 가장 부러워하는 이상적인 삶일지도 모른다. 이들 중에는 지금도 정주를 거부하고 이동하며 사는 사람들도 있지만, 해안에 마을을 만들어 어업을 하는 사람들도 있다.

바조족이 정주하여 사는 마을을 '바조'라고 부른다. 원래 라부한바조도 작은 어촌이었지만, 1980년대부터 인근의 코모도 섬이 국제적인 관광지가 되면서 항구도시로 발전하였다. 더욱이 발리 섬에서 국내선 비행기가 가장 많이 이착륙하는 공항이 라부한바조로 플로레스의 관문이라 할 수 있다. 항구 근처에는 저렴한 호텔과 식당, 여행사가 줄지어 있다.

배를 타고 가야만 하는 와로카 마을

라부한바조 항에서 배를 타고 남쪽으로 반나절 정도 가면 와로카(Waroka)라는 작은 어촌 마을이 있다. 라부한바조에서 와로카 마을로 가는 육로가 없어 배로 가야만 하는 마을이다. 마을 사람은 원주민 망가라이족이 아니라 다른 섬에서 이주한 부기스족으로 연안 어업을 생업으로 하고 있다.

마을 가까운 해안가에 높이 2m의 입석 3기가 세워져 있다. 입석을 지나서 약 200m 언덕을 오르면 석주식 지석묘와 쓰러진 입석이 밀집하여 분포하고 있다. 아주 옛날 원주민인 망가라이족이 남긴 거석광장이다. 유적은 앞이 확 트여 바다가 보이는 높은 언덕 끝자락에 자리 잡고 있어 원래 마을 입구는 산 쪽에 있

석주식 지석묘 (와로카 유적)

입석 주변의 발굴조사 (와로카, 2008. 9. 7)

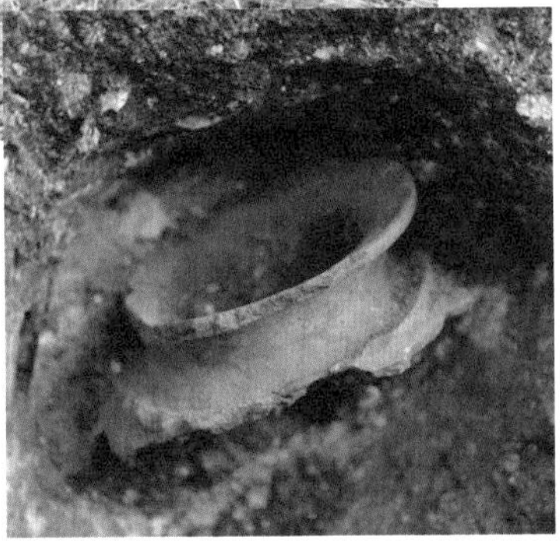

발견된 토기 (홍도)

었던 것 같다.

필자는 와로카 마을 지석묘의 발굴조사를 여러 번 시도했으나 발굴 허가와 자금 등의 문제로 포기한 적이 있다. 2008년 8월에 국립 가자마다(Gajamada)대학이 와로카 마을 유적을 발굴조사한다는 소식을 듣고 9월에 현지를 방문했었다. 그러나 국립 가자마다대학의 발굴조사도 예산 문제로 산등성 위의 지석묘를 발굴조사 한 것이 아니라 마을 가까이에 있는 입석 주변의 시굴 조사에 그쳤다. 필자가 방문했을 때 입석 하부 1.5m 지점에서 토기(홍도)가 발견되었는데 구체적인 토기의 연대와 입석과의 관계는 아직 발표되지 않았다.

와로카 마을 뒤쪽 숲속에는 쓰러진 입석 수십 기가 있는데 이들 입석은 근처에 바위가 없는 것으로 보아 다른 곳에서 만들어 옮겨온 것으로 보인다.

원추형 지붕을 가진 토도와 와이레보 마을

망가라이족의 전통 마을은 방어상의 이유로 예부터 산악지대에 자리 잡고 있다. 대개 마을은 3개의 부분(전방을 바안, 중간을 베오, 후방을 가운이라고 부른다)으로 나누어져, 각각 성스러운 거석광장이 있다. 원형 혹은 타원형의 돌담으로 둘러싸인 울타리를 중심으로 '코타'라고 불리는 성스러운 원형의 적석유구(유구 안에 유골을 안치하여 뚜껑돌을 얹으면 개석식 지석묘가 된다)가 있다. 1930년대 벡쿰(P. W. Van Bekkum)이 조사한 토도(Todo) 마을은 옛 모습이 거의 남아 있지 않지만, 지금도 원추형 지붕을 가진 전통가옥(고상 가옥)과 거석광장의 적석유구 위에 소형 개석식 지석묘가 남아 있다.

망가라이족의 전통 마을로 원형이 잘 남아 있는 마을은 '와이레보'(Wairebo) 마을이다. 마을은 험준한 산악지대의 오지에 자리 잡고 있었기 때문에 최근까지 거의 알려지지 않았다. 마을 형태는 토도 마을과 유사한데 거석광장 주위의 전통가옥 4채에는 혈연과 상관없는 복수의 가족이 공동생활을 하고 있다.

필자가 묵었던 가장 큰 집에는 친인척 관계가 아닌 일곱 가족이 생활하고 있었다. 보르네오 섬의 이반족과 같이 험악한 자연환경 속에서 서로 살아남기 위해서 공동생활을 하고 있다. 가옥 안은 칸막이로 각 가족의 공간이 정해져 있고 중간에 있는 부뚜막만 공유하고 식사 등은 각 가족 단위로 만들어서 먹는다. 주식은 얌(감자 종류)으로 화전민이다.

원추형 지붕을 가진 전통가옥 (와이레보 마을)

적석유구와 전통가옥 (와이레보 마을, 2008)

마을의 거석광장 중앙에 적석유구가 있는데 일반적인 망가라이 마을에서 볼 수 있는 입석과 지석묘는 찾아 볼 수 없다. 마을 입구 가까이에 개석식 지석묘로 보이는 소형 돌멘이 몇 기 남아 있을 뿐이다. 척박한 자연환경 때문에 지석묘를 만들 여유가 없었던 같다. 마을에서 사람이 죽으면 토장을 한 후 몇 년이 지나서 적석유구 안에 유골(2차장)만을 매장한다고 한다.

망가라이족의 오래된 루텡 라마 마을

현재 망가라이족의 거석광장 원형이 가장 잘 남아 있는 마을은 촘팡 치발(Compang Cibal)과 루텡 라마(Luteng Lama, 루텡 푸후라고도 한다)이다. 촘팡 치발은 시멘트 제의 무덤이 새로 만들어져 원형을 잃어가고 있지만, 오래된 개석식 지석묘는 여전히 남아 있다.

코타의 천국의 나무 (루텡 라마)

루텡은 망가라이족의 고향으로 산으로 둘러싸인 분지 안은 울창한 수목으로 덮여있고, 비가 적은 플로레스 섬의 곡창지대로 벼농사가 발달한 지역이다. 망가라이족은 남자들이 채찍과 방패를 가지고 싸우는 풍작 기원 제의인 '채치'(Caci) 춤이 유명하다.

루텡 라마 마을은 망가라이 현의 현청 소재지 루텡에서 북쪽 2km에 위치한다. 완만한 구릉 위에 세워진 마을 안에 거석광장이 있다. 타원형의 돌 울타리 바깥쪽에 원추형의 지붕을 한 10채의 고상 가옥이 있다. 광장 중심에는 높이 1.5m 정도의 코타(Kota, 성스러운 곳, 적석총, 적석유구 등의 의미)가 있다. 적석유구 위에는 부정형의 개석묘 지석묘군이 남아 있다. 거석광장 안에 있는 지석묘는 마을 지배층의 무덤이라고 한다. 오래된 마을의 역사에 비해서 지석묘가 그다지 많지 않은 것은, 2차장으로 인골만을 선조의 지석묘에 대대로 매장했기 때문으로 추정된다. 코타에는 '천계수'(천국의 나무)라고 불리는 성스러운 나무가 있다. 종교적으로는 우리나라의 당산목과 유사한 기능을 하고 의례 때에는 물소를 매어놓고 목을 쳐서 제물로 바친다고 한다. 물소를 의례 때 공희하는 풍습은 인도네시아 각

물소 공희 (리바)

물소 공희 부조 (바이욘 캄보디아)

지에 남아 있고, 캄보디아의 바이욘 사원에도 물소 공희를 연상시키는 부조가 새겨져 있다. 거석광장 주변에는 큼직한 성혈(홈 구멍)이 새겨진 돌들이 있다. 성혈은 거석광장에서 다양한 의례가 행해졌던 것을 알려주는 유물이다.

거석문화의 메카 바자와 마을

가다 현 바자와(Bajawa) 주변에 사는 가다족의 전통 마을에도 다양한 종류의 거석유구가 남아 있다. 플로레스 섬 안에서도 가다족과 중부 플로레스의 엔데족, 리오족은 전통문화가 가장 잘 남아 있다. 이들 마을 사람은 지금도 거석광장을 중심으로 관습법에 얽매여 살고 있다. 가다족은 귀족층(Gae Meze), 평민층(Gae Kisa), 노예층(Azi Ana)으로 구성되어 있다. 1940년대까지 가다족의 인구는 3만 5천 명으로 12개의 부족(Isi) 안에 141개의 씨족(Woi)이 168개의 마을에서 살았다고 한다.

가다족의 거석유구는 적석유구, 지석묘, 입석, 디소릿드(입석과 지석묘)로 나눌 수 있다. 전라남도 진도군 오산리 입석과 지석묘도 일종의 디소릿드라고 할 수 있는데 이러한 유적은 인도 아삼의 나가족과 인도의 문다족에서 많이 볼 수 있다. 지석묘가 여성을 상징하고 입석이 남성을 상징한다는 점은 니아스 섬과 같다.

전남 진도 오산리 입석과 지석묘

마을 광장에는 바투 누수(Batu Nusu), 혹은 바투 치카(Batu Cica)라고 불리는 입석이 있다. 이러한 입석은 여러 가지 목적으로 세워진다. 예를 들면 전쟁 때 전공을 기념하기 위해서 세운 것, 혹은 평화의 상징으로 '바가 누수'(Vaga Nusu=평화의 축제) 때에 세운 것, 용감한 전사의 기념비로 세운 것 등이 있다. 또한, 우리나라 남부 지방과 유사하게 마을과 마을의 경계 지점에도 입석(경계석)이 세워진다. 아른트는 바자와 동쪽의 피피포도(Pipipodo) 언덕 위에 시간을 알리는 해시계(입석)가 세워져 있다고 보고하고 있다.

루텡 북쪽에 나루(Naru) 마을은 1991년 조사 때에는 전통가옥이 많이 남아 있었으나 2008년에는 지붕을 양철로 바꾼 집들이 눈에 띄었다. 거석광장에는 입석과 지석묘가 옆으로 길게 늘어서 있다. 입석은 1~4m의 높이로 단독으로 세워진 것보다는 수 기에서 십여 기가 세워진 것이 많다. 나루 마을의 입석은 죽은 자를 기념해서 세운 것이며, 입석 아래에 있는 돌멘은 죽은 자의 시신을 매장한 무덤이라고 한다. 대개 중앙에 대형 입석과 지석묘가 있고 그 좌우에 소형 입석과 지석묘가 줄지어서 세워져 있다. 이러한 입석군과 지석묘군은 각 씨족이 독점적으로 소유하고 있다.

가다족의 디소릿드는 전쟁 승리와 농경의례 등 여러 의례의 기념물이나 무덤으로 세워졌다. 디소릿드는 지상신 데바(Deva)의 안식처로 여겨지고 있다. 지석묘를 의미하는 '나베'(Nabe, 인도네시아어로 Batu Meja)는 탁자를 의미하고, 죽은 자를 매장(2차장)하는 무덤으로 그 후 장례식이 끝나면 물소나 돼지를 희생하여 제사를 지내는 제단으로 사용했다. 지석묘의 형태는 개석식 지석묘와 석주식 지석묘(일부 지역에는 탁자식 지석묘도 있다)가 있다. 이러한 형태의 차이는 거기에 묻힌 자의 지위와 재산에서 유래한다. 대개 석주식 지석묘는 지배층의 무덤으로 추정되는데 이러한 형태는 모두 죽은 자의 집과 연관되어 4개의 지주는 전통가옥의 기둥을 상징적으로 나타낸다고 한다.

가다족의 전통 마을 광장에는 '가두'(Ngadhu)와 '바가'(Bhaga)라고 불리는 신당이 세워져 있다. 가두는 남성, 바가는 여성의 상징으로 세워진다. 동쪽에 여신

나루 마을의 입석과 지석묘

각 씨족이 독점적으로 소유하고 있는 입석과 지석묘 (나루 마을)

앞쪽이 가두 뒤쪽이 바가 (베라 마을)

을 모신 '바가' 신당, 서쪽에 남신을 모신 '가두' 신당이 세워지는데, 지석묘 혹은 디소릿드는 반드시 바가 신당과 인접하여 세워져 있다. 보통 가두는 원추형의 초가지붕과 조상신이 조각된 1개의 기둥(페오, Peo)으로 이루어져, 그 형태가 해변에 세운 비치파라솔과 유사하다. 바가는 전통가옥의 미니어처의 형태를 하고 있지만, 예전에는 망가라이와 같은 원추형의 지붕을 한 고상 가옥이었다고 한다. 가두와 바가는 몇 년에 한 번씩 신축하는데 그때마다 성대한 축연이 열린다. 이때 물소와 돼지를 공희하여, 그 피를 바가의 기둥(페오)과 입석에 붉게 바른다. 제물로 바친 가축(소, 돼지)의 피를 발라야 가두가 완성되었다고 믿기 때문이다. 가두 · 바가와 유사한 사당은 발리의 원주민(발리 아가) 마을에도 남아 있다.

인도네시아 국립고고학센터(국립고고학연구소)에서는 1970년 가다 현 아이메레(Aimere) 군, 바자와(Bajawa) 군, 보위에(Bowie) 군에 있는 거석유구의 분포를 조사했다. 이들 지역의 전통 마을 중에서 원형을 가장 잘 보존하고 있는 곳이 베나(Bena) 마을이다. 베나 마을은 아이메레 군의 투 라우(Two Raw) 면에 속한다. 이 마을은 바자와 군의 남쪽에 해당하는데, 이네리에(IGunung Inerie, 2130m) 산 중턱에 있다. 이네리에 산은 활화산으로 남쪽에 있는 북숨바에서 육안으로 볼 수 있다.

베나 마을에서 본 이네리에 산

전통 마을 베나

베나 마을은 가다족의 전통 마을의 형태가 원형(타원형) 혹은 거석광장을 사이에 두고 2열로 가옥을 배치한 마을과는 전혀 구조가 다르다. 베나 마을은 남북 44.4m×14.4m의 가늘고 긴 마을이다. 동서 2열 29채의 전통가옥이 있고, 계단식 테라스형의 광장이 있다. 높은 산등성이에 계단식 테라스에 마을과 사원을 조성한 사례는 자바 섬 보고르 주변의 여러 선사시대 유적, 동남아시아 각지의 유적에서 발견되었다. 북쪽 입구에 높이 2m 정도의 계단을 오르면 작은 거석광장이 나타나고, 남쪽 끝단의 한층 높은 테라스 위에 비교적 넓은 거석광장이 있다. 즉 산등성이에 계단을 만들어서 제일 높은 타원형 평지(마을 전체가 배를 상징한

베나 마을

다)의 왼쪽에 전통가옥, 중앙에 가두, 바가, 디소릿드(레바 라사, 마을 수장이 소유하는 입석과 지석묘), 오른쪽에 입석과 개석식 지석묘 등이 병렬적으로 세워져 있다. 베나 마을의 여러 의례를 올리는 윗마을 거석광장은 앞에서 보면 4단의 계단, 측면에서 보면 3단의 테라스 형태이다. 전체 마을의 장축은 남북이고 입구가 북쪽에 있다.

가다족의 대부분의 전통 마을은 장축 방향이 동서를 향하고 있는데, 베나 마을은 특이하게 남북을 장축으로 하고 있다. 각각의 테라스에는 가두와 바가가 세워져 있고, 가장 높은 테라스 광장에 디소릿드, 지석묘, 입석이 남아 있다. 이들 디소릿드와 지석묘는 기념물이 아니라 무덤이었다고 한다. 최근까지 마을의 장로가 죽으면, 바가 근처에 토장(가매장)을 하여 작은 돌로 묘역을 표시하고, 나무로 십자가를 세워 놓는다. 몇 년 후 장례 준비가 끝나면 유골을 모아서 디소릿드나 지석묘에 매장하여 성대한 장례식을 치른다고 한다. 일부 마을에서는 아예

레바 라사 (베나 윗마을)

아랫마을에서 본 베나 마을

가매장한 묘지 (베나 아랫마을)

시멘트로 지하에 무덤방을 만들어 1차장의 무덤(현지에서는 기독교식 묘라고 한다)을 만들기도 한다.

베나 마을은 마을 전체가 사적지로 지정되어 인도네시아 교육문화성의 보호를 받고 있다. 우리나라의 민속촌을 연상하면 이해하기 쉽다. 현재도 과거의 전통방식에 따라서 전통가옥이 수축 혹은 개축되며, 그와 동시에 여러 의례가 행하여져 물소, 말, 돼지, 닭을 공희하는 2일간의 상량식은 보는 사람을 흥분하게 만든다.

2010년 11월 말 국내의 모 TV 방송국이 베나 마을의 신축가옥 상량식 의례를 다큐멘터리로 제작하여 방영한 적이 있다. 그때 마침 호남문화재연구원의 초청을 받고 국제학술대회에 참석하기 위하여 내한했던 국립인도네시아고고학연구소 수석연구관 바기요(D. Bagio) 박사가 우연히 그 방송을 보고 여러 문제를 제기한 적이 있었다. 인도네시아 사적지의 조사와 취재는 인도네시아의 정식 입국절차와 해당 기관의 허락을 받지 않으면 불법 행위가 된다. 호남문화재연구원의 2011년 2월 수마트라 섬 파세마 고원의 거석 유구 조사는 우리나라 연구기관이 처음으로 국립인도네시아고고학연구소의 정식 허가를 받고 조사한 좋은 본보기가 된 사례이다.

디소릿드의 하나인 '레사 라바'(Lesa laba)는 보통 마을 수장 집 앞에 세워진다. 수장은 대개 마을 설립자의 후손으로 정치와 의례에서 중요한 역할을 한다. 수장 집 앞에 세워진 디소릿드(레사 라바)는 대부분 몇 기의 지석묘 뒤에 입석을 세운 형태이다. 이러한 디소릿드는 의례 때 수장이 앉는 자리로 사용하기도 하고, 제물을 차려 놓는 제단으로도 사용된다. 지석묘 뒤의 입석은 마을 설립자와 그 후손을 기념하기 위해서 세운 것이라고 한다.

베나 마을 남쪽에 가다족의 오래된 마을의 하나인 나게(Nage) 마을은 동서 방향 2열로 가옥군이 형성되어 있다. 동쪽 끝 입구에 관습가옥 루마 아닷(Rumah Adat)이 세워져 있고, 중앙의 광장에는 동쪽으로부터 바가와 가두가 세워져 있다. 가두 가까이에 입석(페오), 바가 가까이에 지석묘가 있다. 입석은 남신, 지석묘는 여신을 상징한다. 마을 안쪽에는 수장 소유의 레바 라사가 남아 있다. 일반적으로 지석묘는 거석광장 안에서 여신을 상징하는 바가 신당과 가까운 곳에 있다.

레사 라바 (나게 마을)

전통가옥과 바가 (나게 마을)

가두와 바가. 바가 옆에 지석묘가 있다. (나게 마을)

베나 마을과 나게 마을 가옥의 베란다 안의 벽에는 가다족의 정신세계를 새겨놓은 부조가 있다. 벽면 좌우에 마주 보고 있는 암수의 닭이 부조로 새겨져 있다. 원주민은 닭을 부의 상징이자 울음소리로 천국의 문을 열어주는 존재로 믿는다. 베란다에서 방으로 들어가는 문설주는 배를 상징한다. 가옥에는 일반적으로 배를 조각해 놓거나 부조를 새겨 놓고 있다. 배 안에는 물소 뿔이나 암수의 말을 새겨 놓았다. 물소와 말은 가다족의 부의 상징이고 모든 의례에 꼭 필요한 가축이다. 문설주 위에도 이중 동심원의 연속 부조와 물소 뿔 혹은 배를 새겨 놓았다. 가두 기둥에도 이중 동심원 문양이 새겨져 있다. 그 밖에도 독사 문양은 가옥 장식 부조뿐만 아니라 민족의상 이캇에도 빈번히 사용되어, 그들의 신앙과 신화와 밀접한 관계를 알려준다.

디소릿드의 대부분은 수장의 죽음과 관련하여 세워졌지만, 천재지변(지진, 화산, 일식 등)과 전쟁(전사자)이 발생했을 때도 디소릿드를 세웠다고 한다. 농작물의 신년제(파종), 수확제 등의 여러 의례에도 디소릿드가 사용되어 물소, 돼지, 닭 등의 가축 공희제가 성대하게 벌어진다. 제물로 바쳐진 돼지와 닭의 생간은 신관

고상 가옥의 벽면 부조, 닭과 물소 뿔 (나게 마을)

고상 가옥의 벽면 부조, 뱀과 닭 (나게 마을)

이캇을 짜는 여인 (베나 마을)

이 의례의 길흉을 점치는 데 사용한다. '지상신인 데바(Deva)가 적석유구, 입석, 지석묘, 디소릿드를 만들고, 의례 때에는 이들 거석유구에 데바신이 강림한다'라고 아론티(Arndt)의 보고를 인용해서 에가미 나미코가 소개했다.

와고 마을과 와고 라마 유적

가다 현에서 지석묘와 디소릿드가 남아 있는 마을은 아이메레 군의 디우 리우(Tiwu Riwu) 마을, 베나 마을, 나게(Nage) 마을, 아이메레 군의 이네리카(Inelika) 마을, 멘가(Menga) 마을, 누아 가에(Nua Gae) 마을, 고레와(Golewa) 군의 마타로코(Mataloko) 마을, 바타 도루(Bata Dolu) 마을, 타우 우리(Tou Woi) 마을, 우로 포레(Wolo Pore) 마을, 라토 게사(Rato Gesa) 마을, 와고 라마(Wago Lama) 유적 등이다.

20세기 초기에 조사된 거석 유구는 현재 극히 일부만 마을에 남아 있다. 와고 마을은 가다 현청 소재지가 있는 바자와 동쪽 10km 지점에 있다. 현재의 와

대형 디소릿드 (와고 라마 유적)

와고 마을 전경

고 마을은 아른티(Von P. P. Arndt)의 조사 후인 1936년에 이주하여 새롭게 만들어졌다. 마을은 도로에서 가까운 평지에 자리 잡고 있다. 동서 2열의 전통가옥 중앙의 광장 안에 동쪽으로부터 여신을 모신 바가 사당, 서쪽에 남신을 모신 가두 사당이 세워져 있고, 그 사이에 소형 입석과 적석유구가 있다. 입석과 적석유구는 와고 라마라는 원래 마을에서 옮겨 온 것이다. 현재 마을 사람의 대부분은 기독교로 개종을 했고, 고상가옥 마루 아래에 돌을 쌓아서 시신을 매장한다. 시신을 마루 아래에 가매장하는 풍습은 사부족과 유사하다.

마을의 가옥군은 전통적인 목조방식으로 만들어져 있다. 동인도네시아 원주민의 가옥은 야자나무와 대나무가 주로 사용되고 지붕은 '아랑아랑'이라는 풀로 만든 고상가옥이 일반적이다. 가옥 내부는 1룸, 2룸, 4룸으로 나누어져 있는데 바자와 주변의 전통가옥은 베란다, 부엌, 침실로 나누어져 한층 발전한 구조를 하고 있다. 현재의 전통가옥은 정형한 목재가 많이 사용되고 있지만, 원래 대나무를 주로 사용했다고 한다.

원래의 와고 마을은 2km 정도 북쪽에 자리하고 있었는데 지금은 마을 사람이 살고 있지 않고, 버려진 마을 광장 터에는 대형 디소릿드가 많이 남아 있다.

마루 아래의 적석묘 (와고 마을)

전통가옥의 상량식 (와고 마을)

각각의 대형 디소릿드는 과거 마을의 유력한 씨족 집단이 독점적으로 소유하며, 입석은 죽은 조상을 기념하기 위하여 세웠고, 지석묘는 시신을 매장했다고 한다.

가두와 바가의 신축 의례 리바 마을

와고 마을 동쪽에 리바(Liba) 마을이 있다. 넓은 평지에 광장을 둘러싸듯이 가옥군이 직사각형으로 세워져 있다. 이 마을도 원래는 산등성이 있었는데, 1930년대 네덜란드 식민정부의 명령으로 사람들이 이주해서 새로 세워진 마을이다. 하지만 마을 광장에 있는 페오(Peo, 배꼽)라는 입석과 소형 디소릿드는 원래의 마을에서 옮겨온 것이다. 소형 디소릿드는 입석과 지석묘가 같이 있는 것이 아니라 정확히 말하면 적석유구와 입석이 있는 것으로 아오기 에리코(青木惠理子) 교수는 '제단 입석'(祭壇 立石)으로 소개하고 있다.

리바 마을 사람들은 평지로 이주한 후 대부분 기독교로 개종을 했다. 현대식 가옥도 눈에 띄지만 거석광장에는 가두와 바가가 세워져 있어, 토착 문화가 명맥을 유지해 온 것을 알 수 있다. 필자는 2008년 9월 10일 리바 마을에서 가두와

가두와 바가의 신축을 축하하는 물소 공희

칼을 뽑아들고 의례를 집행하는 신관 (리바 마을)

물소, 바가 기둥, 페오가 줄로 이어져 있다. (리바 마을)

돼지 공희. 돼지 머리를 갈라서 피를 받고 있다. (리바 마을)

바가의 신축 의례를 견학했다. 마을 사람 전원이 참석하는 성대한 제연이었다. 3일간 이어진 제연의 하이라이트는 가축 공희였다. 가축 공희는 남신을 모신 가두보다는 여신을 모신 바가를 중심으로 거행되었다.

우선 제관들이 닭 두 마리를 죽여 제물로 바치고, 그 다음 물소를 가두 앞으로 끌고 와서 그 줄을 가두 기둥을 통과시킨 뒤 뒤쪽에 있는 페오(입석)에 묶어 놓은 후, 그 목을 쳐서 제물로 바쳤다. 제관들이 물소의 목에서 흘러나오는 피를 받아 신축한 바가 기둥에 발랐다. 원래는 적의 목을 사냥하여, 그 피를 바가 기둥에 발랐었다고 한다. 물소 피는 제단 입석에도 바르고 야자나무 술을 제단에 바쳐 조상신을 대접했다. 물소는 그 자리에서 해체되어 마을 사람에게 나누어 주었다. 마지막으로 돼지가 제물로 희생되는데, 그 피를 받아 바가 기둥, 페오, 입석에 발랐다. 제관이 돼지 간을 꺼내 점을 쳐서 조상신들이 만족하여 돌아갔다는 점의 결과를 선언하면서 의례는 끝난다. 가축을 공희하여, 그 간이나 내장으로 길흉을 점치는 의례는 숨바 섬과 유사하다.

돼지 간을 보고 길흉을 점치는 신관 (리바 마을)

가두 기둥 (리바 마을)

제단 입석의 야자나무 술

1930년대의 페오
(보아와에 나게, 인도네시아고고학연구소 제공)

대나무 집에서 의례를 지켜보는 사람들 (리바 마을)

리바 마을에서 또 하나 주목되는 것은 신관의 가옥이다. 가다족의 일반적인 고상 가옥은 야자나무와 대무가 주로 사용되는데 이 신관의 집은 대나무로만 만들어져 있다. 기둥, 바닥, 벽에 대나무가 사용되었고 지붕도 대나무를 잘라서 겹쳐놓아 비가 새지 않게 만들었다. 『일본서기』에 대나무 집(竹屋)에 관한 기록이 있어 우리나라에도 대나무 집이 있었을 가능성이 높다. 플로레스 섬의 대나무 집은 고상 가옥의 가장 원초적인 모습이다,

가다족의 각 마을에 있는 디소릿드에는 대부분 각 마을 수장의 조상과 관련된 전설이 남아 있고, 마을의 역사를 아는 단서가 되기도 한다. 가다족의 디소릿드 안에 보이는 지석묘에는 2가지 형태가 있다. 개석식 지석묘(2차장)와 석주식 지석묘(높이 30~130cm의 석주)로 숨바 섬의 지석묘와 유사하다.

네덜란드인들이 가다족 주민들을 식민지시대였던 20세기 초, 강제로 평지에 이주시켰기 때문에 가다족의 영역에는 원형을 간직한 전통 마을이 그다지 남아 있지 않다. 그러나 시내를 벗어난 이네리에 산속 깊은 곳에 여기저기에는 거석유구가 남아 있다. 필자는 2008년 9월 베세푸(Besepu) 유적과 란게게하

개석식 지석묘와 입석 (란게게하 유적)

석주식 지석묘와 입석 (베세푸 유적)

(Rangegeha) 유적을 조사했다. 유적은 앞이 확 트이고 전망이 좋은 언덕 위에 위치하고 거석유구 주위에는 마을이 있었다고 한다. 지석묘와 입석이 같이 있는 디소릿드와 적석유구와 입석이 같이 있는 제단입석(적석유구는 원래 무덤이었을 가능성

제단 입석 (베세푸 유적)

1차장 묘. 입석과 입석 사이에 토장을 한다. (란게게 유적)

이 높다), 입석 등이 남아 있다. 란게게하 유적에는 1차장의 가매장하는 묘역이 남아 있는데, 1m 내외의 입석을 남북으로 세워 놓고 판석(잡석)을 직사각형(길이 2m, 폭 1m)으로 깔아 놓았다. 유사한 형태의 1차장용 묘는 현재 평지에 있는 가다족 마을에서도 볼 수 있다. 원래 가다족은 1차장으로 토장을 하고 그 후 세골하여 지석묘 혹은 적석유구에 인골만 안치했다고 한다.

바자와 주변의 산속에 남아 있는 거석유구는 분포 조사도 제대로 안 되어 있는 상황이다. 플로레스 거석문화의 상한 연대를 알기 위해서는 이러한 유적의 발굴조사가 시급하다.

03

중부 플로레스의 지석묘

중부 플로레스에 사는 엔데족, 리오족은 행정구역상 엔데 현에 속한다. 엔데는 중부 플로레스의 항구도시로 많은 이슬람교도가 이주하여 살고 있다. 엔데는 3색의 화산구로 유명한 클리무투 산으로 가는 경유지이기도 하다. 엔데족과 인접하는 나게 게오족, 리오족의 언어는 서로 유사한 관계가 있고, 문화적으로도 많은 공통점을 가지고 있다.

섬 중앙에 사는 리오족은 육도(陸稻) 화전 농업에 종사하고 있다. 리오족과 엔데족의 가옥은 숨바 섬의 가옥과 유사하게 지붕이 한층 높게 만들어져 있는데 높은 지붕은 원주민의 부와 신분을 나타낸다. 리오족과 엔데족의 전통 민가 현관에는 큰 유방 장식의 부조가 있는데, 가옥 전체가 여자 몸 혹은 배를 상징한다. 독특한 사회체계로 부족과 부족의 관계는 교환을 통해서 유지된다. 최대의 교환은 결혼이다. 결혼은 신부를 보내는 집단(Wife Giver)과 신부를 받는 집단(Wife Taker)이 고정되어, 대대로 '순환혼'(循環婚)이 이루어진다. 동인도네시아 지석묘 사회에서의 결혼 풍습은 결혼 상대가 외가의 사촌 자매라는 형태가 일반적이며, 신부 집단에게는 많은 혼수가 지불된다.

중부 플로레스의 엔데 현에서는 전통 마을에 남아 있는 거석광장을 칸가(Kanga)라고 부른다. 이러한 전통 마을은 현재 리세(Lise), 도나(Ndona) 양 지역의

리오족의 고상 가옥 (워로코리)

전통 민가의 유방 장식 부조 (워로토포)

산악지대에 남아 있다. 일반적으로 중핵(정치와 의례의 중심) 마을은 수장(Sao Ria)과 신관(Mosa Laki)을 중심으로, 30~40호 정도의 가옥으로 구성되어 있으며, 몇 개의 분촌을 가지고 있다.

엔데는 플로레스 섬 중앙 남쪽 해안의 산으로 둘러싸인 큰 항구도시이다. 동누사텡가라 주 플로레스 중부에 거주하는 오스트로네시아계의 언어를 사용하는 사람들을 엔데족이라고 부른다. 엔데어는 동쪽의 리오족, 서쪽의 가오족 언어와 동일하다. 또한 문화적으로 서쪽의 나게 케오족과도 연관성이 깊다. 인구는 약 8만으로 산간부의 엔데족(기독교도)과 연안부의 엔데족(이슬람교도)으로 대별된다. 산간부는 화전에 의한 육도와 옥수수 재

라테 (엔데)

배를 생업으로 하고 얌(감자의 일종)은 의례적으로 중요한 의미가 있다.

엔데 동쪽의 해안가 가까이에 있는 산등성이 위에 라테(Rate)라고 하는 제장이 있다. 제장 안에는 큰 나무, 소형 입석과 제단석(개석식 돌멘)이 있어 주변 마을 사람들이 모여 제사를 지내고 있다. 마을 사람들 대부분이 이슬람교로 개종했지만, 지금도 일부 마을 사람들은 이 제장에 찾아와 제사를 지낸다고 한다. 원래 라테는 적석 위에 상석을 올려놓은 무덤을 가리킨다.

엔데족의 전통 마을 워로토포

1970년대까지 워로토포(Wolotopo) 마을은 육로로 갈 수 없는 오지 마을로 전통문화가 잘 보존된 마을이었다. 그 후 1980년대 해안가를 따라 도로가 만들어져 외부와의 왕래가 빈번하게 되어 현대화가 진행되었지만, 아직도 토착문화를 잘 간직하고 있다. 엔데 인근의 해안가 언덕 위에 있는 워로토포 마을은 추장 집과 거석광장(칸가)의 원형이 잘 남아 있다. 이 칸가는 추장 집 앞 언덕 위에 돌을 높이 쌓아올려서 인공으로 만든 광장이다(높이 3m). 인공으로 돌을 쌓아서 만든 제장(祭場)은 베나 마을과 유사하며, 인도네시아의 선사시대 유적에서 많이 볼 수 있는 것이다. 능선을 따라서 만든 제장을 중심으로 전통 마을이 형성되어 민가 안에도 많은 수의 지석묘가 남아있다.

추장 집과 칸가의 아래쪽 주변에도 개석식 지석묘가 많이 남아 있다. 마을 민가 안에도 상석 밑의 사방에 판석으로 석실을 만든 탁자식 지석묘가 있다. 급경사의 계단을 오르면 광장 오른쪽에 '바쿠'라는 고상 가옥이 있다. 바쿠는 '대상장'(臺床葬)이라는 묘제(墓制)에서 사용하는 건물이다.

인도네시아의 묘제는 역사적 · 종교적 · 지역적으로 다양하다. 역사적으로는 토장묘, 목관묘, 지석묘, 석관묘, 옹관묘 등이 있다. 종교적으로 힌두교, 불교, 이슬람교, 기독교를 수용하여 이들 외래 종교가 토착의 장제에 큰 영향을 끼쳤다. 인도의 불교와 힌두교의 영향을 받은 지역은 화장을 하고 있지만, 가장 일반적인 매장법은 토장이다. 술라웨시 섬의 토라자족의 벽암묘와 수목장(살아 있는 나무를 파서 만든 무덤), 발리 섬의 발리아가 마을의 풍장, 수마트라의 바탁족, 칼리만탄의 타약족과 플로레스 고지 부족의 대상장, 일부 채집 수렵 부족에서는 시체를 버려서 자연에 맡기는 등 다양한 장제가 있다. 그렇지만 인도네시아의 가장 넓은 지역에서 보이는 일반적인 장제는 2차장이다. 일정 기간 땅에 매장한 후에 세골하여 성대하게 장례를 치르는 2차장이 폭넓은 지역에서 확인되었다. 이러한 2차장은 장례가 장기간 걸쳐서 거행되는 것이 특징이다. 더욱이 중요한 것은 지배자에 한해서 2차장이 거행된다는 점이다. 발리 섬의 화장도 엄밀하게 말하면 2차장이다. 수마트라 섬, 칼리만탄 섬이나 플로레스 섬의 대상장도 일단 죽은 자를 토장한 후에 유골만 골라서 목조 건물에 안치하는 2차장이라 할 수 있다. 이러한 2차장은 사회적 지위나 정치적인 질서와 깊은 관련이 있다.

추장 집 (워로토포 마을)

칸가(거석광장: 전통가옥, 입석, 지석묘) (워로토포 마을, 1991)

지석묘를 조사하고 있는 우장문 박사와 이동희 박사 (워로토포 마을, 2013. 8)

사후 세계는 사후의 나라를 원향(原鄕)이라고 생각하고 장례는 죽은 자가 이러한 원향으로 돌아가기 위한 의례로서 저 세상은 이 세상의 연속이라고 믿는 것이다. 생전의 공훈과 죽은 자의 훈공제연도 사후 세계의 지위 및 권위와 연계된다고 믿고 있다.

플로레스의 대상장은 유력자의 시체를 토장한 후 일정 기간이 지난 후에 유골만을 골라 목관 안에 넣어 고상 가옥의 지붕 밑에 안치한 후 몇 년 지나서 성대한 장례식 준비가 끝나면 지석묘(디소릿드)에 매장하는 묘제이다.

대상장에서 사용하는 목관은 크게 두 가지 형태로 분류할 수 있다. 하나는 배의 형태를 한 주형 목관이고, 또 하나는 새(혹은 새와 관련한 조각을 새긴 것) 형태의 목관이다. 죽은 자가 배를 타고 선조의 땅으로 간다든지, 죽은 자의 영혼을 새가 날아서 선조의 땅으로 데려 간다는 믿음과 관련이 있다.

칸가 안에는 여러 형태의 지석묘가 남아 있어 숨바 섬의 거석광장을 연상시

바쿠 (워로토포 마을, 1991)

바쿠 내부의 목관 (워로아라 마을)

킨다. 워로토포 마을 장로의 이야기에 의하면 지석묘는 수십 년 전까지 무덤으로 사용되었다고 한다. 거석광장 안에는 토부카가(Tobukangan)라고 불리는 입석이 세워져 있지만, 엔데 · 리오 지역에서는 가다족에서 볼 수 있는 디소릿드는 발견되지 않았다.

모니 주변의 거석유구

엔데 동쪽의 모니(Moni) 가까운 곳에 주변 사람들이 성산으로 숭배하는 클리무투(Keli Mutu, '클리'는 '산', '무투'는 '타다'라는 의미로 '영혼이 머무는 곳'이라는 뜻이다) 산이 있다. 산 정상에는 신비로운 색의 물이 가득 차 있는 삼색 호수가 있는데 플로레스 섬에서 가장 유명한 명승지이다. 산 정상에는 3개의 큰 분화구에 선명한 청록색, 심녹색, 흑색의 물이 채워져 있다. 호수의 주변은 초목이 자라지 않는 회색의 세계로 이른 새벽에 산 정상에서 만날 수 있는 해돋이가 절경이다.

클리무투는 주변에 사는 리오족이 성산으로 숭배하는 산이다. 호수는 콘데라투(Konde Ratu, 수호신)가 관장하며 리오족이 죽으면 그 영혼이 머무는 곳이라고 믿고 있다. 청록색(Tiwu Nuamuri Kofai) 호수는 어린이와 젊은이의 영혼이 머무는 곳이다. 심녹색(Tiwu Ata Polo) 호수는 사고로 죽은 영혼이 머무는 곳이고, 흑색(Tiwu Ata Bupu) 호수는 선하고 수명을 다한 영혼이 머무는 곳이라고 전한다.

모니는 클리무투 산자락에 있는 마을로 마을의 제장은 원형을 그대로 남기고 있다. 초가지붕의 전통가옥을 중심으로 곡창, 바쿠(대상장용 가옥), 제단입석, 수가목이 있다. 곡창의 기둥 밑에는 쥐가 올라오지 못하도록 원형판을 설치해 놓았고 적의 수급을 걸어 놓았다는 수가목에는 고개를 쳐든 뱀의 부조가 새겨져 있다. 뱀 문양은 가옥, 목관 등에도 새겨져 있어 원주민의 신앙과 깊게 관련하고 있는 것을 알 수 있다.

전통가옥, 곡창, 칸가 (모니 마을)

수가목의 뱀 부조 (모니 마을)

바쿠의 뱀 부조 (워로아라 마을)

클리무투 산 북쪽에 위치하는 리오족에게는 다음과 같은 신화가 있다.

"tubu see" (제단입석을 같이 갖자)

"kanga sama" (제장을 같이 하자)

"bara kaa sama" (흰 밥을 같이 먹자)

"mina pesa bela" (기름진 고기를 같이 먹자)

"tangi repa nai" (서로 같이 사다리를 오르자)

"tenda repa tika" (서로 같이 베란다에 앉자)

"demi tubu bai beu" (만약 제단입석이 멀리 있다면)

"pai eo wee" (가까운 제단입석으로 가자)

"demi kanga bai bewa" (만약 제장이 높다면)

"niu eo dhongo" (낮은 제장을 가자)

이상의 리오족의 신화를 분석하면 'tubu'와 'kanga'가 중요한 의미가 있다. 투부는 입석 혹은 적석유구(혹은 지석묘)와 입석이 같이 있는 곳을 가리킨다. 적석유구(혹은 지석묘)는 과거 유골을 매장하는 무덤이었지만, 의례 때에 제단으로 사용하기 때문에 필자는 제단입석이라고 번역했다. 칸가는 세골(洗骨)한 유골을 안치한 고상 가옥이 있는 제장(거석광장)을 가리킨다.

리오족의 신화는 성교, 다산, 풍요를 주제로 하고 있다. 거석광장의 입석을 남근, 지석묘(혹은 적석유구)를 자궁으로 표현하고 양자가 같이 있는 것은 성교를 상징적으로 나타내어 생명력을 포함한 행복과 힘의 원천으로 믿고 있다. 거석광장 그 자체를 성교 혹은 다산(Ngee Bhondo), 풍요(Beka Kapa)라는 의미로 표현하고 있다. 입석을 배의 돛(Mangu Gugu Begu: 직립한 강한 돛=남근) 혹은 뱀(Nipa Ria Relu: 직립하여 단단한 뱀=남근)이라고 부른다. 입석은 남근, 돛, 뱀과 상통하고 지석묘(적석유구)는 자궁, 배와 상통하는 의미로 사용된다.

리오족의 대표적인 전통 마을이 조푸(jopu) 마을이다. 현재 조푸 마을은 면

거석광장의 전통가옥(왼쪽)과 바쿠(오른쪽) (란가세 마을)

곡식 창고 (조푸)

(Desa)으로 승격하여 4개의 부락(Kampung)으로 이루어져 있다. 원래의 마을은 산등성이의 란가세 부락(Kampung Rangase)에서 시작하여 점차 아래쪽으로 마을을 확장해 갔다. 란가세 마을 중심부에는 원형의 거석광장이 남아 있다. 원형으로 쌓아올린 적석유구 광장 안에는 개석식 지석묘와 시멘트제 무덤이 있고 전통가옥과 바쿠가 원형을 유지하고 있다.

배를 상징하는 겔라 마을

엔데 현 워로와루군 겔라(Nggela) 마을은 가다 현의 베나 마을과 함께 인도네시아 교육문화성(PDK)의 전통보전 마을로 지정되어 있다. 남북 방향을 장축으로 한 마을에는 2열의 전통가옥이 나란히 서있고, 남쪽(산 쪽)을 입구로 하고 있다. 전통가옥을 사이에 둔 거석광장에는 바쿠(대상장 용의 고상 가옥), 적석유구(현재도 무덤으로 사용된다), 입석, 지석묘가 있다. 거석광장의 지석묘 중에서 특히 주목되는 것은 배 위에 실린 지석묘(시멘트제)로 플로레스 원주민의 정신세계를 가장 상징적으로 잘 표현하고 있다.

플로레스 원주민에게는 죽음이란 영혼이 배를 타고, 이 세상에서 서쪽에 있는 조상의 땅으로 항해하는 것으로, 장례식은 지상의 인간이 그 항해를 준비하는 의례라고 한다. 그 때문에 시신은 땅에 직접 매장되지 않고, '배'(프라후)라고 불리는 지석묘에 묻혀야 한다고 믿는다. 플로레스는 '범선문화'(카누문화)의 지배적인 곳이며, 배를 상징하는 마을과 가옥, 배를 암시하는 장제(葬制)와 지석묘 등의 배는 신앙적인 유대를 확립하는 데 중요한 개념이다.

배 위에 실린 지석묘 (겔라 마을)

영혼을 실어 나르는 배 (동고, 라오스국립박물관)

플로레스 최후의 지석묘 사회 누와 바리

플로레스 섬의 동쪽 현관인 마우메레는 주변의 여러 섬을 잇는 교통의 중심지로, 서쪽 산악지대에 누와 바리 마을이 있다. 인근의 싯카 마을은 꽃 문양의 염직물 생산지로 유명한데, 누와 바리 마을의 지석묘는 필자가 조사하기 전까지는 전혀 알려지지 않았었다. 2006년 자카르타에서 사는 모리 리에코(森 理惠子) 씨가 마우메레의 한 골동품 가게에서 염직물(이캇)을 사던 중에 가게 주인한테서 "싯카 마을 근처에서 지금도 지석묘를 만들고 있다"는 말을 듣고, 그 후 필자에게 연락하여 2007년 8월에 마우메레를 방문했다. 마우메레 시내 사람들조차 누와 바리 마을을 알고 있는 사람이 없어서 골동품 가게 주인을 데리고 마을을 찾아갔다. 산 정상의 오지 마을로 몇 개의 부락이 하나가 되어 누와 바리 마을을 형성하고 있다.

누와(Nuwa)라는 말은 '누아'(Nua, 의례 마을)에서 유래한다. 누아는 의례 마을 혹은 '의례 가옥'이 있는 공간을 의미하기도 한다. 숨바 섬의 파라잉(Praing, 중핵 마을)이란 말과 대비된다. 파라잉이란 어떤 정치적 영역의 중심이 되는 촌락을 가리키며, 그것은 집촌 형태로 내부에는 영역 내에 존재하는 여러 씨족들의 관습 가옥을 가지고 있다. 파라잉은 그 영역의 사회와 제사의 중심이 되는 촌락이다. 파라잉은 여러 씨족으로 구성되어 있고, 그 씨족의 관습 가옥은 중핵 마을(파라잉)에 지어져 있다.

이 마을은 사회적 · 의례적인 통일성이 집약되어 구상화된 것이라고 할 수 있다. 파라잉은 중핵 마을 및 그 주위의 분촌(分村)을 합친 정치적 영역을 가리키지만, 누아는 정치적인 의미보다는 의례가 중심이 되는 마을이라는 의미가 강하다.

누아(의례 마을) 마을은 빈발하던 촌락 간의 전쟁에 대비하여 높은 산중턱이나 산 위에 있고, 그 주위는 선인장 울타리나 돌담으로 둘러싸여 일종의 요새를 이루고 있다. 따라서 경작지나 수원으로부터 거리가 있어, 생활하는 장소로는

자연 암석을 파서 만든 지석묘 (누와 바리 마을)

매장부의 돌멘 석재를 운반하는 장면 (누와 바리 마을)

타렉 바투 (서숨바)

전혀 적합하지 않다.

현재 플로레스에는 대부분의 의례 마을은 이미 폐기되어 주민들은 경작지 주변이나 간선도로 주변으로 이주해 거주하고 있다. 그러나 마을을 떠나서 분촌에 살고 있어도 사람들은 자신이 어느 누아 출신인지를 알고 있고, 의례 때에는 자신의 누아에 모인다. 누아는 단순한 거주 공간으로서의 촌락이 아닌 사회적 · 제사적 공간으로서의 성격이 강하다. 일반적으로 누아의 규모는 호수가 20~40호 정도로 여러 씨족으로 구성되어 씨족 간에는 의례적 역할 분담이 정해져 있다.

누와 바리 마을은 서부와 동부의 다른 마을과는 달리 넓은 거석광장이 없다. 산 정상 가까이에 자연 마을이 형성되어 입지적으로 큰 거석광장을 조성할 공간이 없었던 것 같다. 그 대신 각 집 가까운 곳에 지석묘가 군집하여 분포하고 있다.

누와 바리 마을의 지석묘 중에서 가장 특이한 형태는 자연 암석을 파서 무덤방을 만들고 그 위에 상석을 올린 것이다. 이는 암석 숭배를 잘 나타내는 무덤이다. 숨바 섬의 상자식 지석묘와 형태가 유사하지만, 거대한 자연의 암석을 부분 가공하여, 그 안에 유골(2차장)을 안치한 후 덮개돌을 얹은 특이한 형태이다. 마을 안의 여기저기에 많은 지석묘가 남아 있는데, 그 대부분은 소형 상자식 지석묘이다. 이 마을은 지금까지도 지석묘를 만들고 있는 플로레스 섬의 유일한 마을이다.

매장부에 해당하는 석관은 대나무를 엮어서 만든 가마 위에 실어서 운반해 온다고 한다. 돌멘용 석재의 대소에 따라 다르지만 운반 방법은 숨바 섬과 유사하다. 현재도 지석묘를 축조하는 지역은 동인도네시아와 미얀마 친족과 가다족이다. 미얀마의 친족은 최근에 외국인에게 문호가 개방되어 2014년 필자도 현지조사를 통하여 어디에 지석묘가 있는지는 파악하고 있지만, 가다족은 아직도 외국인 출입금지 구역으로 자료가 거의 없는 실정이다.

친족의 지석묘 (민탓, 미얀마)

가다족의 신년제

04

거석문화의 기원 문제

플로레스 섬의 거석유구가 가지고 있는 의미나 그 역사를 밝힌다는 것은 현 단계로서는 자료가 너무 부족하고 해결되지 않은 많은 문제가 남아 있다. 플로레스의 거석유구에 대해서는 하이네 겔데른(Heine Geldern)의 연구가 시사하는 바가 크다. 그는 인도네시아의 거석문화는 신석기시대의 주인공이었던 오스트로네시아어족이 기원전 1,500~2천 년에 동남아시아 대륙을 남하해서 인도네시아 도서부에 전파한 것이라고 주장했다. 그러나 이러한 하이네 겔데른의 전파론은 많은 연구자의 반론이 제기되었고, 역사적인 영향관계를 입증하기에는 자료가 너무 부족하다.

플로레스 섬의 전통 마을에는 돌멘을 비롯한 다양한 거석기념물이 남아 있고, '살아있는 거석문화'를 유지하고 있다. 지석묘는 분묘의 기능과 함께 귀족층이 그 신분을 유지하고, 더 높은 명성과 지위를 차지하기 위해서 성대한 훈공제연과 병행하여 조영해온 것이다.

그러나 고고학상의 자료로서 조사된 지석묘는 자바 섬(동부 자바의 반도와소), 수마트라 섬(파세마 고원)의 아주 일부에 지나지 않으며, 현 시점에서는 '살아있는 거석문화'를 가진 누사텡가라 지역과 어떠한 관계였는지 알 수 없다. 즉, '선사시대의 지석묘'와 '살아 있는 지석묘'라는 시간적인 문제, 거석유구가 '있는 섬'과 '없는 섬'과의 공간적인 문제, 그리고 언제, 어디서 전파되었는지 등 많은 문제가 산적해 있다. 우선 '선사시대의 지석묘'와 '살아 있는 지석묘'라는 시간적인 문제는 불교와 힌두교라는 인도의 외래 종교에 의해서 수마트라 섬과 자바 섬에서는 기원 4~5세기 이후 거석문화가 소멸되었을 가능성이 높다. 하지만 공간적인 문제는 큰 수수께끼로 남아 있다. 그것은 발리 섬, 롬복 섬, 숨바와 섬에서 지석묘가 거의 발견되지 않고 있기 때문이다.

플로레스 가다족의 디소릿드 기원을 인도 아삼족, 나가족이나 동북 인도의 문다족에서 찾는 견해, 인도네시아 지석묘 문화의 기원을 베트남의 동손문화로 보는 견해가 있다. 인도네시아 동누사텡가라 주에서 확인된 지석묘는 플로레스 섬, 숨바 섬, 사부 섬, 로티 섬과 티모르 섬의 일부 지역이다.

이들 지역 지석묘의 시원을 입증하는 방법은 오직 지석묘의 발굴조사와 동남아시아 각지의 면밀한 현지조사밖에 남아 있지 않다. 필자는 2천 년대에 들어와서 인도령의 아삼과 나가, 미얀마(친족과 나가족), 타이, 라오스, 베트남 등에서 많은 지석묘를 조사했다. 현재 동남아시아 대륙의 지석묘 분포를 보면 인도령의 나가족, 아삼족, 미얀마의 나가족, 친족이 사는 지역에 많이 남아 있다. 형질인류학적으로 동누사텡가라 사람들은 멜라네시아와 친연성이 자바나 발리보다 강하다. 민족학적으로 누사텡가라 사람들은 중국 남부지역, 북부 베트남, 미얀마의 해안부에서 남하했다고 한다. 거석문화를 가진 플로레스 섬, 숨바 섬, 사부 섬, 로티 섬 등의 동인도네시아 사람들은 동남아시아 대륙부의 강을 따라 미얀마 해안부에서 남하했을 가능성이 높다.

참고문헌

가종수,「동인도네시아 사부 섬의 지석묘」,『계간 한국의 고고학』 제21호, 2012.

가종수 외,『지금도 살아 숨쉬는 숨바 섬의 지석묘 사회』, 북코리아, 2009.

賈鍾壽,「インドネシアのメンヒルと配石遺構」,『環太平洋文化』 第6号, 1993.

八幡一郎編著,『アジアの巨石文化』六興出版, 1990.

瀬川正仁,『ヌサトゥンガラ紀行』凱風社, 2005.

青木恵理子,『生を織りなすポエティクスーインドネシア・フローレス島における詩的語りの人類学』, 世界思想社, 2005.

江上幹幸,「東インドネシア、フローレス島の巨石文化」,『白水』 12号, 三上次男先生追悼号, 江上幹幸「続東インドネシア、フローレス島の巨石文化」,『東南アジア考古学会会報』 第9号, 1989.

ARNDT, P. P. Von 1929; De Religionder Nada Anthropos 24, 1931; Die Religionder Nada Anthropos 26, 1932: De Megalithenkulturder Nada(Flores) Anthropos 27.

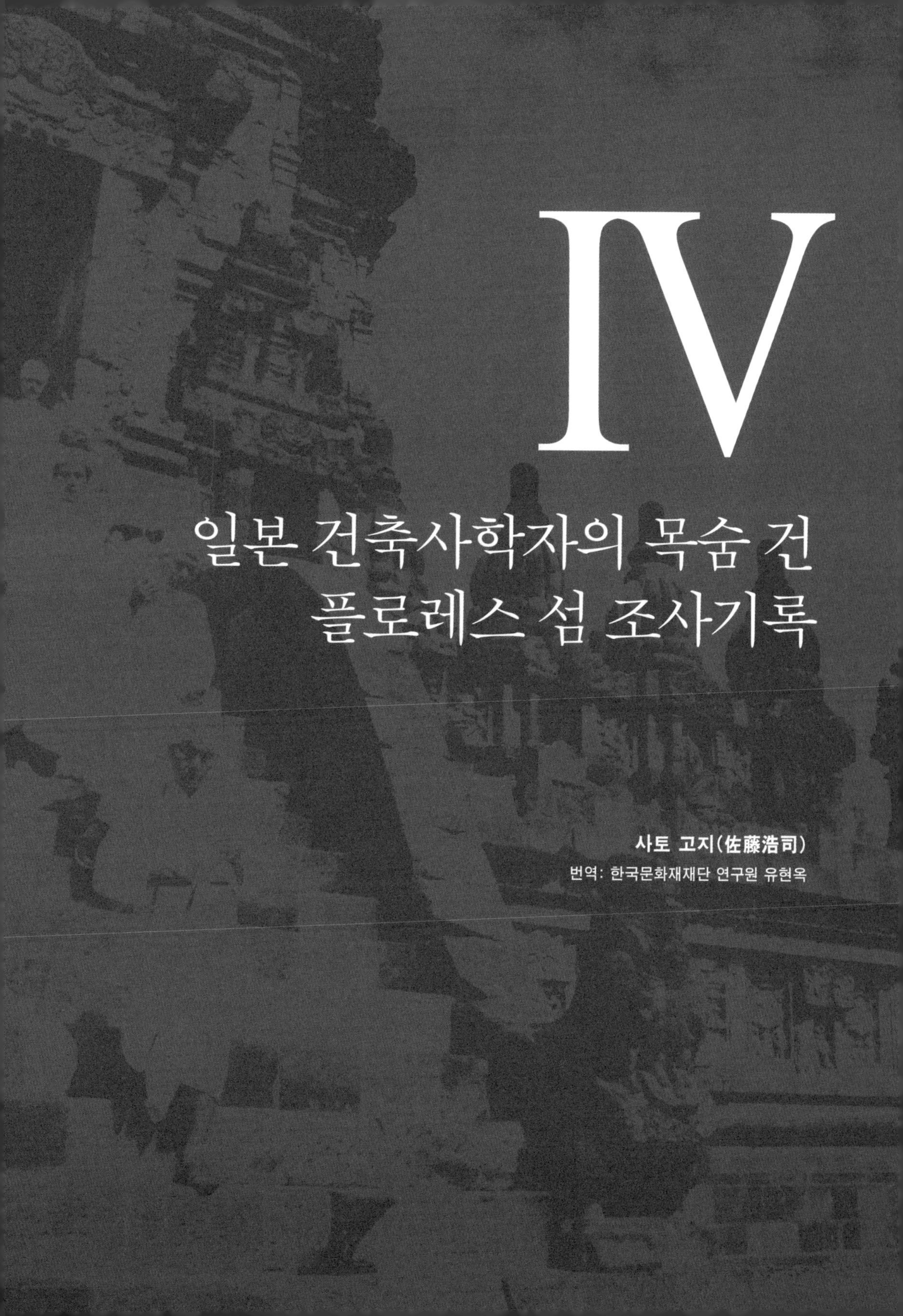

IV

일본 건축사학자의 목숨 건 플로레스 섬 조사기록

사토 고지(佐藤浩司)
번역: 한국문화재재단 연구원 유현옥

01

루텡 주변 조사기록

1986년 12월 1일(월) 맑음, 루텡

어제 출발하지 못해서 아쉬워하던 다나카(田中) 씨 일행에 편승해서 비행장에 갔다. 오래간만에 경비행기로 쾌적하게 플로레스 섬의 루텡에 도착했다. 숨바 섬 동부와는 달리 잘 정비된 계단식 논의 경관과 숲에 덮인 플로레스 섬은 좋은 대조를 이룬다. 동숨바의 나무가 없는 민둥산과도 대조적이다.

망가라이(Manggarai)의 수도 루텡(Ruteng)은 산간 오지에 있는 조용한 마을이다. 마을 중심에는 의외로 화교들의 상점이 줄지어 있어 활기가 넘치고 넓직하게 배치된 관공서와 교회가 주위의 산들과 잘 어울린다. 청량한 바람을 느끼며 잘 정비된 가로수 길을 걷다보면 지나치는 사람들이 호기심 어린 눈으로 나를 훔쳐본다. 동반자도, 아는 사람도 없어, 오랜만에 이국에서 긴장감을 느낀다. 수개월 전, 암본(Ambon)이나 케이(Kei)에 도착했을 때의 긴장감, 작년 처음 숨바에 내렸을 때의 긴장감을 느낄 수 있었다.

망가라이인은 플로레스 섬 안에서도 파푸아적 형질이 강한 곱슬머리, 검은 피부, "날쌔고 용맹스럽지만 문화적으로 뒤졌다"라고 하는 예비지식이 있었지만, 상상했던 만큼 원시적이지 않았다. 형질인류학적으로 롬복 섬의 사삭(Sasak)족 등과도 큰 차이가 없다. 메라네시안(파푸아)의 풍모도 있지만 말레이인의 요소

루텡의 산간 고지에 있는 교회. 주위의 산들과 어울려 아름답다.

도 있다. 곱슬머리도 많고 피부색도 검다. 원주민은 대체로 성실하고 친절하다.

도착 후 짐을 풀고 현청에 가서 조사 허가 신청을 했다. "어디에 가면 전통가옥을 볼 수 있나요?"라는 질문에 대해서 Sospol(내무부 산하의 사회정치과)과 PdK(교육문화부 산하의 교육문화과)가 마치 자기 일처럼 열심히 찾아 주었다. 다만, 이 망가라이인의 성실함과 근면성이 화근이 되어서 몇 년 전까지만 해도 여기저기에서 볼 수 있었던 전통가옥이 몰라볼 정도로 사라져 버렸다. 일본인들이 수혈 주거를 버린 것처럼 그들도 전통가옥을 버리고 있다. 사회와 문화가 긴밀한 관계를 구성하여 완성한 것이 전통가옥이다. 이러한 관계가 무너진 현재 주거의 변화는 당연한 일이다. 주거의 상징적인 의미가 바뀌고 있다. 공동화(共同化)의 한 상징은 조만간에 사라져 갈 것이다.

저녁 무렵 마을 교외에 있는 캄퐁 라마 루텡을 조사했다.

건설 중인 새로운 전통가옥 (캄퐁 라마 루텡)

종교는 의미하는 실체가 아니라 존재 그 자체에 의의가 있듯이 전통의 의미는 어쩌면 종교를 닮았다. 문화나 역사에 대한 평가, 계몽은 시끄러운 편이 좋다. 북을 치고 징을 쳐 울려야 한다.

저녁 무렵, 마을의 교외에 있는 캄풍 라마 루텡(Kampung Lama Ruteng)을 조사하러 갔다. 도보로 40분 걸리는 마을 중앙에는 석단이 있고 그것을 타원형으로 둘러쌓은 석축 광장과 그 둘레를 둘러싼 가옥, 산을 등에 지고 있는 마을 입구가 있다. 계단을 오르면 광장의 반대쪽으로 거대한 2동의 원추형 전통가옥이 세워져 있고, 그와 평행하게 원추형의 일반 가옥이 석축 광장 아래에 줄지어 있다. 말을 타고 마을을 방문한 사람은 광장 안쪽의 석축 근처에서 내려 타원형 석단에 일정한 간격으로 세워놓은 입석에 말고삐를 맨다. 집에 들어가려면 이 석단에서 1m 정도 계단을 내려와야 높은 마루(高床) 위로 들어갈 수 있다. 전통가옥인 음바루(Mbaru), 툰봉(Tunbong) 안에는 의례 때 사용하는 악기가 매달려 있고 마을 안의 유력 씨족(suku)들 중에서 각각 한 가족씩 모여서 전통가옥에 산다. 지붕 위에 물소 뿔을 본뜬 목제조각을 장식했지만, 오래된 전통가옥은 없고 새로운 전통가옥을 건설 중이라고 자랑스럽게 마을 사람은 말한다. 새로운 전통가옥의 구조는 전통을 무시하고 완전히 합리적인 면만을 추구한 목조건축이다. 합리적인 면만을 추구했음에도 불구하고 내부 공사가 잘 마무리되지 않은 것은 애교스럽다고 할까? 전통을 무시한 가옥은 나에게는 가치가 없다.

12월 2일(화) 맑음, 이텡

어제 현청에서 얻은 정보에 의하면 현재 전통가옥이 남아 있는 곳은 와이레보(Wairebo)라고 하는 산간 오지의 마을뿐이다. 이 마을에 가기 위해서는 루텡에서 하루에 한 번 있는 베모(합승 버스)를 타고 2시간 정도 걸려서 이텡(Iteng)이라는 남해안 마을로 가야 한다(Kec. Satar Mese의 중심). 다시 이곳에서 2시간 정도 배를 탄 후, 마을 뒤 가파른 첩첩 산을 넘어 약 4시간 정도를 가면 와이레보에 도착한다고 한다. 안드레아스 · 아만이라고 하는 현청직원의 아내가 이 마을 출신이라

이텡에 있는 가톨릭 교회 (망가라이풍의 디자인)

소개장을 받았다.

아침 8시, 터미널에서 이텡 행 베모를 기다렸다. 나타난 것은 트럭으로 짐칸에 의자를 놓고 그 위에 비닐 천막을 쳐서 좌석을 만들었다. 이런 트럭 몇 대가 루텡 마을을 운행하고 있는 것을 보면 매우 일반적인 승합 버스인 것 같다. 롬복섬의 트럭보다는 인간다운 대접이다.

8시 30분, 트럭에 탑승했다. 좌석의 반 정도가 손님으로 가득 차자 트럭은 터미널을 출발했다. 쾌적하다. 그러나 변두리까지 질주하더니 갑자기 U턴을 하고 되돌아간다. 다시 온 마을을 빙글빙글 돈 후에 이윽고 도착한 곳은 출발했던 터미널이었다. 여기에서 또 손님을 태우고 다시 마을을 돌아다니며 손님을 태우고는 또다시 터미널로 돌아왔다. 몇 번을 반복하여 의자에 일렬로 다섯 명의 승객이 앉고 트럭의 짐칸이 짐과 승객으로 가득 찬 후에야 간신히 마을을 나왔다.

루텡을 출발한 것은 10시였다. 산을 넘고 일본인이 올해 보수했다고 하는 다리를 건너 이텡에 도착한 시각은 12시 50분이었다.

친절한 부시장의 집에서 점심 식사를 하고 타고 갈 배를 찾았지만 배가 없어 이텡은 다음날에 가기로 했다. 이날 밤은 구 지사의 대저택(현재, 그는 장관이 되어 자카르타 거주)에서 잤다.

이 집은 우중판당(현재의 막카사르, 술라웨시 섬의 주도)에서 가져왔다고 하는 석재 타일을 마루에 붙였고, 콘크리트 벽, 유리창, 파도 형 함석으로 덮은 지붕, 서양식 화장실과 만디(Mandi)형 목욕탕 등 플로레스의 오지 마을에 어울리지 않는 크고 호화로운 구조의 건물이었지만 주인이 살지 않아 많이 낡아 있었다. 물이 나오지 않는 화장실(물은 우물에서 펌프로 끌어올리고 있었다), 군데군데 벗겨진 천장, 불이 들어오지 않는 전등, 닫히지 않는 문 등 낡고 모기가 많은 방이었지만 모기장이 있는 침대라서 그나마 쾌적하게 잤다.

12월 3일(수) 맑음, 와이레보

아침 7시, 배를 빌려(1만 5천 루피아) 이텡을 출발했다. 바다는 파도도 없고 잔잔했다. 기괴한 람(Pulau Ram) 섬을 목표로 배가 출항했다. 목적지인 딘토르(Dintor)는 바다 건너에 있다.

약 2시간 후 딘토르에 도착했다. 스타르 렌데(Desa Satar Lende) 마을의 촌장에게 인사를 갔다. 그는 이 마을의 유일한 귀족계급으로 일반적인 마을 사람과 달리 머리 회전이 빨랐다. 흥분한 어조로 내가 무엇을 물어보면 그는 즉시 10배 정도의 이야기를 들려준다.

딘토르에 사는 안드레아스 · 아만의 장인인 에리트리우스 · 바오라고 하는 초로의 남자와 덴게(Denge)라고 하는 마을의 초등학교 선생님 및 촌장의 아들, 그 외 마을 사람 한 명 등 다섯 명이 같이 길을 떠났다. 나의 짐 일부를 마을 사람이 들어주었는데, 숨바와 섬에서 혼자 고군분투했던 것을 생각하면 격세지감이다.

파도 없이 잔잔한 바다. 배는 기괴한 람(Pulau Ram) 섬으로 출발했다.

망가라이의 마을

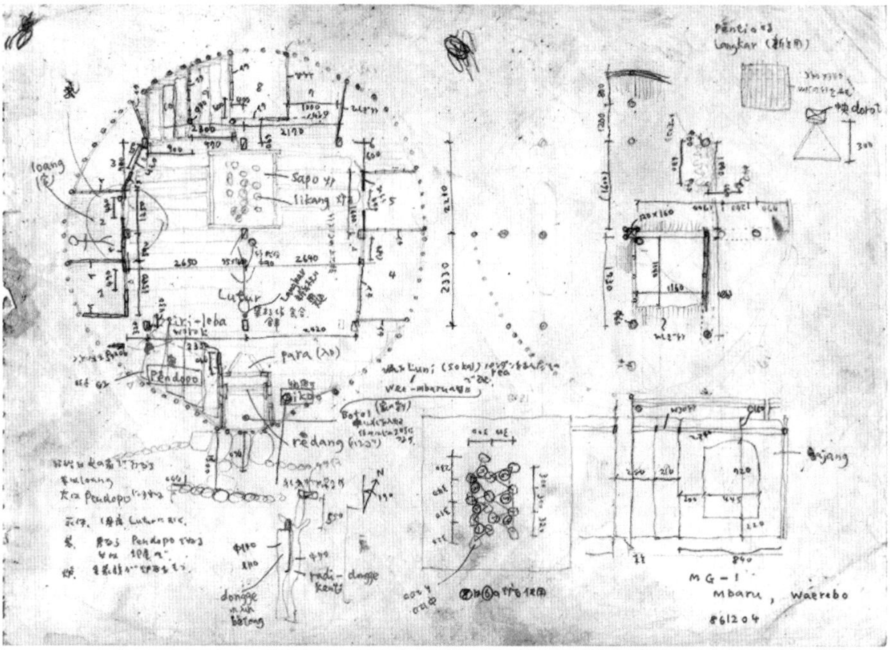

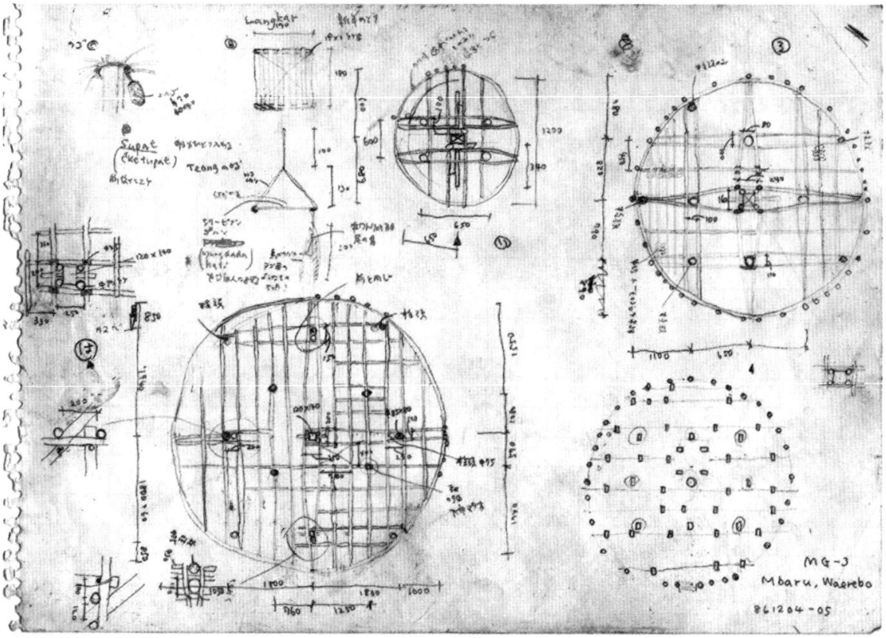

와이레보 음바루(Mbaru) 평면 실측도

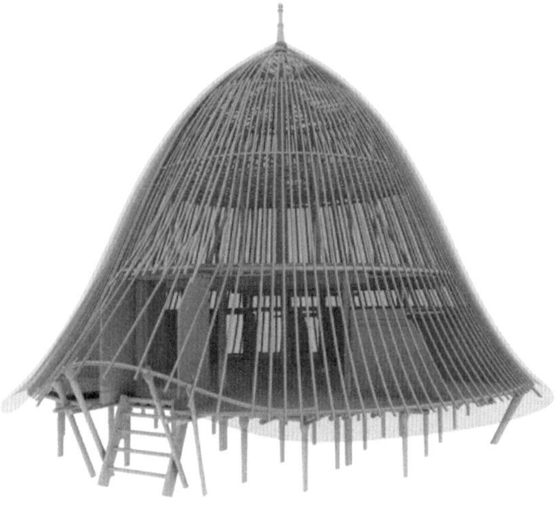

©minpaku digital archives : 3D drawing of MAYA by Takayuki Sui @ espa
망가라이의 음마루 3D

와이레보 마을(Kam. Wairebo)은 토도(Todo) 왕국의 지배 아래에 있었다. 일찍이 산간 오지의 벽촌에 있던 와이레보는 1967년 인도네시아 정부 명령에 의해 콤보(Kombo)라는 해안에 새로운 마을을 만들어 이전을 시작한다. 1969년까지 독립 마을(Desa)이었다가 스타르 렌데 마을과 병합한다. 마을 사람의 상당수는 콤보에 살지만, 농지가 와이레보에 있기 때문에 산간벽지의 와이레보 마을에도 가옥은 있고, 사람들은 이 두 마을을 오가며 생활한다.

콤보에 도착하여 마을 사람에게 인사를 했다. 마을까지 세명의 사람들이 안내해주었다. 덴게의 초등학교까지는 완만한 경사길로 시냇물 소리를 들으며 한적한 산길을 걸었다. 덴게를 조금 지나서는 험악한 절벽길로 와이레보 마을까지 2시간 반을 걸어야 했다. 도중에 마을도 없고, 급격한 절벽길을 암벽등반 하듯 계속 올라갔다. 카메라 가방만 들고 갔었는데 도중에 체력의 한계를 느껴 마을 사람에게 카메라 가방마저 맡겼다.

숨바와 섬 이래 연일 이어지는 산행으로 몸에 한계가 왔다. 조금만 걸어도 숨이 막혔다. 자학적인 기분으로 수직에 가까운 산길을 올랐다. 어쨌든 산이 있으니 어쩔 수 없이 오를 수밖에 없었다.

12월 4일(목) 맑은 후 흐림, 와이레보

와이레보에는 본래 하나의 씨족(Suku=Clan, uku=uku modo)밖에 없다. 그러나 마을 내에서 편의상 이 씨족은 두 판가(panga, 半族)로 나누어져 있다. 이 판가가 서로 결혼하며, 동일 판가 내에서의 결혼은 금지된다. 전통적인 거주 형태는 부계의 공동 주택 생활(확대가족이라고는 할 수 없다)로 하나의 가옥 내에 몇 개의 가족이 각각의 방과 화로(부뚜막)를 가진다. 이 가옥에는 판가가 함께 거주하는 것이 가능하고, 조사 가옥에서는 동일 가옥 내(서로 다른 판가)에서 결혼한 예가 있었다. 마을 사람의 이야기에 의하면 가옥에서 공동 생활은 하지만 밭일이나 상호부조 하는 사회적인 공동 관계가 의무는 아닌 것 같다. 아파트와 같은 주거 형태이지만

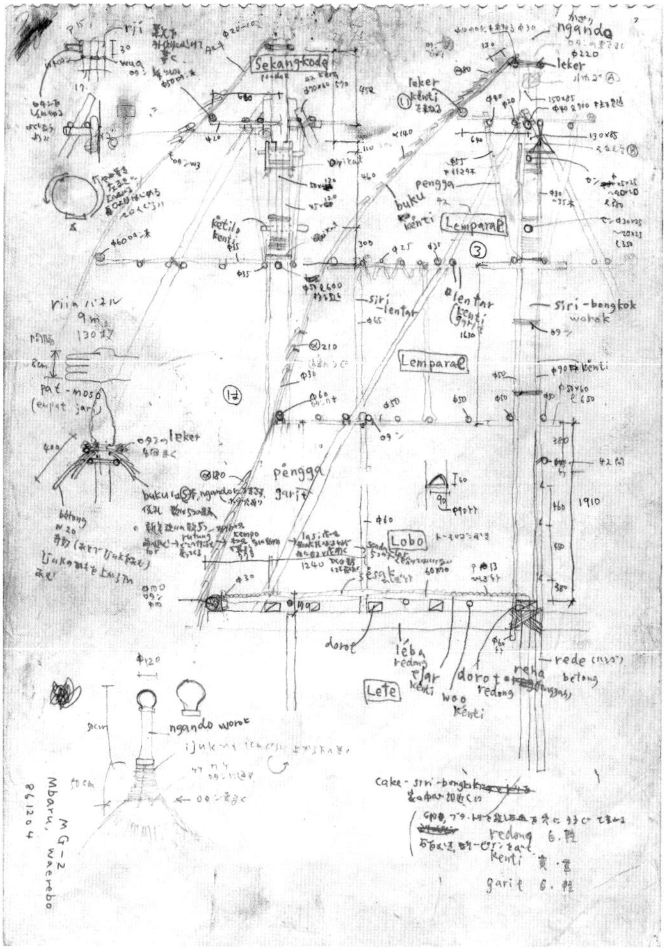

와이레보 음바루 단면 실측도

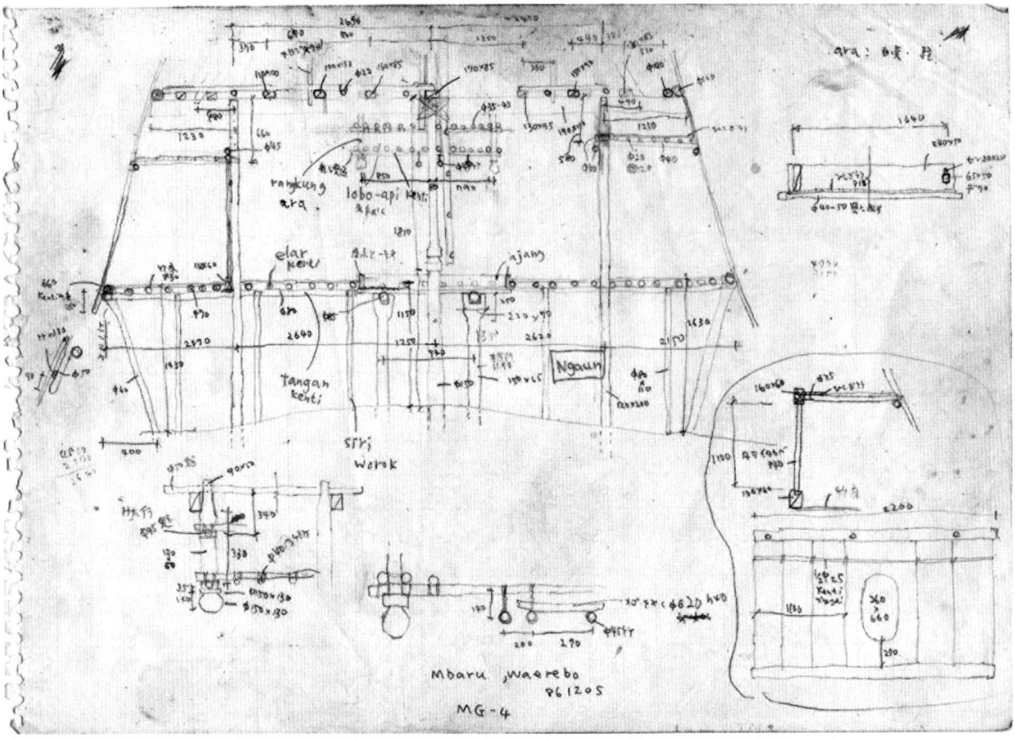

와이레보 음바루 단면 실측도

거주자가 공동으로 가옥을 건설한다는 점에서는 상당히 주체적이다.

조사 가옥에서는 형제 두 명이 동일 가옥에 방을 가졌지만, 이 집의 건설 당시 미혼이었던 남동생은 후에 다른 가옥 건축에 참가하여 이사를 갔다.

마을에는 4동의 전통가옥이 남아 있다. 그중 1동이 다른 3동보다 오래되었고 나머지 3동은 1938년에 잇따라 세워진 것이었다. 그 밖에 비교할 수 있는 가옥이 없기 때문에 단언할 수 없지만, 이들 가옥의 입구는 변형되었을 가능성이 있어(문의 개폐에 경첩을 이용), 본래의 형태를 알 수 없다. 사진촬영과 가옥 실측에 꼬박 하루가 걸렸다.

12월 5일(금) 흐림, 틴토르

12시 반까지 실측과 설문조사를 했다. 사진 촬영을 한 후 13시 15분에 와이레보를 출발했다. 콤보에서 온 사람들은 시나몬(계피, Cinnamon)의 출하를 위해서 두 명이 이른 아침에 산을 내려가서, 나머지 한 명에게 카메라 가방을 맡기고 나는 짐 없이 산을 내려갔다. 돌아오는 길을 알고 있어 마음이 편했다. 약 2시간 하산해서 단게(Dange)의 초등학교에 도착했다. 전날 점심식사를 대접받아 인사를 하고, 길을 떠나 15시 30분 콤보에 도착해서 약 1시간 휴식을 취한 후 딘토르에 돌아왔다.

마을 사람은 뒤가 없고 순진했다. 동고(Donggo)나 삼보리(Sambori)같이 야박한 사람이 없어 마음이 편했다.

딘토르에 도착한 후 해변에서 기다리고 있던 남자에게 배가 있는지를 물었다. 시나몬을 옮기기 위해서 밤에 보트가 온다고 하는 이야기를 하며 2만 5천 루

시나몬의 출하를 기다리는 사람들

피아를 내면 목적지까지 데려다 준다고 하였다.

너무 비싸서 이날 밤은 촌장 집의 큰 침대에서 숨이 막힐 듯이 더운 모기장 안에서 무려 네 명의 남자와 막잠을 잤다. 무더운 열대야였지만 모기와 독충을 피해 침낭 속으로 몸을 집어넣었다.

12월 6일(토) 맑은 후 비, 루텡

5시 반 딘토르를 출발하여 이텡에서 팟사르(시장)에 가는 배에 편승했다. 그런데 배가 이텡에 도착하자 촌장이 이야기했다며 1만 5천 루피아를 달라고 한다. 그 촌장이 무슨 말을 했는지 나는 알 수 없고 내가 배를 전세내서 타고 온 게 아니므로 다른 일반 승객과 같이 500루피아를 지불했다.

7시 30분 이텡에 도착한 후 시청에 가서 오래된 전통가옥이 있냐고 묻자 KTP(Kartu Tanda Penduduk, 주민등록증)를 보며 헛소리를 시작한다. 직원들을 거들떠보지도 않고 9시 반에 트럭을 탔다.

팟사르(시장)에 가는 배에 편승

12시에 루텡에 도착했다. 먹구름과 함께 비가 격렬하게 내렸다. 몸이 나른하여 분해되는 것 같은 피로를 느꼈다.

점심식사 후 빗속을 걸어서 루텡 라마 마을을 견학했다. 전날 들은 이야기로는 전통가옥(Rumah Adat)의 지붕 장식을 목요일에 하고 큰 의례가 거행된다고 했다. 그 의례를 보고 갈까 했지만 건물의 골조를 보니 주기둥 지탱을 위하여 서까래(산 모양의 목재)를 중앙을 향해서 정연하게 배치한 구조로 외부만 과거의 형태로 복원하기 위해 최소한의 재료만

전통가옥(Rumah Adat)의 골조는 주기둥 지탱을 위하여 서까래를 중앙을 향해서 정연하게 배치한 구조로, 조사할 의미가 없었다.

사용한, 합리적인 구조로 변형되어 있어 조사할 마음이 없어졌다.

마을의 실측도 혼자서 하기에는 너무 크고(10m 단위의 측량이다), 지치고 기력도 없고 게다가 비까지 내려서 맥없이 숙소로 돌아왔다.

심한 열, 설사. 과로…….

02

바자와 주변 조사기록

12월 7일(일) 맑음, 바자와

8시 10분에 루텡을 출발하여 14시에 가다(Ngada) 현의 수도 바자와(Bajawa)에 도착했다.

버스기사가 소개해준 더러운 로스멘(여인숙)의 침대에서 편지를 쓰며 보냈다. 어떻게 해서든지 좋은 음식을 먹고 체력을 회복하려고 해도 바자와에는 마땅히 갈 만한 식당이 없었다. 루텡의 풍족한 전원 풍경과 비교하면 바자와는 그야말로 빈촌이다.

12월 8일(월) 맑은 후 흐림, 베나

오전 중에 Sospol과 PdK를 다니며 주변의 마을 정보를 수집했다. PdK의 소장은 망가라이족으로 대단히 친절하고 성의있게 설명해주었다. 그가 소개해준 가이드를 따라서 오후에 문화교육부(PdK)에서 보존 민속촌으로 지정한 베나 마을(Bena) 마을로 출발했다.

바자와에서 베모(소형 승합버스)로 약 1시간 후에 도착한 와리케오(Walikeo)라는 마을에서 하차했다. 이 마을에서부터 걸어서 약 1시간 후에 베나에 도착했다. 이 마을에는 PdK로부터 3개월에 6만 루피아의 쥐꼬리 만한 월급을 받는 관리인

베나 마을 전경

이 마을을 감시하고 있다.

마을의 중앙에는 긴 광장이 있고, 그 양쪽으로 건물이 평행하게 위치한다. 광장에는 돌멘(지석묘), 멘히르(입석) 외에 각 씨족(수쿠)이 소유하는 가두(Ngadhu)라고 하는 쌍지창 모양의 기둥 위에 지붕을 씌운 비치 파라솔 모양의 사당(가두)과 바가(Bhaga)라고 하는 소형 사당이 있다.

가옥은 수직 판자벽 구조의 상자형 벽체에 지붕을 얹고 들보와 마룻대 사이에 세

베나 마을의 부서진 가두(Ngadhu)

베나 마을의 가두(Ngadhu)

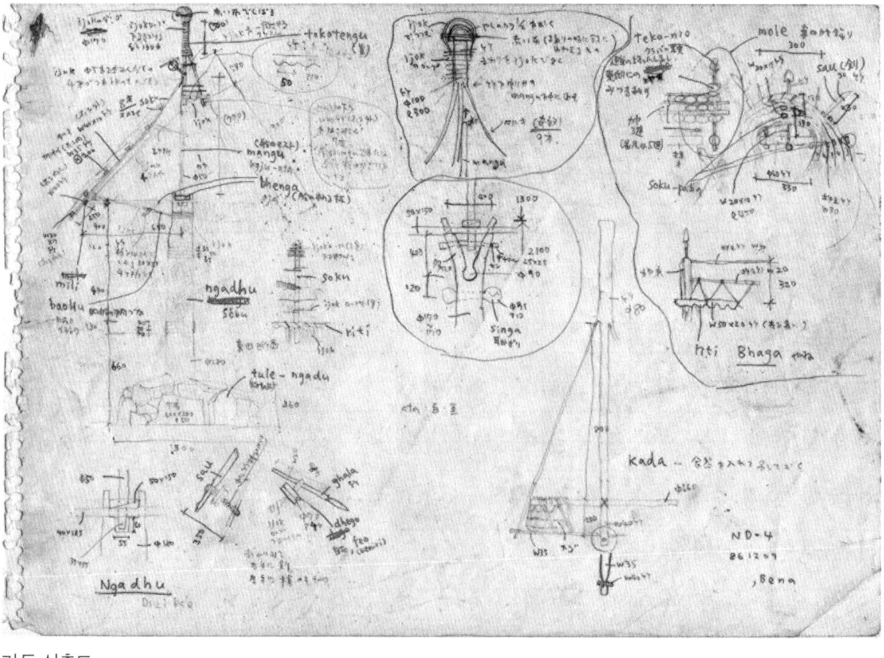

가두 실측도

베나 마을의 바가(Bhaga)

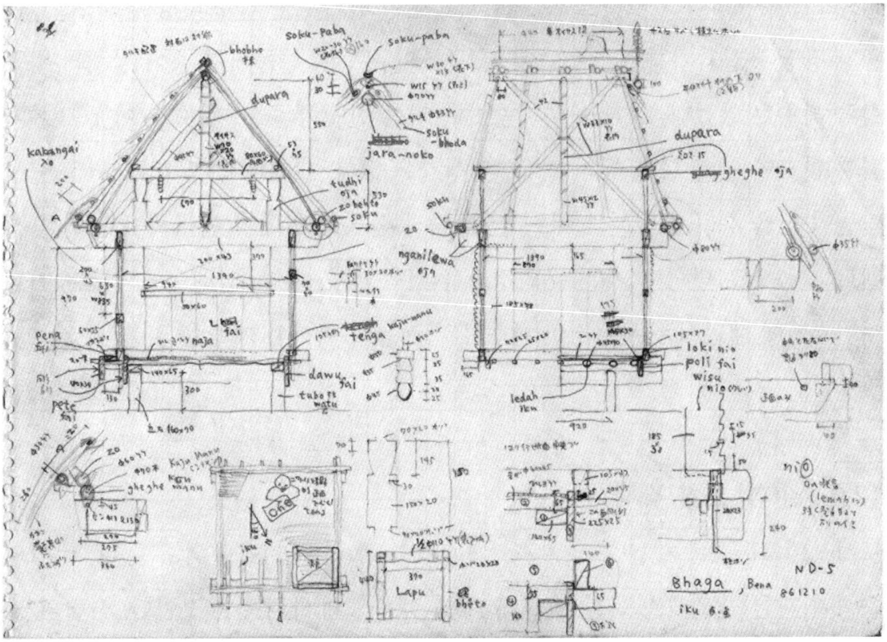

바가 실측도

우는 짧게 들어올린 중심 부분에 이중의 전실이 딸린 형식이다. 전실 부분의 지붕은 대나무를 교대로 겹쳐서 만든 것으로 구조도 일정하지 않고 변형이 심하다. 중심 가옥의 가구(架構)만 보면, 니아스(Nias) 섬이나 타님바르 케이(Tanimbar Kei) 섬과 유사하다. 그러나 이러한 전통가옥군은 전실의 처마를 만들기 위해서 마룻대로 쓰는 목재의 위치를 전방으로 쏠리게 한 것이 대부분으로(따라서 주가옥 가구의 대칭성을 파괴했다) 본래의 지붕 형태를 남기고 있는 것은 불과 5동밖에 되지 않는다.

5동 중 2동은 중앙 도리간수(桁行)의 대들보 위에 작은 기둥이 있고, 1동은 중앙 대들보 위의 좌우에 2개의 추인수형(追扨首型: 대들보가 튀어나와서 작은 기둥이 대들보를 받치고 그 위에 상각형의 지붕을 얹어놓은 구조)의 진속(眞束: 중심 기둥이 있고), 다른 2동은 진속이 없는 형식이다. 마을 본래의 가옥 형식은 바가의 구조를 보면 진속이 없었던 것 같다. 그래서 다른 부분의 상태가 좋은 추인수(追扨首)형 가옥을 실측하기로 정했다.

어느새 저녁이 되었다. 돌멘, 멘히르, 끝이 날카로운 입주석 등이 줄 서 있는 중앙 광장에 십자가를 새긴 콘크리트 구조의 무덤이 만들어져 있어 전체적인 균형을 해치고 있었다. 토착 애니미즘이나 거석 신앙이 좋고, 현재도 이것을 유지하지 않으면 안 된다는 등의 말을 할 생각은 없다. 그러나 선조 대대로 많은 사람들이 땀을 흘려서 만든 역사 유산과 역사 환경을 현대의 안이하고 간편한 시멘트 제품으로 변형해 가는 무신경함을 납득할 수 없다. 담배꽁초와 쓰레기를 여기저기에 내던지는 무신경한 행동에서 전통과 역사의 자랑을 읽을 수 없듯이 말이다.

12월 9일(화) 흐림, 베나

토아 · 메오(토아는 본인의 이름, 메오는 어머니의 이름)라는 가옥을 실측했다. 바자와 문화가 다른 플로레스 문화와 크게 다른 점은 모계사회라는 것이다. 사람의 호칭도 아이의 이름도 아버지의 성을 따르는 것이 아니라 어머니의 성을 따른다.

베나 마을 사오(Sa'o)

베나 마을 사오 지붕

가다 현에는 네덜란드 식민지시대(동인도회사, VOC) 이후 4개의 정치권(2개가 합병해서 현재 3개)이 있다. 가다(Ngada), 루잉(Riung), 나게(Nage), 케오(Keo, 후에 합병해서 Nagekeo)로 각각이 다른 아탓(Adat, 관습법)이 있다.

가옥의 초가지붕은 다른 인도네시아의 패널식이 아니라 동살을 서까래에 고정해 두고, 이것에 볏짚을 끼워넣은 형식이다. 되접은 볏짚에는 검댕이와 먼지 등이 붙어있어 오두막 구조의 실측은 완전히 끝낼 수 없어서 상세하게 볼 수

베나 마을 사오 출입구

베나 마을 사오 내부

없는 부분은 바가의 구조로부터 유추했다.

저녁에 마을 가까이에 있는 온천에 갔다. 강의 계류 일부에서 뜨거운 물이 솟아 나오고 있었다. 작지만 오랜만에 뜨거운 물에 몸을 담갔다. 사람 하나 없는 문자 그대로 정글 속의 노천탕은 햇빛이 들지 않아 섬뜩하다. 밤에는 독사가 나온다고 한다.

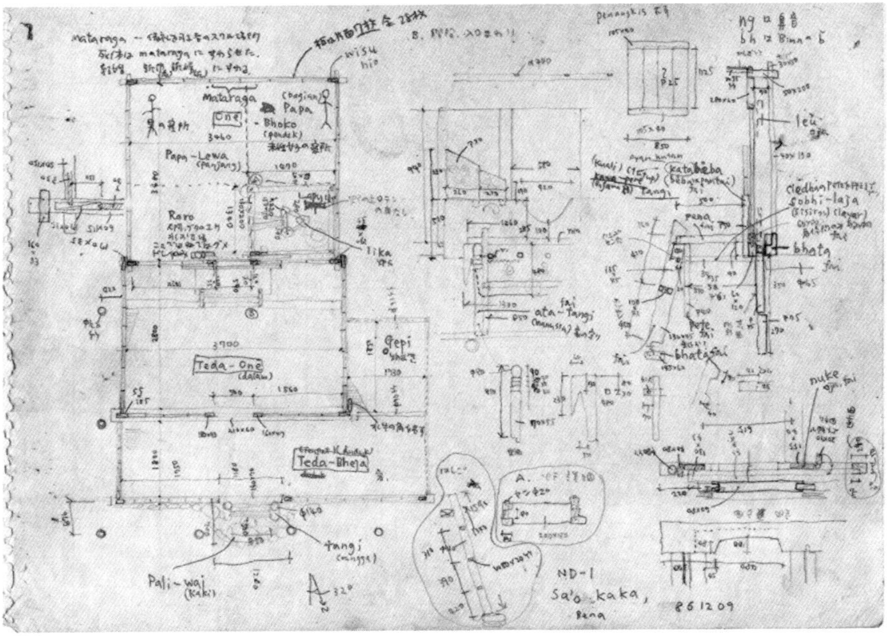

사오 평면 실측도

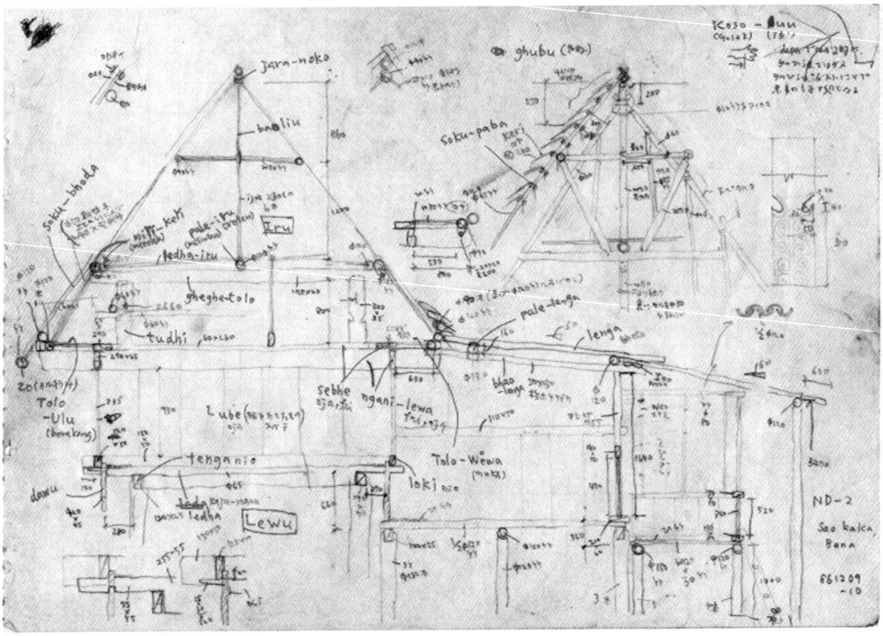

사오 단면 실측도

사오 내부 3D

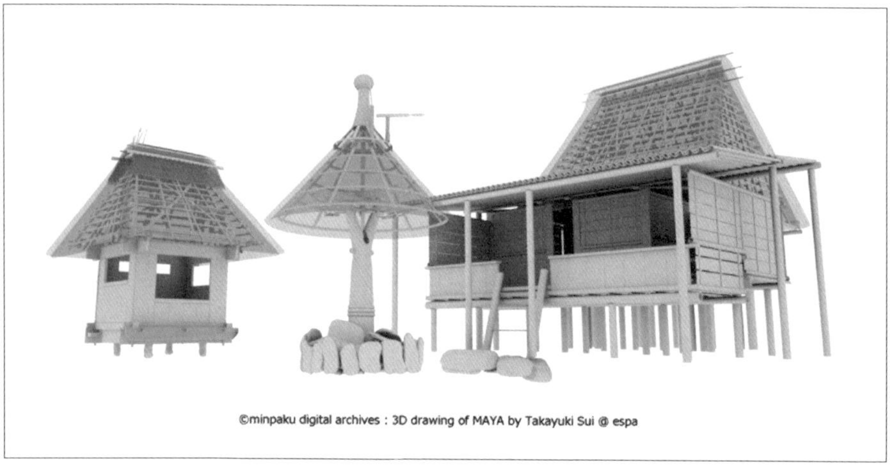

베나 마을의 가두, 바가, 사오 3D

12월 10일(수) 흐림 비, 바자와

점심을 굶으면서 오후까지 가두, 바가, 가옥 사오(Sa'o)의 실측을 계속했다.

가옥 사오에는 격식이 있어서 처음부터 좋은 집을 짓는 것은 허용되지 않았다. 처음에 사오 케카(Sa'o Keka)라고 하는 대나무의 허술한 집을 세운다. 그 다음

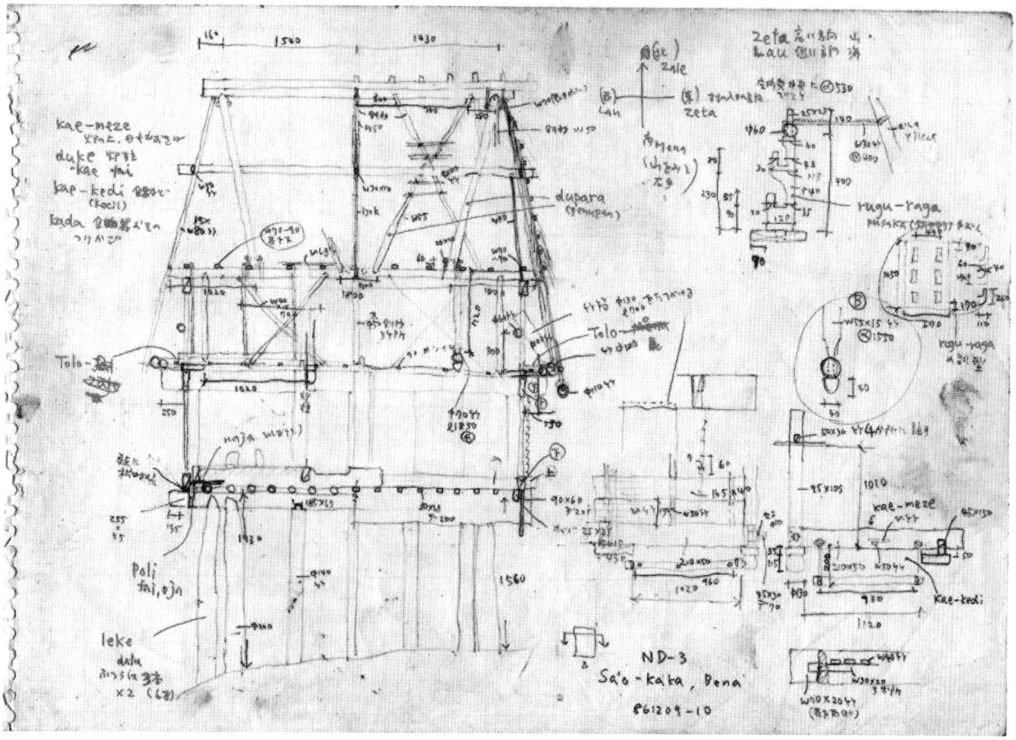

사오 도리간수 단면 실측도

에 재건축 할 때는 아제 파바(Aze Paba)라고 하는 판자벽의 가옥, 그 다음에 와티 세게레(Wati Segere)라고 하는 일부에만 조각이 새겨진 가옥, 마지막으로는 웨티 마사(Weti Masa)라고 하는 전체적으로 조각이 새겨진 가옥인데 이것을 사오 메제(Sa'o Meze, 큰 집)라고 부른다.

사오 메제에는 일반인이 사는 사오 카카(Sa'o Kaka)와 씨족의 수장 클래스가 사는 사카 푸우/로보(Saka Puu/Lobo)가 있다. 지붕 위에 인물상을 만든 사카 로보(Saka Lobo, Lobo는 첨단의 뜻. 남자의 시조를 나타낸다)와 소형 가옥을 만든 사카 푸우(Saka Puu, Puu는 원래의 뜻. 여자의 시조를 나타낸다)가 있다.

저녁 5시 반, 운좋게 우연히 지나가는 트럭을 타고 약 1시간 40분 만에 바자와에 돌아왔다.

12월 11일(목) 격렬한 스콜, 보아와에

오전 중 PdK에 가서 조사에 대해 협의했다.

루잉(Riung)의 왕가에 속하는 왕카(Wangka)로 조사 일은 소아(So'a)에서 팟사르(시장)가 서는 일요일(차의 왕래가 많이 있다)로 정했다.

그때까지 보아와에(Boawae)를 조사했다. PdK(교육문화과)의 직원 중에 보아와에의 출신자가 있어 그를 안내역에 붙여주었다. 보아와에에는 왕의 집과 민가가 아직 남아 있다고 하는 그의 말을 믿고 바자와를 14시 40분에 출발, 보아와에에 16시 03분에 도착했다. 엔데-바자와를 왕복하는 소형 버스로 이동해 쾌적한 여행이었다.

도착 후 바로 보아와에의 왕가를 보러 갔다. 마을 중앙 광장에는 쌍지창 형태의 기둥 페오(Peo)가 세워져 있고 그 뒤에 왕의 집이 있었다. 양철 지붕을 하고, 가구는 모두 최근 것으로 목구조도 옛날 형태가 아니었다. 큰 체육관 같은 인상을 받았다. 전통적인 건물은 현대적인 건물보다 2~3배의 목재가 필요하다. 따라서 사진도 찍지 않고, 친절한 왕가(王家)의 사람들에게 설문조사만 하고 돌아왔다.

Pdk 직원의 집에서 극진한 대접을 받았다. 닭고기 수프와 밥을 주었는데, 야채 이외의 반찬은 오랜만이었다.

마을 중앙의 페오(Peo)

12월 12일(금) 흐린 후 맑음, 투투바다

말할 수 없이 정말 힘든 하루였다.

보아와에의 왕가에서 너무 실망했기 때문에 가까운 우로위아(Wolowea) 마을의 전통가옥 조사는 비교적 가벼운 마음으로 떠났다. 우로위아는 바자와에서 엔데로 향하는 길 도중에 있다. 따라서 이 노선을 달리는 버스를 잡아타면 좋지만 버스를 기다리면 9시가 된다. 우리(Pdk의 직원과 나)는 6시 40분에 트럭을 잡아타고 레가(Rega)라고 하는 지점에서 내려서 우로위아까지 약 1시간을 걸었다.

동행하는 PdK 직원은 집이 가까이에 있는 관계로 우산 하나만 든 가벼운 차림이었다. 우로위아의 촌장집을 방문해 전통가옥(Rumah Adat)이 있느냐 묻자, 벌써 부수었다고 하여 우리는 그대로 위아아우(Weaau)로 출발했다. 가벼운 하이킹 코스이지만 짐을 혼자서 메고 걸었기 때문에 상당한 중노동이었다.

약 1시간 후 위아아우에 도착했다. 마을 입구에 큰 반얀트리(banyan tree)가 있는데, 이 나무 아래에 마리아 상이 모셔져 있는 것이 이상했다. 크리스트교의 애니미즘화이다.

전통가옥은 기둥만 남아 있을 뿐 흔적도 없고 안내해 준 PdK 직원은 자신이 여기서 선생님을 하고 있었을 때에는 전통가옥이 있었다며 황당하다고 투덜댔다. 이 마을은 오래된 마을에서 나와 새로 만든 마을로 가령 오래된 전통가옥이 있었다고 해도 변형이 많아서 조사하기 어려웠을 것이다. 여하튼 고생해서 온 기념으로 곡식창고의 사진만 찍고 길을 떠

마을 입구 반얀트리 아래에 모셔져 있는 마리아 상

났다. 우로위아까지는 1시간이 걸렸다. 여기까지 벌써 3시간 이상 산길을 걸어 다녔다.

우로위아의 초등학교에서 전통가옥의 정보를 얻었다. 학교 선생님의 말씀을 따르면 단게(Danga)에서 약 3시간 걸어가면 산속에 투투바다(Tutubhada) 마을이 있는데, 4채의 전통가옥이 지금도 확실히 남아 있다고 한다. 이 정보는 가정방문을 열심히 하던 선생님의 말씀이라 더욱 믿을 수 있었다.

당시 나는 단게가 어디에 있는지 몰랐다. 현지 사정에 밝지 않았고, 고생해서 왔는데 전통가옥이 남아있지 않아 화가 나 있었기 때문에 "그럼 투투바다에 갑시다."라고 말해 버렸다. 단게가 어디에 있는지 확인만 했어도 이런 바보스러운 짓을 하지 않고 얌전하게 바자와로 되돌아왔을 것이고, 나중에 후회하지도 않았을 것이다.

악운은 계속되어 얼마 되지 않아 단게행 트럭이 왔다. 한층 더 가벼운 마음으로 길을 떠났다. 11시 10분에 우로위아를 출발했다. 트럭은 산과 들을 넘어 달렸다. 처음에는 트럭에 손님이 없었는데 가면 갈수록 손님이 늘어 콩나물 시루가 되었다.

큰 돌과 구덩이 투성이의 비포장 산길을 격렬하게 흔들리며 달려 어느덧 플로레스 섬 중부(남부에 가깝다) 산지에서 북쪽 해안까지 왔다.

단게 도착은 13시 45분. 우로위아에서 2시간 반이나 걸렸다. 여기에 사는 PdK 직원의 친척집에서 잠시 휴식을 취했다.

단게에는 태평양 전쟁 중에 건설된 일본군의 기지가 있었다. '제2의 수라바야'(Surabaya: 자바의 항구 도시, Dua)라고 하여 일본군은 각지에서 징용한 인도네시아 사람들을 강제노동시켜 비행장을 건설하면서 많은 사망자를 냈다고 한다. 일본군은 몽둥이를 사용해서 말을 듣지 않는 사람을 심하게 때렸다고 한다. 얻어맞은 사람이 기절하면 물을 끼얹어 깨웠고 또 때렸다.

나는 일본군이 저지른 비참한 전쟁 이야기를 들었다. 마을 사람들의 말에 의하면 어느 날 선생님을 하고 있던 아버지(이 이야기를 해준 인물의 아버지)에게 강제로 징용된 한국인이 와서 살그머니 귀띔을 해주었다고 한다.

"내일, 아이를 데리고 언덕 위로 도망치세요. 마을이 폭격된다는 뉴스를 라디오에서 들었어요. 이 말은 누구에게도 말하지 마세요."

다음 날 아버지가 가족을 데리고 피난하자, 많은 비행기가 나타나 마을을 폭격했다. 그 후 일본군 헌병대가 와서 이 한국인을 잡아갔다. 스파이라고 하여 그는 몽둥이로 맞아 죽었다.

어느날은 일본군 분견(똥개)이 말을 타고 왔는데 술에 만취하여 그의 집으로 들어왔다.

"여자 있나?"

그의 모친은 방구석으로 도망쳤다. 일본군 남자는 모친을 찾아내서 멱살을 잡아 내동댕이쳤다. 모두들 어쩔 줄 모르며 허둥대자, 술취한 일본군은(성명 불명), '바보새끼'라고 외치며 (다른) 일본군의 권총을 뽑아 발포했다. 그는 눈앞에서 어머니가 죽는 것을 보았다. 이후 헌병대가 와서 모친의 시신을 정리하고 화장하여 재를 항아리에 넣어 어딘가에 보냈다고 한다.

이 수라바야 두아(Surabaya Dua)의 가까이에 일본군은 동굴을 팠고, 안은 미로와 같이 만들어 특정인밖에 들어갈 수 없었다. 용건이 있는 마을 사람들은 이 동굴의 중간까지 들어가는 것은 용서되었지만 중요한 곳은 들어갈 수 없었다. 동굴을 판 현지 사람들은 살해당했다고 한다.

이 동굴에는 지금도 일본군이 남긴 많은 무기와 탄약 등이 남아있다고 생각되지만, 마을 사람들은 무서워서 접근하지 않는다. 길을 잃어버리거나 혹은 뱀에 물리는 것을 무서워하고 있다.

단게를 출발한 것은 16시가 넘어서이다. 동행자는 PdK 직원과 이 단게 주민인 페미릭 크뷰다얀(Pemilik Kebudayaan) 씨이다. 내 짐의 반을 그들이 들어주어 조금 편하게 갔다. 그렇지만 더 이상 걷은 것이 지겨웠다.

세 번이나 강을 건너고(강우로 물이 증가하면 물이 빠질 때까지 기다린다. 건널 수 없는 큰 강), 고개를 넘어 산기슭의 마을 마라우나(Malawona)에 도착한 시각은 저녁 18

시 반이었다. 초등학교의 교실(마룻바닥 위에 의자와 책상이 8개 있었다)에서 잠깐 휴식을 취한 후, 달빛이 비치는 절벽의 바위산을 기듯이 올랐다. 오른쪽을 보아도 왼쪽을 보아도 절벽뿐, 먼 곳을 보면 어지럽기 때문에 회중전등에 비친 발 밑만을 보며 걸었다.

약 1시간 30분 후에 세 명 모두 숨을 몰아쉬며 산 정상에 있는 투투바다에 도착했다. 이날 하루종일 7시간 이상 산길을 걸었다. 촌장을 흔들어 깨워 얻어먹게 된 식사는 친숙한 케로르 잎 수프와 밥이었다. 지치고 힘들어서 죽은 듯이 쓰러져 잤다.

어젯밤의 격렬한 비, 한낮의 흐린 날씨, 드디어 우기가 온 것 같다. 그러고 보면 베나에서 오는 길에 본 아름다운 저녁노을은 우기 직전에 본 마지막 노을이었다.

12월 13일(토) 흐린 후 비, 바자와

투투바다는 전통이 살아있었다. 전통가옥 중 하나는 마침 지붕갈이를 끝낸 직후였고, 다른 하나는 지붕의 뼈대가 그대로 노출되어 새 짚을 얹는 작업을 기다리고 있었다. 전통이 살아있다는 것은 반대로 말하면 전통가옥이 몇 채 있다고 해도 정말로 오래된 것은 없다는 뜻이다.

폭이 좁고 길이가 긴 집이 나란히 서있는 마을에 위치한 큰 수장집은 1980년대에 지은 것이다. 부뚜막 주위 등 일부에는 오래된 목재를 재사용하고 있지만, 비스듬하게 목재를 많이 교차시킨 것은 현대의 골격 구조로 세부 구조도 좋지 않았다. 1973년 태풍으로 인해 많은 가옥이 파괴된 것 같다. 그 이후 구조를 보강하기 위해서 비스듬하게 목재를 사용하여 보강했다고 한다. 태풍 이전의 가옥(변형되지 않았다)은 한동만 남아 있는데 1960년대 건축한 것이다. 신구의 건축을 실측하려니 너무 달라서 실측 조사는 보류했다.

가옥의 지붕밑 골격 구조는 배 모양을 하고 있다. 이 배 모양의 지붕은 볏짚을 이죽(ijuk)으로 만든 끈을 사용하여 7단을 쌓아 올려 만들었다.

지붕 위에 올린 배 모양의 장식

이러한 배 모양은 이 마을에서는 '베레 자타'(bele jata, 매의 날개)라 하여 매가 날개를 편 형태라고 한다. 또 이 부분을 '만고 다두'(mango dadho, 용기 있는 남자가 앉는다)라고 부르는데 이 마을에 전해지는 이야기와 관련이 있다.

그 옛날 이 마을이 속하는 수쿠 라위(suku=수장국, rawe)와 근처의 수쿠 렌두(suku rendu)와의 전쟁 때 수쿠 라위는 슬라웨시 섬의 고아(Goa) 왕국에 원군을 청했다. 이때 고아로부터 온 남자는 비둘기를 데리고 와서 비둘기의 다리에 불을 매어 달아 수쿠 렌두 마을을 향해서 날렸다. 비둘기는 지붕 위에 불을 떨어뜨려 마을의 집을 모두 불태웠다. 그 후 라위 군이 적의 마을

볏짚을 이죽(ijuk)으로 만든 끈을 사용하여 배 모양으로 7단을 쌓아 올려 만들었다.

화덕 기둥의 아랫부분에는 리피(Lipi)라고 불리는 단형의 작은 공간이 있고 식사를 리피에 올리고 조상을 부르면 조상이 기둥을 타고 내려 온다고 한다.

야자수 잎으로 만든 용기 안에 밥, 돼지나 물소 등의 고기, 론 타르 술을 넣어 기둥에 매달아 둔다.

을 습격하여 승리를 거두었다고 한다.

가옥 입구(툇마루)에 남녀의 모습을 조각한 목상이 있다. 이것은 예전에는 전라였지만 예수님의 가르침에 적합하지 않다고 하여 현재는 옷을 입혔다.

가옥은 주요한 3개의 공간으로 이루어진다. 간단한 접객과 일상생활을 하는 공간(Padha), 남자의 공간(테다, Teda), 여자의 기거 공간(토로, Tolo)이다. 토로는 입구 오른쪽으로 화덕이 있고, 이 화덕 기둥(duke)의 아랫부분에 리피(Lipi)라고 불리는 단형(段形)의 작은 공간이 있어 의례가 있을 때마다 밥, 고기, 론 타르 술, 시리 피낭 등을 조상에게 바친다. 조상의 영혼은 기둥 상부에 있고, 그들이 식사를 리피에 바치고 조상을 부르면 기둥을 타고 강림한다고 믿고 있다.

가옥을 떠받치는 2개의 주기둥으로 쓰이는 목재는 테다와 토로의 경계 벽에 대들보를 세워 고정했다. 이 2개의 지주(madu)에는 가옥을 건축 할 때 론 타르 잎으로 만든 용기(sorelobe) 속에 밥, 돼지나 물소 등의 고기, 론 타르 술을 넣어 매어 놓는다.

마루를 떠받치는 9개의 기둥 중 중앙 오른쪽에 있는 기둥이 성스러운 기둥(poso puu)이다. 이 기둥은 나라(nara)나무를 사용하고, 벽판은 우우(wuwu), 다른 기둥은 모두 야자나무를 사용한다. 지붕은 볏짚을 묶어서 만든 것으로 20년 가까이 간다.

페오(Peo, 쌍지창형 기둥)의 건설은 의례를 올리고 바람직한 형태의 헤부(hebu) 나무를 찾아내는 것에서 시작한다. 순조롭게 발견되면 나무를 파내, 뿌리를 3~4개 남겨놓고 자른다. 잘라낸 뿌리, 나무 등은 그 자리에서 태운다. 만일 전부 불에 타지 않으면 마을에 재앙이 일어난다고 믿고 있다. 기둥 쪽은 부드러운 옷감으로 감싸고, 뿌리를 선두로 하여 앞뒤에 한 명씩 남자가 파수를 보며 마을로 옮긴다.

아침 식사로 쌀밥에 고추를 먹고 10시까지 사진을 찍고 하산했다.

단가(Danga)까지 어제와 다른 길을 걸어서 2시간 30분 동안 이동했고, 어제 출발 전에 방문한 집에서 다시 휴식을 취했다.

팟사르(시장)에서 돌아오는 트럭을 잡아타고 13시 40분 단게를 출발하여 약 3시간 후에 바자와에 도착할 예정이었으나 보아와에 도착한 시각은 4시간 후로 이미 17시 30분이었다.

이때부터 나는 더 비참한 신세가 시작되었다. 바자와로 가는 길은 더 험난했다. 비가 격렬하게 내리는데 트럭 짐칸에는 시장을 보고 돌아오는 사람들과 돼지, 염소, 닭, 야채, 쌀가마니 등이 가득 실려있었다. 사람과 가축이 비를 맞으면서 뒤범벅이 되었다. 보아와에에 도착하자 트럭은 시장에 갔다 온 사람들 하나하나를 집 앞까지 데려다 준다. 갈 길은 먼데 타이어까지 펑크가 나서 수리를 시작하였다.

트럭에는 시장에서 돌아오는 손님과 돼지, 염소, 닭, 야채, 쌀가마니 등이 가득 실려있다.

약 30분 후에 간신히 길을 돌아오기 시작한 순간, 비탈길에서 미끄러져 강에 빠져 트럭이 멈췄다. 또다시 타이어 교환을 시작한다.

이대로는 바자와 도착이 언제가 될지 모른다. 저녁 식사를 할 수 있을지가 걱정되었다. 반찬 없는 밥을 먹고 온 후라서 맛있는 식사를 하고 싶었다. 앞으로의 일정도 걱정되었다. 승객을 무시한 정처 없는 트럭 수리는 롬복 섬에서도 시달린 적이 있다. 그래서 더 이상 참을 수 없었다.

과감하게 트럭에서 내려 길을 따라서 걸었다. 비가 오는 밤이었지만, 무거운 짐을 짊어진 채 무작정 걸었다. 오지 않을지도 모르는 차를 기다리며 약 15분쯤 길을 걸었을 때 버스가 나타나서 정말 감격했다. 저녁 식사를 할 수 있게 됐다.

20시 30분, 바자와 도착. 3일 간을 쓸데없이 여기저기 질질 끌려 다니다가 끝났다. 피로만 쌓였다.

12월 14일(일) 맑음, 왕카

요 며칠 동안을 어떻게 표현하면 좋을지 모르겠다. 오늘 일기를 쓰고 있는 것은 실은 12월 17일, 바자와의 여인숙(로스멘)에서이다. 이날 아침식사를 하러 나가려고 하는데 방문을 노크하며 악마(?)가 미소를 지으며 나타났다.

일요일에 소아(So'a)에 팟사르(시장)가 있어, 왕카(Wangka)로 향하는 트럭이 있다고 한다. 따라서 토요일 오후에 소아로 갈 수 있으니, 그때까지 보아와에 주변을 조사하자고 했다. 보아와에의 조사는 벌써 했고, 토요일 오후까지 바자와에 돌아올 수 없었기 때문에 왕카에 가는 것이 불가능해서, 오늘 혼자서 소아에 갈 생각이었다. 소아까지는 트럭 편이 있다.

이날 아침 문을 노크한 악마는 PdK의 소장이 소개해 준 안내원인 아드리아누스 · 아리라는 루잉(Riung) 출신의 남자이다. 왕카까지 동행을 해주겠다는 초로의 남성이었다. 그의 말에 의하면 그는 어제부터 쭉 나를 찾았다고 한다. 오늘 왕카 방면을 향하는 트럭이 있으니까 지금부터 왕카에 가자고 했다.

왕카행을 포기했던 나는 일단 주저했다. 트럭을 내려서 16km를 걸어가야 한다는 말에 진절머리가 났다. 그러나 상대가 열심히 안내하겠다하며 물러나지 않았다. 조사할 욕심에 어느새 짐을 정리해 그와 둘이서 출발하기로 했다. 악마의 유혹에 빠진 것이다.

길을 가면서 그는 차례차례 약속을 휴지처럼 버렸다. 지금 생각하면 교활한 간계에 걸렸던 것이었다. 소장과의 협의에서는 이 남자는 왕카까지 동행한 후, 일단 소아에 되돌아와서 나를 소아에서 적당한 한 인물에게 인도하기로 약속했었다. 그러나 트럭에서 내리는 포마(Poma)부터 왕카까지는 짐을 옮기는 사람을 찾자, 왕카부터는 트럭이 없기 때문에(So'a로 팟사르가 있는 일요일과 월요일) 왕카의 촌장에게 부탁하여 우리는 말을 타고 돌아가자며 그는 어처구니없는 제안을 계속했다.

우기에 들어가면, 5개월간 루잉, 왕카는 바자와와의 교통이 끊어진다. 요 며칠째 비가 와서 우기에 접어들었다고 생각했는데 오늘은 마침 해가 들어 쾌청했

소아의 시장

다. 하지만, 나쁜 일은 연속해서 일어난다.

10시에 바자와를 출발했다. 트럭을 타고 소아의 시장까지 약 2시간이 소요되었다. 시장에는 대나무로 지은 가건물이 줄지어 있고, 여기저기 노점상이 있어 물건을 사고 팔고 있었다.

아직 한산한 시장에 내렸다. 마을에서 먹을 건어물을 사자는 나의 청을 그는 들은 체도 하지 않았다. 대신 담배를 두 보루 사가자고 하는데 나는 놀랐다. 약 만 루피아라고 한다. 마을 사람의 선물치고는 너무 비쌌다. 그래서 담배 한 보루만 샀다.

소아에서 포마까지 벼과 식물(벼, 참억새의 종류)의 큰 군생 길을 트럭으로 40분을 달려 오후 1시 40분에 도착했다. 포마의 시장(아무것도 없다)에서 트럭을 내려 걷기 시작했다. 소아에서부터 동행한 왕카의 마을 사람에게 아드리아누스는 자신의 큰 짐가방을 들게 했다. 나는 할 수 없이 모든 짐을 지고 걸어갔다. 고개를 넘어 완만한 경사의 산길을 약 1시간 걸었다. 들을 건너고 산을 넘어 끝없는 길을 무작정 걸었다. 나는 이번에도 보아와에에서와 같이 죽을 고생만 하고 아무 성과가 없다면 그를 용서하지 않겠다고 다짐을 했다.

벼과 식물의 군생은 화전 경작의 흔적이다. 지금은 목초지로 물소나 말의 사육에 사용하고 있는 것 같다. 열 종류에 가까운 억새풀 중에서 아랑아랑(Alang-alang)만을 선택해서 사용한다고 한다.

왕카의 촌장 집에 도착하니 저녁 7시였다. 결국 20kg의 짐을 혼자서 짊어지고 5시간 이상을 걸은 것이다. 촌장 집에서 뚜악(야자열매로 빚은 술, tuak)을 마시자고 하여 '예'(Ya)라고 대답하자 2되가 400루피아라며 돈을 달라고 한다.

전통가옥은 3채가 남아 있다는 말을 듣고 우선은 안심하고 잠을 잤다. 몸이 만신창이 되어 여기저기 아팠다.

12월 15일(월) 흐림, 왕카

마을(Desa)에 전통가옥이 3채(가까운 곳에 2채) 남아있다고 하여, 우선 와에제아 마을(Waezea)부터 조사하러 갔다. 이 가옥은 농사용 오두막 정도의 크기밖에 안 되고 게다가 새로 사용한 목재는 모두 대나무였다. 웅장한 가옥 형식을 상상했던 나는 촌장이 말하는 전통가옥이라는 말을 더 이상 믿을 수 없게 되었다.

판로완(Panrowan) 마을에 있는 다른 한 채는 더 컸다. 그러나 그것은 도저히 인도네시아의 건축 형식의 원초적인 형태로 볼 수 없었다. 이 마을만의 형식으로 보였다. 이 때문에 5시간 이상 걸어 온 것을 생각하니 화가 났다. 조잡하지만, 의례나 나무의 결구 방법 등은 전통적인 형식이 확립해 있는 것 같아 약 5시간 걸려 사진, 실측, 청취조사를 끝냈다.

낙담하여 분개하고 있는 나의 심중을 알지 못하고, PdK의 아리 씨와 촌장은 청취조사를 명목으로 내일 장로를 불러서 술잔치를 하려고 협의중이었다. 떡 줄

왕카 마을 가옥

왕카 마을 사람들

왕카 마을 가옥 내부

사람은 생각도 안 하는데 제 멋대로 술잔치 계획에 정신이 없었다. 청취조사라고 해도 더 이상 물어야 할 내용이 없다. 내일은 빨리 돌아갈 생각뿐이었지만, 이 연회의 비용을 당연하게도 나에게 모두 청구되었다. 닭 2마리 4,500루피아, 쌀 4kg 1,200루피아, 술 400루피아였다. 저녁 식사에 닭 수프가 나왔다. 내장만 있고 고기는 없었다.

루잉(Riung) 왕가의 통치 영역은 8개의 언어권으로 나뉜다. 이 8개의 언어권은 문화적으로도 각각 독자적인 것으로 왕카의 주거 형식은 왕카만의 것이다. 왕카에서 다수를 차지하는 바레 파우(Nbare Pau)라고 하는 씨족은 술라웨시 섬의 우중판당을 경유해서 이 땅에 왔다고 전해진다.

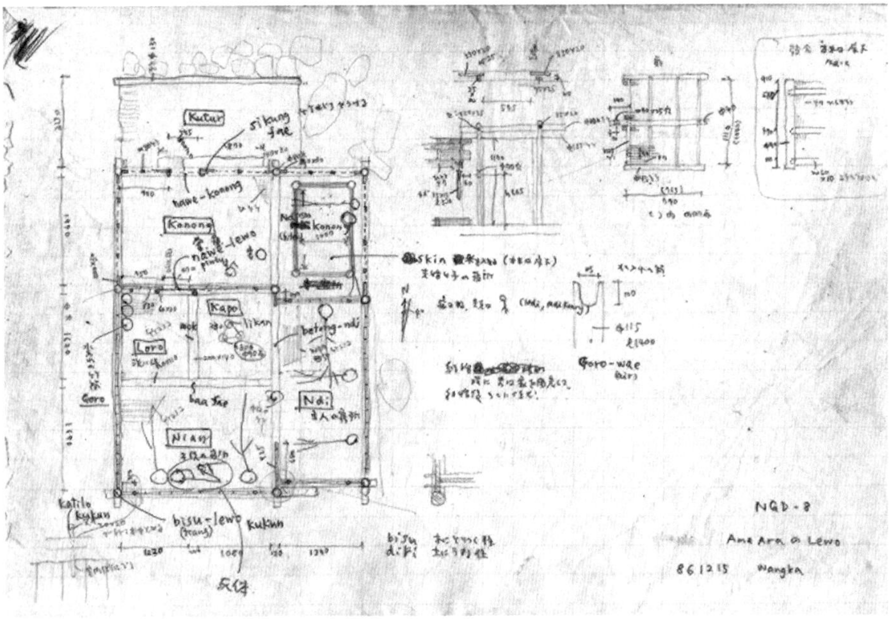

레우(Lewo) 평면 실측도

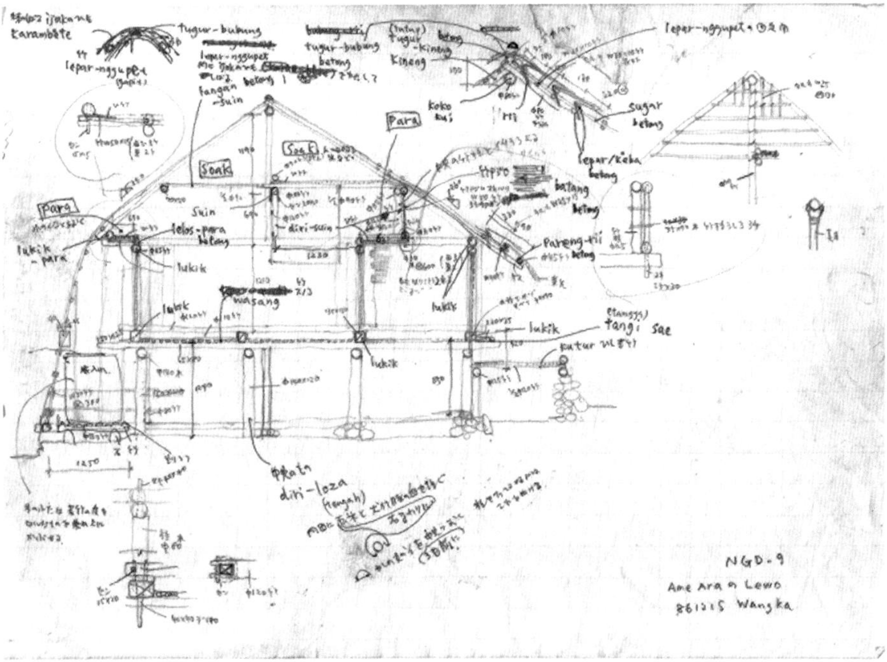

레우 대들보 단면 실측도

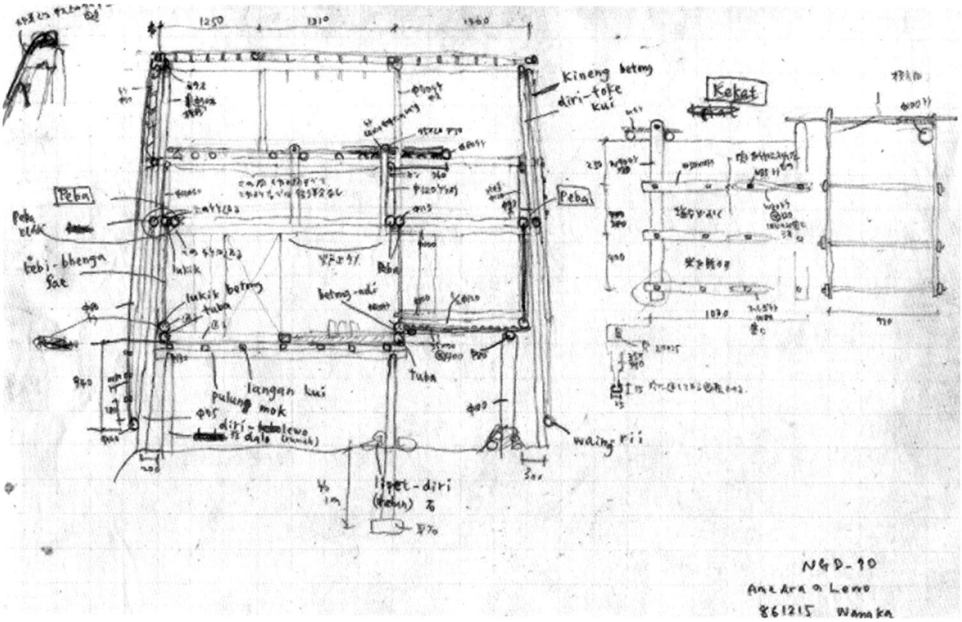

레우 도리간수 단면 실측도

12월 16일(화) 맑음, 소아

장로들을 부른다고 해서 기다리고 있자, 나타난 사람은 어제 조사한 가옥의 집 주인 혼자였다. 건축 의례 청취조사는 결국 촌장 혼자 대답하였다. 이 촌장은 머리 회전이 지나치게 빠른지 계속 혼자서 말한다. 게다가 그의 이야기는 혼란스러워 이해할 수 없었다. 공허한 말의 홍수…….

촌장이 공수해 준 것은 말이 아니라 우연히 마을에 와 있던 교회의 지프 차였다. 다만, 이 지프는 모루(Molu)라고 하는 고개 위의 마을까지밖에 가지 않아서 바자와에 가면 밤이 된다고 한다. PdK의 아리는 소장과 한 약속을 어기고, 소아(So'a)까지 동행하지 않고 왕카에서 직접 루잉으로 돌아갔다. 왕카에 남아서 내가 산 술을 마시고 있었다. 무책임한 남자였다.

모루까지 안내해 준 사람은 우연히 지프에 함께 탄 중학생 여자아이로 그녀가 없었다면 소아에 도착할 수 없었을 것이다. 본래 혼자 하는 조사 여행이니까 불평할 수 없지만, 이렇게 죽을 고생을 하고 왕카에 가서 돈과 시간을 낭비한 것은 참기 어려웠다.

모루에서 도보로 1시간 만에 포마의 시장에 도착했다. 시장이라고 해도 대나무 건물 한 채만 있을 뿐 한산했다. 여기서 약 한 시간 반을 기다렸는데도 트럭은 나타나지 않았고 인적조차 없었다. 다시 약 한 시간 반을 걷다가 소아에 건설 중인 비행장에 암석을 운반하는 트럭을 만나 무사히 소아에 도착했다.

소아의 부시장은 성의가 부족한 건달로 나를 데리고 촌장 집에 정보를 들으러 간다고 핑계대고 사무실을 나와 이 집에서 장기를 두기 시작했다. 이것이 목적이었던 것 같다. 나는 들을 만한 정보도 없어서 돌아가 잠을 잤다.

12월 17일(수) 맑음, 바자와

소아는 산 안에 있는 4개의 전통마을로 이루어져 있다. 그러나 어느 마을도 확실한 전통가옥이 남아있지 않았고, 청취조사도 기운이 없어 만족하게 할 수 없었다.

가옥의 기본 구조는 베나(Bena)의 것과 완전히 같았다. 외벽의 조각에 붉은 점토를 사용하여 착색한 것이 눈에 띄는 특색이다. 이 착색을 위해서 특별한 의례가 있다고 들었다. 가옥은 내부가 심하게 파손되어 음산한 인상을 주었다.

오후에 바자와행 트럭을 타고 돌아왔다. 그런데 무슨 일이든 좋게 끝나지 않는 것이 운명인지 이 트럭은 약 1시간 정도 달리다 산속에서 굉음을 내다 멈추어 수리를 시작했다. 차를 수리하는 데 지금까지 얼마나 많은 시간을 낭비했는지. 그래도 운좋게 우연히 지나가는 다른 트럭을 잡아타고 되돌아왔다.

12월 18일(목) 맑음, 코리(Koli)

나게케오(Nagekeo)형의 가옥을 찾아서 마우퐁고(Mauponggo)에 가기로 해서 아침에 PdK를 방문했다. 소장 니코 씨는 엔데 출장으로 부재중이라 직원의 실질적인 협력은 얻을 수 없었다. 직원들은 여느 때처럼 협력적이지만 이것은 말뿐으로 구체적인 방책이 필요하면 그들의 권한 밖에 있었다. 의례적인 인사만 하고 PdK를 나와 현청으로 향했다. PdK의 협력이 안 되면 의지할 수 있는 것은 자기 자신만으로 이렇게 되면 서류상의 수속만이라도 완벽하게 끝마쳐 두지 않으면 안 된다. 현청 사회정치과(Sospol)에서 새롭게 서류를 발행받았다.

오후 1시에 바자와를 출발하여 약 3시간 뒤에 마우퐁고에 도착했다. 가벼운 기분으로 여기까지 왔지만, 시장의 이야기를 들어보니 이 지역에도 오래된 집은 없는 것 같았다.

우루로가(Desa Ululoga) 마을의 집은 대부분 반 석조로 개조되어 있었다. 우디우로와투(Udiworowatu)의 집은 작년에 소실되었다고 한다. 위투(Witu) 마을에는 야자수 나무 길이의 높은 전통가옥이 남아 있다고 한다. 20일(토요일)에 시장에 가는 배가 있다고 하지만, 그때까지 기다리고 있을 수는 없었다.

촌장 집 앞을 지나가는 사람(Desa Witu Romba Ua 출신)을 우연히 만나 그와 동행하여 해안까지 걸어가기로 했다. 벌써 저녁 5시고, 서쪽에서 검은 구름이 퍼지고 점심 식사도 하지 않았는데 또 걸어야만 했다. 마을까지는 약 4시간 걸리며, 길은 평탄하다고 한다.

길을 나서자 큰 고개를 넘고 강을 건넜고, 약 2시간쯤 가자 비가 쏟아지기 시작했다. 어두운 밤길에 흠뻑 젖어 가까운 초등학교에 뛰어들었다. 침낭도 모두 젖었다. 기분이 불쾌한 것을 참고 침낭 안에서 밤을 샜다.

12월 19일(금) 맑음, 위투 롬바 우아(Witu Romba Ua)

약 2시간 동안 큰 고개를 넘고, 해안의 절벽길을 기어가듯이 건너 바위 투성이의 해안선을 걸었다. 만약 어젯밤에 비가 오지 않아 회중전등의 빛만을 의지하여 만조 때의 이 험한 길을 어떻게 걸었을까 생각만 해도 오싹했다. 비가 오지 않았다면 큰일을 당할 뻔했다.

마을 촌장집에 짐을 맡기고 약 30분 후에 산 중턱의 위투 마을(Kam. Witu)에 도착했다. 경사면을 따라서 페오(Peo), 마두(Madhu)가 세워져 있고, 높은 가옥이

공희주(供犧柱, Peo)에도 근대화가 영향을 미치고 있다.

새의 조각은 인간의 사고(思考)를 상징한다.

한 채 있었다. 페오(Peo), 마두(Madhu) 끝에는 인간의 사고를 상징한다고 하는 새의 조각이 새겨져 있었다.

관습법의 수장(Kepala Adat)이 소유하는 이 가옥은 리오족의 가옥과 유사하지만, 유감스럽게도 나게 케오형은 아니었다. 관습법의 수장과 만나 이야기를 나누었지만, 어디까지가 사실이고, 어디까지가 그 자신의 창작인지 알 수 없었다. 과대 망상적인 것이 있었다. 이 집이 마을에서 가장 오래된 것으로 벌써 300년 지났다고 하는 그의 설명은 이만 생략한다.

이 집은 오두막 구조에 앞뒤가 맞지 않는 곳이 많아 여러 번 개수를 한 것 같았다. 주기둥으로 쓰인 목부재는 최근 바꾼 것이었다. 부재를 마음대로 잘라서 개조하여 조잡한 인상을 준다. 초석 기둥은 식민지시대 이후에 바뀐 것으로 원래는 굴립주(堀立柱)였다고 한다. 지금도 굴립주가 1개 남아 있었다. 들보와 주기둥 사이에 세우는 짧은 기둥은 마루 밑까지 이어져 있었다.

반나절 걸려서도 도면을 완성하지 못하여 마지막에 두 손을 들고 최후는 포기했다. 어중간한 조사였다. 가옥이 본래의 모습을 잃었기 때문에 조사할 마음이 당기지 않았다.

극심한 피로와 새까맣게 된 수건만 남았다. 악몽의 1주일이었다. 무종교(인도네시아류로 말하면 공산주의)인 나도 예수님의 자비에 매달렸다. 아멘.

03

엔데 주변 조사기록

12월 20일(토) 맑다 흐리다 맑음, 엔데

10시 45분 배로 위투(Witu)를 출발하여 약 4시간 걸려 엔데(Ende)에 도착했다. 엔데 섬을 지날 무렵부터 갑자기 찬바람이 불고 파고도 높아지면서 먹구름이 몰려왔다. 평안했던 항해가 거친 파도로 인해 온 몸이 젖는 바닷물 세례를 받았다. 이 먹구름은 엔데에 입항했을 때는 소멸되어 강렬한 적도의 태양만이 작열했다.

몇 주간은 정말 기진맥진해 조금이라도 좋은 숙소를 찾아 걸었다.

엔데는 루텡과 바자와와는 달리 도시가 커서 걸어 다니기에는 너무 넓었다. 지나가는 길의 이름을 내건 베모가 종횡으로 돌아다니며 손님을 찾아다녔다. 이 일이 차장의 역할인데 반둥의 베모와 비교하여 차장의 역할이 훨씬 컸다. 말하자면 승합 택시처럼 어떤 장소라도 데려다 준다. 요금은 100루피아로 어느 도시에도 변함이 없다.

12월 21일(일) 맑음, 엔데

완전히 하루를 푹 쉬었다. 편지를 쓰면서 에어컨이 있는 시원한 방 침대에서 뒹굴며 하루를 보냈다. 과일과 냉수의 과음으로 배탈이 났다. 식욕도 없다.

엔데에 가면서 이용했던 배

12월 22일(월) 맑음, 엔데

10시, 교육문화과(PdK)에서 정보를 수집했다. 가다(Ngada)에서는 서류 제시도 하지 않고 매우 환대해 주었다. 엔데의 소장은 내가 조사하는 목적이 무엇인지를 캐어물었다. 조사 목적을 이리저리 설명해도 의심을 풀지 않았다. 인도네시아 정부의 조사허가(LIPI) 서류를 보이자 겨우 안심한 것 같았다.

리오(Lio)에서는 도쿄대학의 N씨와 동경도립대의 S씨가 각각 2~3년간 조사를 하고 있었지만, 두 사람은 PdK에 얼굴을 내밀지 않았던 것 같다. 불필요한 관료주의에 휘말리는 것을 피하려고 한 것 같다. 그렇지만 나는 단기간의 조사라 관료주의도 좋거나 나쁘다고 불평할 처지가 아니었다.

PdK에서 볼일을 보고, 사회정치과(Sospol)에서 조사허가서를 받아 출발하려고 버스 정류장에 갔지만 차가 없었다. 피곤이 몰려와 다시 호텔(Wisma)에 돌아와서 하루 더 휴식을 취했다. 내일 아침에 일찍 출발할 수 있도록 짐을 정리했다.

사람을 태울 수 있을 만큼 태우는 버스는 사람을 사람답게 취급하지 않아 인권을 무시하는 것 같지만, 정원이 다 차지 않았으니 내일까지 기다리라고 하는 것보다는 나았다.

저녁에 구토를 했다. 커피를 과음했나? 저녁 식사를 먹을 수 없었다.

12월 23일(화) 맑은 후 흐림, 모니

우로와루(Wolowaru)행 버스는 7시 전에 정원이 되어 출발했다. 크리스마스 휴가로 귀성객이 많아 어느 버스나 만원이었다. 어쩔 수 없이 마우메레행 버스를 탔다. 요금은 우로와루까지 1,100루피아인데 3천 루피아를 달라고 했다.

이 버스는 7시 20분에 터미널을 출발, 도중에 버스 주인집에 들렀다. 주인이 정원을 체크했다. 살찐 중국인 화교가 승객 명부를 보고, 좌석 번호와 승객 이름이 맞지 않다고 차장인 플로레스인을 질책했다. 버스 주인은 초등학교 학생(사실, 현지인은 초등학교도 다니지 않은 사람이 많다)처럼 혼란스러워하는 차장한테 비행기 승객 명부같이 버스 승객 명부를 요구하고 있었다. 차장은 선생님 앞에 끌려나온 초등학생처럼 위축되어 제대로 말도 못하고 있었다. 중국인은 더욱 더 화를 내며 손을 치켜들어 그의 머리를 때렸다. "명부는 왜 있는 것이야"라며 차장을 혼냈다.

주인은 승객들을 완전히 물건 취급했다. 주인은 승객들을 내리게 하더니 좌석을 하나하나 확인하여 표가 없는 승객 세 명을 내리게 했다. 좌석 두 자리가 비자 주인은 버스를 다시 터미널에 보내 두 사람을 더 태워 버스를 출발시켰다. 약 30분간 시간을 소비하더니 버스는 정원이 차자 주인의 허락을 받고 사무소를 출발했다. 그런데 마을을 조금 지나자 아까 내렸던 두 사람이 기다리고 있어 차장은 재빨리 두 사람을 태웠다. 여우와 너구리가 속고 속이듯 주인 모르게 타는 손님은 운전사와 차장의 부수입이 된다.

우로와루까지 약 3시간 걸렸다. PdK에서 관리하는 코아나라 마을(Kam. Koanara)의 조사허가 서류를 받는 데 2시간이나 걸렸다. 모니(Moni)로 돌아오는 트럭을 기다려 코아나라에 도착하니 4시인데 코아나라에 남아 있는 전통가옥은 한 채뿐이었다. 분명히 전통이라고 할 수 있지만 피폐한 모습으로 지상식 가옥군 속에 겨우 남아 있는 상태였다.

12월 24일(수) 흐린 후 저녁 스콜, 모니

코아나라에 남아 있는 유일한 전통가옥을 실측했다. 가옥 안에는 많은 부조가 새겨져 있었다. 또한, 의례를 위한 여러 가지의 장치를 갖추고 있었다. 지붕의 최상층에 올라가기 위해 집주인의 허락을 받았다. 이렇게 높고 큰 지붕을 가진 사오 리아(Sao Ria, 큰 집)에 사는 것은 씨족장(Mosalaki라고 부른다)의 가족으로 장남이 대대로 혈통을 잇는다.

가옥 안에 있는 석재 하나하나에 의례 때 제물을 올린다. 가옥 안쪽 두 구석에 있는 만구(Mangu)라고 하는 기둥, 레나(lena)라고 하는 1층 베란다 부분의 구석, 텐다 테오(Tenda-Teo)라고 하는 기둥 가까이에 매달린 공물용 바구니 안의 돌(이 돌을 Watu Wula Leja라고 부르며, 달과 태양의 돌이라는 의미, Wula-Leja는 일월신)이 의례의 대상이다. 어디에서 입수했는지 거대한 상아 4개가 가보로 놓여있다.

집주인은 전 촌장으로 현재는 PdK에서 공인한 문화재 관리자였다. 촌장집을 이른 아침에 나왔기 때문에 아침도 못 먹었는데 이 집에서 점심 식사를 대접해 주었다.

거석문화가 잔존하는 적석유구와 입석군 안에 시멘트로 만든 십자가와 근대풍의 묘가 어울리지 않게 만들어져 있었다. 내일은 크리스마스이다.

12월 25일(목) 맑음, 모니

촌장 집 식구들은 아침부터 교회에 갔다. 오늘 아침은 식사를 해서 체력은 충분했다. 가옥 실측을 계속하면서 하루 종일 전통가옥에 틀어박혀 크리스마스를 보냈다. 화려한 도쿄의 크리스마스가 생각났다.

12월 26일(금) 쾌청, 모니

조사 가옥 3일째. 촌장집이 있는 와투가나(Kam. Watugana)에도 전에 사오 리아(Sao Ria)가 있었다고 하는데 현재는 기둥만 남아 있다. 이 기둥은 향나무로 100년이 지나도 쓸 수 있다고 한다. 와투가나의 바쿠 기둥에 매우 많은 부조가 새겨져 있었다. 그런데 이 부조에는 흰색, 빨강색, 파란색의 페인트가 칠해져 있었고, 지붕은 양철로 만들어져 있었다.

12월 27일(토), 조푸

오전에 바쿠라고 하는 납골을 위한 가옥과 케보(Kebo)라는 곡창을 실측했다. 곡창 지붕은 양철로 되어 있었고, 나는 약 3시간 만에 모든 작업을 끝냈다. 취임 7개월째인 건강하고 친절한 신임 촌장과 헤어져 트럭을 타고 12시가 넘어서 우로와루에 도착하였다. 촌장집에서 짐을 챙겨서 조푸(Jopu)까지 약 1시간을 걸어갔다. 길이 좋았다. "헬로미스터"라고 부르며 아이들이 따라왔다.

조푸의 촌장도 취임 7개월된 신임 촌장으로 매우 친절했다. 촌장이 안내하여 조푸 마을 내의 4개 취락(Kampung)을 돌아보았다. 조푸 마을에는 2채의 사오 후부 베와(Sao Hubu Bewa, 대들보 높은 집)가 있다. 건축 형식은 모니와 같고 세부는 모니보다 뒤떨어졌다. 그러나 모니에서는 쓰레기 속의 진주 같았던 관습가옥(루마 아닷)이 조푸에서는 적석유구, 바쿠, 케보가 다른 전통가옥군 안에 남아있어 전체적으로 좋은 환경이었다.

누아파지 마을(Kam. Nuapaji)에도 같은 형식으로 크기가 조금 작은 사오가 있다.

조푸의 기원지인 란가세 마을(Kam. Rangase)에는 3동의 사오 후부 베와(Sao Hubu Bewa)가 남아 있다. 2동은 좀 작고 완성도가 뒤떨어진다. 남는 1동은 모니 형식과는 달리 입구부에 변화가 있어, 정면 텐다(Tenda)의 중앙이 나누어져 계단(3단)이 있고, 이 계단 아래에 날개(배)를 본뜬 장식판(문 밑에 배 모양으로 만든 장식판)이 놓여있었다.

우로베토(Kam. Wolobheto) 마을의 전통가옥은 조푸 형이다. 150년 이상 되었

조푸 마을 광장

다고 PdK에서 이야기(믿을 수 없다)하는 거대한 가옥이다. 집을 보고 이 생각 저 생각을 하고 있는데 안에서 어린 아이가 인도네시아어와 영어로 쓴 종이를 가지고 나왔다. 그 내용을 보니 '이 집을 유지 보수하기 위해서 견학자에게 기금을 모집한다'라고 적혀 있었다. 이 돈이 집을 유지하기 위해서 사용되지 않는 것을 안다. 게다가 관광객 상대로 하는 장사를 나에게도 하려고 해서 화가 나서(여기까지 데리고 와서 모르는 척하는 촌장도 나쁘다) 결국 실내는 보지 않았다.

이것은 정말 경박하고 사려 없는 행위였다. 안타까운 일이었다. "이러한 방법으로 관광객에게 돈을 모금하는데 기부자의 명부는 있느냐?"고 묻고, 또 "현지사나 시장도 이러한 것을 알고 있느냐?"라고 다그쳤다. "나는 시장으로부터 허가 받은 서류를 가지고 왔는데도 돈을 지불할 필요가 있느냐?"라고 항의했다. 한 채 한 채 돈을 내고 전통가옥을 조사하면, 다른 집을 볼 때마다 돈을 요구해

조푸 마을 가옥

조푸 마을 가옥 내부

가옥 조사는 할 수 없게 된다. 결국 나는 이 집 내부를 조사할 수 없었다. 나중에 안 것이지만 이 집주인은 촌장 선거에 입후보했다가 낙선한 사람으로 현 촌장(그는 다른 인도네시아 사람과는 다르게 청렴결백했다)과는 견원지간이었기 때문에 지금 촌장이 보고만 있었던 것이었다. 처음부터 이러한 사정을 알았더라면 억지로라도 밀어붙였을 것을, '놓친 물고기가 크다'라는 속담이 떠올랐다.

조푸의 독자적인 가옥 형식은 이 리오의 일반적인 사오 리아가 아니라 사오 반가(Sao Banga)라고 한다. 주민이 푸라후(배)

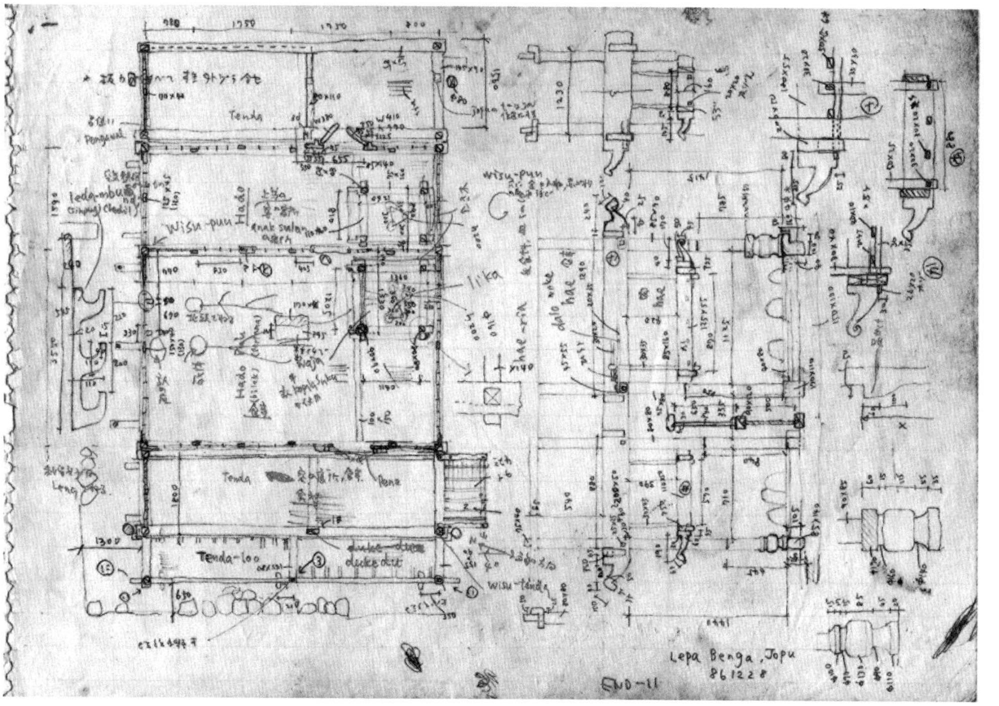

조푸의 레파 벤가(Lepa Benga) 평면 실측도

형 지붕의 가옥이라고 하는 것은 어묵형 지붕의 가옥이었다. 과거 일반 주민은 사오 반가에서 살았다고 하는데 지금은 조푸 마을과 란가세 마을에 각 1동만 남아있다. 케보(Kebo)라고 하는 곡창도 이전에는 어묵형 지붕이었던 것 같다. 하지만 지금은 2동만 남아 있다. 이에 비해서 바쿠(목조 납골당 건물)는 사오 리아 형의 장대형 지붕으로 지금도 많이 남아 있다. 모니의 바쿠와의 차이점은 페티(Peti, 목관)를 두는 장소가 다르다는 것이다. 조푸에서는 위에 매달아 놓았다. 하지만 모니의 바쿠, 케보가 얼마나 원형을 간직하고 있는지는 알 수 없다.

세골재장풍습(洗骨再葬風習)이라 해서 시체는 일단 매장하고 수년 지나서 성대한 의례와 함께 이것을 꺼내(의례 비용이 많이 들기 때문에 특정한 사람밖에 할 수 없다), 유골을 씻은 후, 옷감으로 싸서 목관에 넣어 바쿠에 안치한다. 시체를 알렌(설탕야자)의 줄기로 만든 관에 넣어 브린긴 나무(뽕나무과 나무)에 매달아 풍화시킨 후 바쿠에 안치하는 경우도 있다.

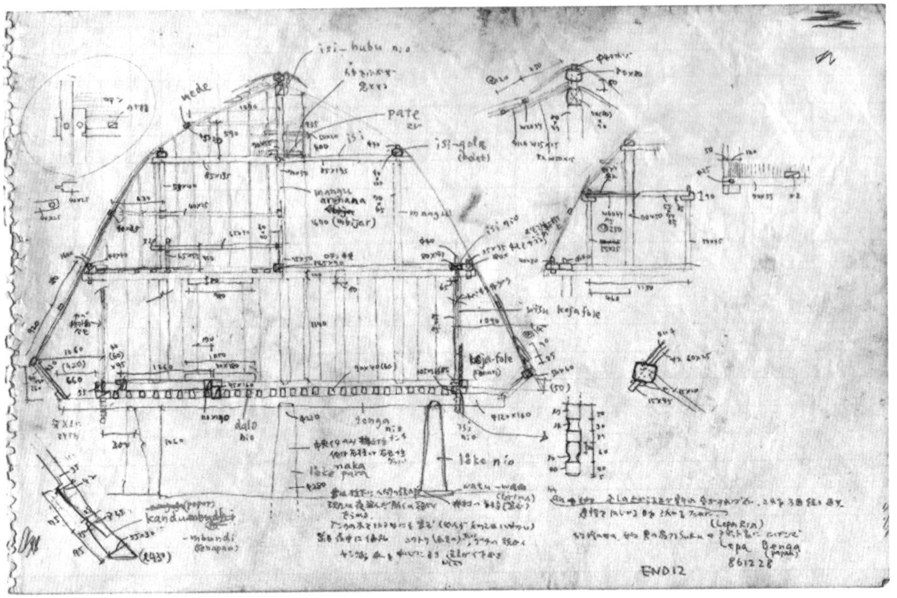

레파 벤가 대들보 단면 실측도

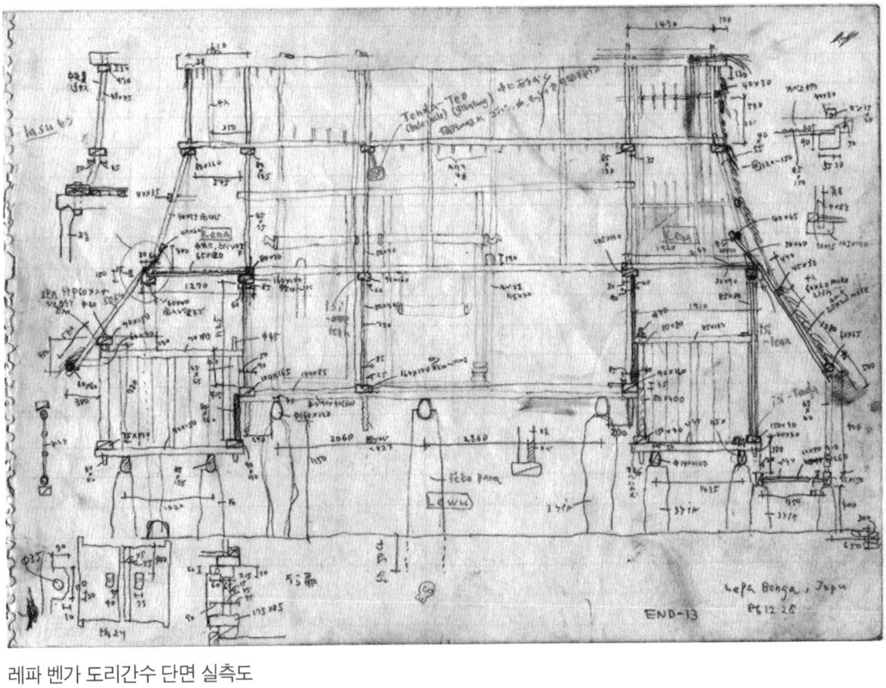

레파 벤가 도리간수 단면 실측도

12월 28일(일) 맑은 후 흐림, 조푸

란가세 마을의 사오 벤가(Benga)를 실측하러 어슬렁어슬렁 나갔는데 집주인 여자가 문을 걸어 잠그고 열어주지 않는다. 어제 주인의 허가 없이 집에 들어가 사진을 찍었다고 화를 내며 돈을 요구했다. 2시간 동안 밖에서 작업하다가 집주인이 뒷문으로 밭에 나갔다고 하여, 집에 들어갔다. 마을 사람들이 모여들어서 뭐라고 했지만 누가 불평한다고 해도 나는 귀신보다 무서운 조사 허가증이 있으므로 실측을 시작한다.

후에 들은 이야기지만 그녀는 미혼이라 가옥 상속자로 정당하게 인정받지 못하여 친족 사이에서 전답과 가옥 등의 유산을 둘러싸고 옥신각신했던 상황으로 씨족(Suku)장 대신 가옥을 관리하던 상황이었다고 한다. 그녀가 토라졌던 것도 당연하고 불쌍하다는 생각이 들었다. 점심도 굶으며 저녁까지 작업하고 돌아왔다.

12월 29일(월) 맑은 후 흐림, 조푸

어제와 마찬가지로 오늘도 기분 좋게 촌장부인이 점심 식사(죽)를 만들어 주었다. 촌장집에서 아침 식사로 바나나 1개를 먹고 차를 마셨다. 점심에 굶을 수 있기 때문에, 아침에 제대로 먹지 않으면 작업을 할 수 없다. 완전히 육체노동자의 몸이 되었다.

오후부터 란가세에 있는 씨족장(mosalaki)의 소아 리아(Sao Ria)를 실측했다. 마을을 걸어가면서 이렇게 오지인 데도 불구하고 마을 사람들로부터 종종 "세계일주합니까?"라는 재미있는 질문을 받았다. 기개와 통이 큰 것인지 아니면 우물 안 개구리라고 해야 할지 세계의 크기와 스스로의 위치를 모르고 있었다.

조푸의 레파 벤가 내부 3D

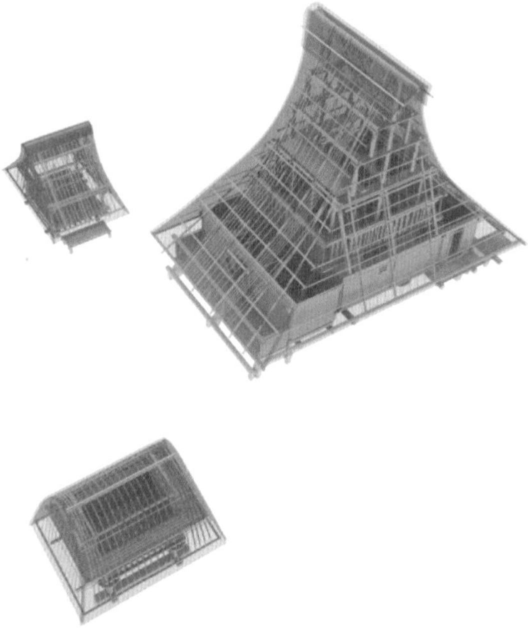

©minpaku digital archives : 3D drawing of MAYA by Takayuki Sui @ espa

조푸의 레파 벤가 3D

12월 30일(화) 맑은 후 스콜, 조푸

소아 리아를 조사했다. 주인 가족이 아침 식사로 코코아와 쿠키, 점심 식사에는 닭요리를 대접해 주었다. 오랜만에 포식을 하여 기분 좋게 조사했다. 질문에도 정확하게 대답해 주었다. 금년 10월 지붕을 교체할 때 돼지 9, 말 4, 양 1, 개 4, 닭 30마리를 잡았다고 한다. 꽤 부유한 집안이었다.

저녁 때부터 격렬한 스콜(squall)이 쏟아져 진창길을 걸어서 조푸의 촌장집으로 돌아왔다.

12월 31일(수) 맑은 후 흐림, 조푸

오전에 소아 리아를 조사했다. 오늘도 닭요리 점심 식사를 맛있게 먹었다. 오후에는 곡식 창고를 2시간 동안 실측한 후 조푸로 돌아와 밤 8시까지 바쿠를 실측했다.

1986년 12월 31일, 그믐날로 내일은 신년이다. 원래 계획대로라면 지금쯤 티모르(Timor) 섬의 쿠팡(Kupang)에 있어야 한다. 동네 아이들이 촌장 집에 모여 화면은 안 나오고 소리만 나오는 텔레비전을 보고 있다. 나는 9시가 넘어 지쳤다고 하고 침낭에 들어가 잠을 청했다. 얼마 후 카세트를 만지작거리던 촌장이 외부 스피커와 연결하더니 떠들썩한 노래를 밤새 틀어 마을 안을 시끄럽게 했다. 똑같은 노래를 반복해서 새벽 5시까지 틀었다. 이렇게 1987년 신년을 맞이했다.

현재 1엔은 약 10루피아라고 일본 물가를 설명하면 모두들 비싸서 놀란다. 1kg에 350루피아인 쌀 가격은 일본에서는 2,500루피아가 된다. 그런데 곤란한 것은 마을 사람의 상당수는 환율이 그 화폐가 가지는 가치라고 인식하고 있기 때문에, 예를 들면 1엔은 10루피아니까 일본인은 인도네시아인보다 10배 부자로 생각한다. 1달러는 1,600루피아니까 미국인은 인도네시아인보다 1,600배나 부자라고 착각하고 있다. 1달러는 160엔이니 미국은 일본보다 160배 부자가 된다. 실상은 그렇지 않다고 아무리 설명해도 마을 사람들의 생각은 변하지 않았다.

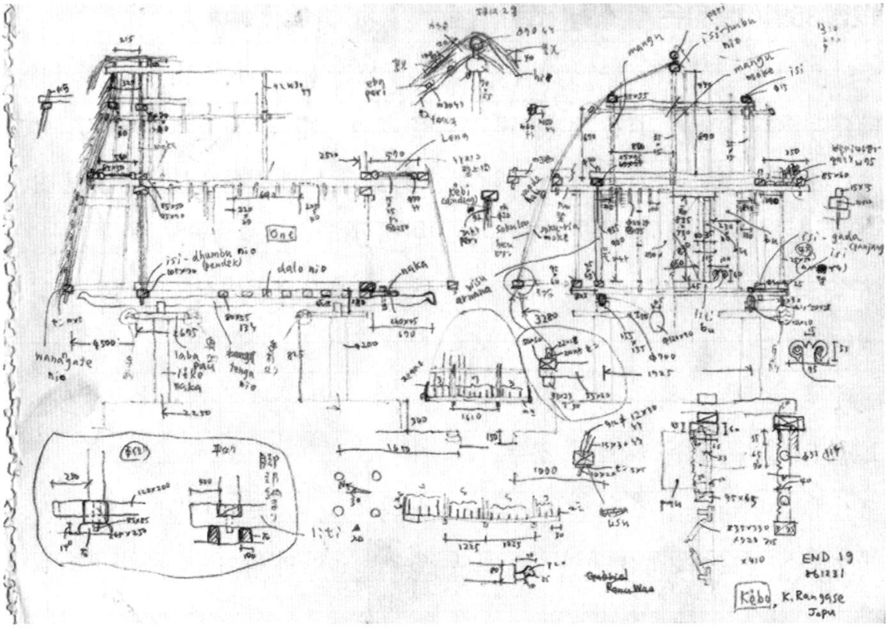

케보(Kebo) 곡식창고 실측도

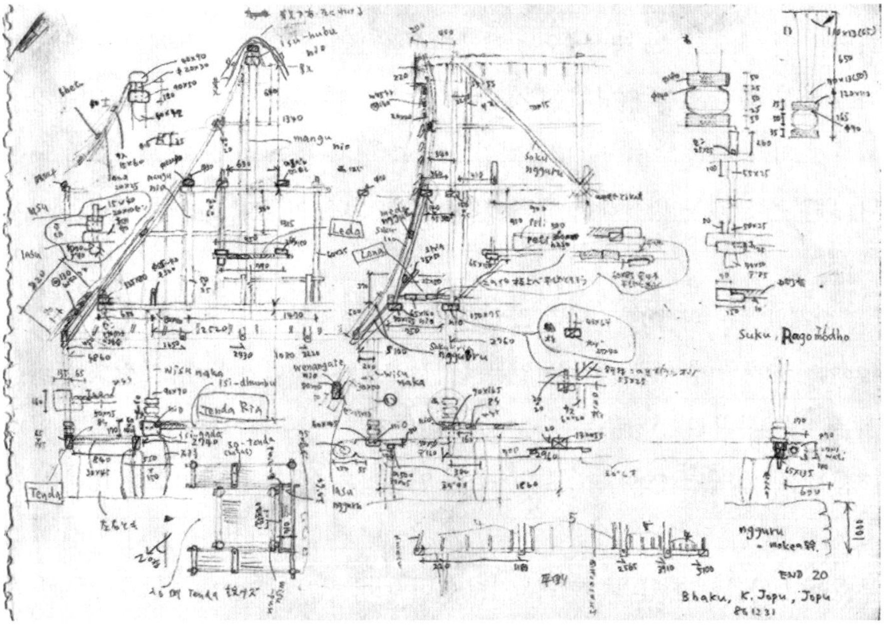

바쿠(Bhaku) 실측도

또 이런 일도 있다. 마을에 가서 민박을 하면 집 주인이 미안한 듯이 식사를 청한다. 빵은 없지만, 이런 허술한 식사도 좋다면 아무쪼록 많이 드시라고 인사를 한다. 일본인(선진국)은 빵과 치즈를 먹을 것이라고 생각한다. 또한 마을 사람들은 목조 고상가옥은 궁핍한 미개인의 거주지로 시멘트의 지상가옥이 선진국의 가옥이라고 생각하고 있다. 당연히 일본 가옥은 지상식 시멘트 가옥일 것이라고 그들은 생각한다. 그래서 일본인은 목조 가옥에서 산다고 설명하면, 그들은 현재 살고 있는 허술한 목조 이외에 목조 가옥이라는 개념이 없어 아무리 설명을 해도 통하지 않는다.

이렇게 해서 일 년이 끝났다.

1987년 1월 1일(목) 쾌청, 겔라

설날 아침 기념사진을 찍었다. 조푸의 젊은 촌장은 내가 귀국한 후 몇 년 후에 사망했다는 소식을 들었다. 독살당했다는 소문이다.

사토 고지 교수는 일본을 대표하는 건축사학자로 규슈의 요시노리 유적의 가옥군을 복원했다. 그와 나는 거의 같은 시기에 플로레스 섬을 조사했다. 그는 전통가옥을 찾아다녔고, 나는 거석 문화를 찾아다녔다.

그가 쓴 답사기의 내용을 나도 예외없이 경험을 했다. 우리는 사진기 2대와 칼라 사진과 슬라이드 사진 필름 수백 통이 든 무거운 등산백을 짊어지고 소, 돼지와 같이 트럭을 타고 때로는 걸어서 전통가옥과 거석 유구를 찾아다녔다. 사토 교수의 조사기록 내용은 현재 현지에 거의 남아있지 않다.

귀중한 현지 조사기록을 한국에서 출판해 준 것에 대해서 평생을 비슷하게 살아온 동지의 한 사람으로 감사드린다.

가종수 기

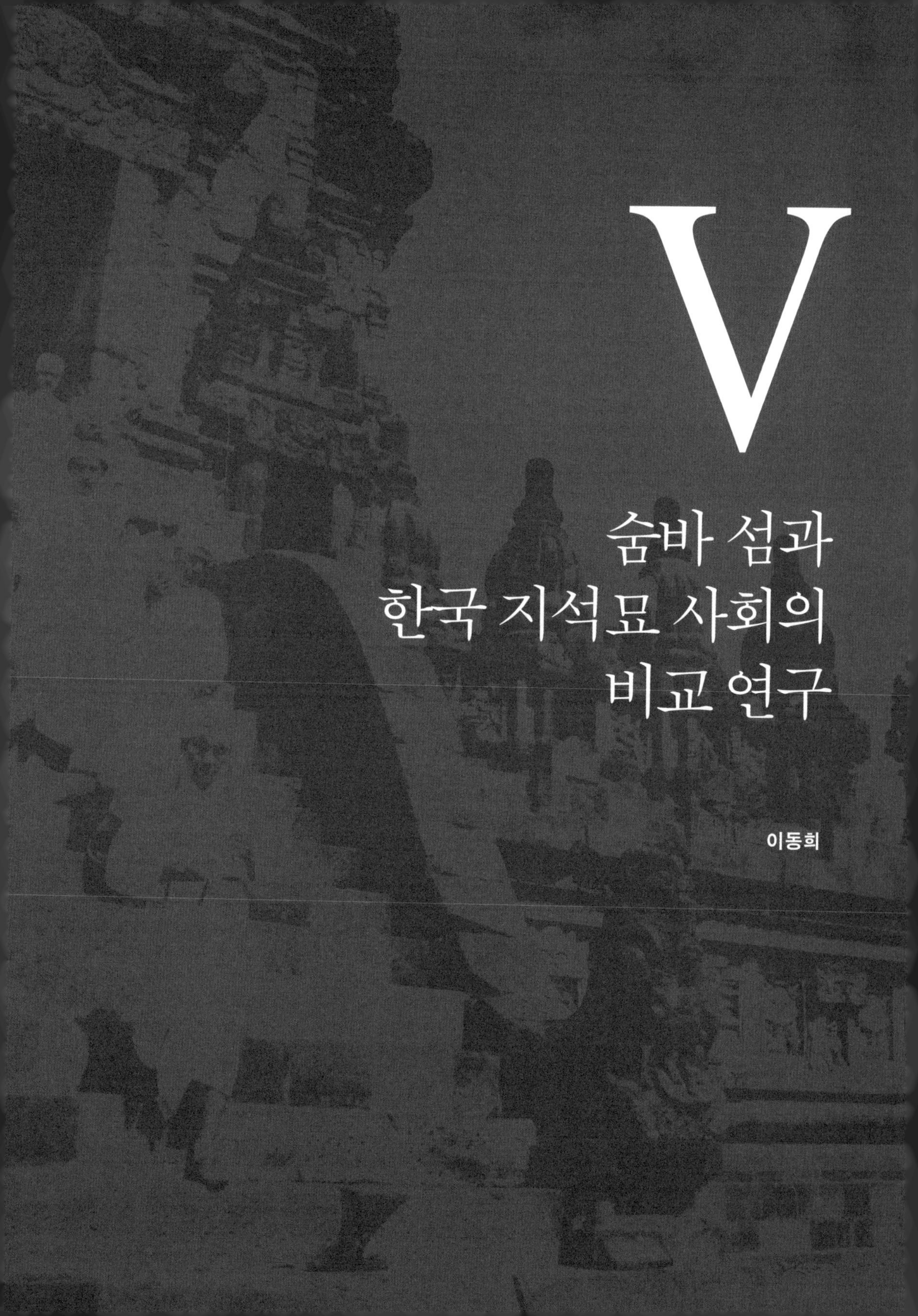

V

숨바 섬과 한국 지석묘 사회의 비교 연구

이동희

01

머리말

인도네시아 지석묘에 대해서는 1980년대에 김병모(1980 · 1981), 임영진(1981), 김명진(1988)에 의해 잠깐 소개된 이후, 관심의 대상에서 멀어졌다가 20여 년이 지난 최근에 다시 주목받고 있다(가종수 2004, 송화섭 2004).

특히, 현재까지도 지석묘 축조가 진행되고 있는 숨바 섬 지석묘는 인류학적으로 조사된 성과물이 나온 직후(가종수 2009), 한국 내에서도 그 중요성을 반영하듯 그와 관련된 연구물들이 연이어 출간되고 있다(하문식 2009, 우장문 2010, 조진선 2010).

지금까지 숨바 섬 지석묘에 대한 연구는 인류학적 접근(가종수 2009)과 그에 대한 서평(하문식 2009), 개괄적인 자료소개(우장문 2010), 지석묘의 형식분류와 변천과정(조진선 2010) 등에 관한 내용이다.

숨바 섬은 인도네시아 열도(列島)에서 동쪽에 치우쳐 있는 작은 섬으로서, 문화흐름에 있어서도 가장 주변부에 해당한다. 대륙에서 건너온 지석묘 문화가 먼저 유입된 인도네시아 서쪽의 수마트라와 자바 등에서는 지석묘가 잊혀진 선사문화이지만, 동쪽의 작은 섬인 숨바에서는 현재진행형이라는 점에서 숨바 섬은 인류학뿐만 아니라 고고학에서도 보고(寶庫)라고 할 수 있다. 현재까지 정확한 통계는 없지만, 숨바 섬의 지석묘 수는 변형된 형식까지 포함하면 수만 기에 달

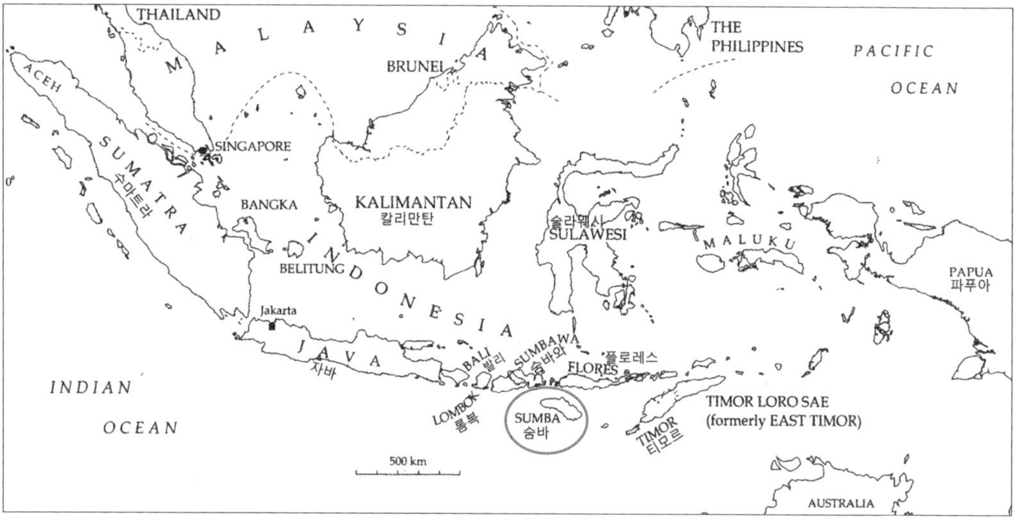

도면 1: 인도네시아와 숨바 섬의 위치

하는 것으로 알려져 있다.

본고는 지금도 지석묘 축조가 진행되고 있는 인도네시아 숨바 섬과 2천 년 전에 소멸된 한반도 지석묘 사회와의 비교 고찰이다.

거석(巨石)을 이용한 무덤이라는 점에서는 동일하지만, 시기 · 형식 · 장법 등 세부적인 면에서는 상이하다. 무엇보다도, 숨바 섬은 18세기 중엽 이래로 네덜란드의 간접적인 영향하에 있었고 상당수의 지석묘가 식민지 지배 이후(1906)에 축조되어 많은 변형이 이루어졌다. 이러한 점에서 선사시대에 속하는 한반도 지석묘 문화와는 적지 않은 이질감이 존재한다. 특히, 숨바 섬의 지석묘는 금속기시대 이후에 대부분의 지석묘가 축조되었고, 19세기 이후의 장식성이 가미된 지석묘가 많이 확인되고 있다는 차이점이 있다.

하지만, 숨바 섬의 지석묘 사회는 우리나라의 지석묘 사회를 파악함에 있어 현존하는 가장 적합한 민족지 자료임에 틀림없다.

우리나라와 숨바 섬 지석묘가 연대는 다르지만 거석을 이용한 무덤 조성이라는 점과 고등 종교가 들어오기 전 조상숭배신앙과 연계되어 지석묘 축조가 시

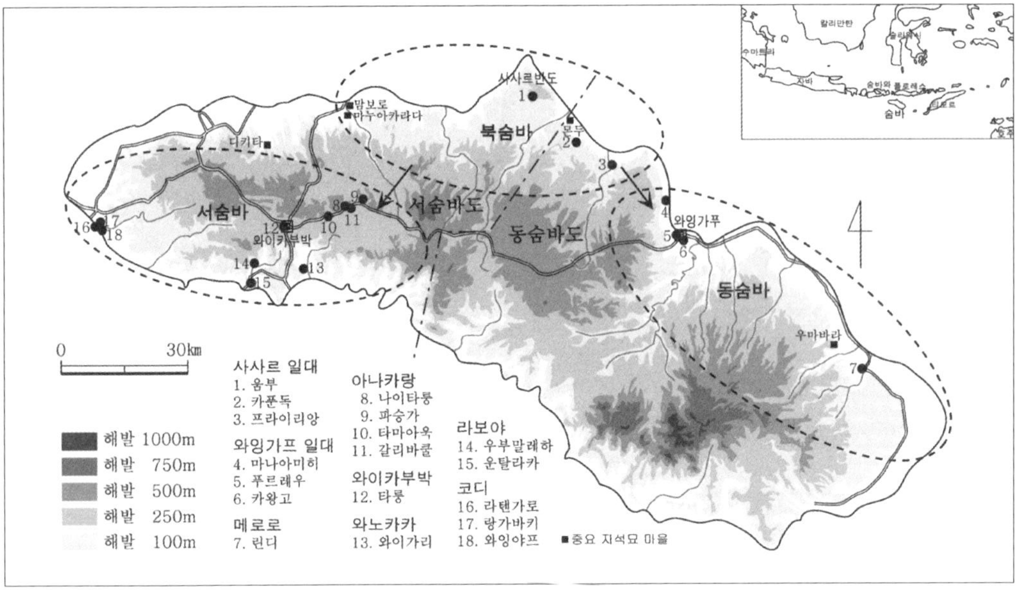

도면 2: 숨바 섬 지석묘 조영 마을의 위치와 지석묘 확산과정 (조진선 2010)

작되었다는 점은 동일하다.

본고에서는 한국과 숨바 섬의 지석묘 축조사회를 몇 가지 항목으로 세분하여 유사점과 상이성을 비교 · 검토하고자 한다.* 주요 내용은 편년, 추가장 여부, 침향, 군집과 열의 의미, 주거공간과 묘역의 이격 여부, 피장자의 계층, 모촌과 분촌의 위계차, 촌락의 입지와 분쟁, 지석묘 소멸기의 제양상 등에 관해서다.

* 본고에서 특별히 주를 달지 않은 숨바 섬 지석묘에 관한 설명은 2010년 2월의 인도네시아 답사 시의 견문 내용이다. 아울러, 안내자이신 일본 슈지츠대학 가종수 교수님의 조언이 있었음을 밝혀둔다.

02

숨바 섬과 한국 지석묘 사회의 비교

편년

한국

한국 지석묘는 많은 발굴조사와 절대연대측정 등에 의해 편년상이 어느 정도 정립되어 있다. 즉, 대체로 상한 연대를 기원전 10세기까지 올려볼 수 있으며, 하한은 원형점토대토기문화 단계인 기원전 2세기대로 설정할 수 있다(이영문 2002).

하지만 지역에 따라 문화의 흐름이 지체된 곳은 기원 전후 시기까지 지석묘가 잔존한 지역도 있을 수 있음은 감안해야 한다. 한반도에서 지석묘가 가장 밀집된 전남지역이 그러한 곳 중의 하나가 될 수 있으며, 실제로 가장 남쪽에 자리한 제주도 지석묘의 하한은 기원 이후로 편년되고 있다.

숨바 섬

인도네시아 숨바 섬의 편년은 발굴조사된 자료나 연대측정자료가 없어 파악하기가 어렵다. 다만, 인도네시아 제도의 거석유구는 금속기시대, 다시 말해 기원전 1천 년기 후반에 동남아시아 대륙부와 인도네시아 사이의 교역과 영향에 의한 것이라는 지적이 있다(가종수 2009: 76-87).

한편, 수마트라 섬 거석물의 경우, 돌멘 · 석관묘 등을 철기시대(기원전 500년 이후)로 편년한 바 있으나(Heine-Geldern 1945), 근래에는 기원 전후부터 10세기 무렵까지 축조된 것으로 보는 견해(Soejono 1982)가 제시되었다. 그리고 자바 섬의 베수키(Besuki) 지역의 한 지석묘에서는 9세기의 중국 토기가 확인되었다(Agus Aris Muunandar 2007).

이러한 점에서 보면, 수마트라와 자바 섬의 지석묘 하한은 10세기까지는 내려간다고 볼 수 있다.

지석묘가 조상숭배와 유관하고, 서양문물(혹은 중국문물*)이나 외래의 고등종교가 유입되면 쇠퇴한다는 것이 한반도나 숨바 섬이 동일하다. 그러한 점에서 발리 섬과 숨바 섬을 비교할 필요가 있다.

발리 섬은 자바 섬 바로 동쪽에 자리하며, 숨바 섬은 발리 섬으로부터 동쪽으로 약 400km 이격되어 있다. 발리 섬에 금속기문화가 전래된 것은 기원전 3세기경일 가능성이 높다. 발리 섬에서는 기원전 3세기부터 옹관이나 석관에 죽은 자를 매장하고 청동기 · 철기를 만들었고 벼농사를 지었을 것으로 추정되고 있다. 발리 섬에서는 금속기시대의 토광묘와 옹관묘가 확인된다. 발리 섬과 같은 옹관이 서자바, 남수마트라, 중남부 술라웨시, 렘바타, 동숨바 해안지역에서 발견되었다. 토기 모양이나 제작 기법은 중부 베트남이나 필리핀에서 기원전 1,500년에서 기원후 1천 년에 걸쳐서 이어진 토기문화와 연결되는 것이다(가종수 2010: 56-62).

그리고 발리 섬 내륙부 각지에서는 큰 돌을 가공해서 만든 석관이 발견되었다. 발리 섬의 석관은 금속기시대의 묘제이지만 그 연대에 대해서 발리박물관에서는 기원전 600년부터 기원후 800년이라고 설명하고 있다(가종수 2010: 56-62).

따라서 수마트라와 자바 섬의 지석묘가 종말을 고하기 전인 기원전 10세기

* 한반도 지석묘 사회의 종언과 관련하여 중국 전국시대의 철기문화의 유입과 중국 한무제에 의한 한사군의 설치와 관련짓는 견해는 참고할 만하다(김병모 1981).

이전에는 자바 섬 동쪽으로 지석묘가 파급되기 시작했을 것이다. 다만, 숨바 섬의 지석묘 문화가 플로레스 섬을 거쳐 파급되었다는 점을 염두에 두면 소순다열도에서 비교적 늦게 지석묘가 축조되기 시작했을 것이다.

아울러, 전술한 바와 같이 발리 섬이나 동숨바의 옹관묘 하한이 기원후 1천 년경이고, 현재는 숨바 섬에서 옹관묘가 전혀 사용되고 있지 않음을 보면 옹관묘와 거석문화가 계기적으로 교체되었을 가능성이 높다. 그러한 점에서 가설적이지만, 숨바 섬의 지석묘의 상한을 잠정적으로 기원후 1천 년으로 상정한다.

이와 더불어, 고등종교의 파급 상황을 주목할 필요가 있다.

4~5세기경 이후가 되면 자바 섬과 함께 발리에도 인도문화가 서서히 영향을 미치기 시작한다. 동남아시아 대륙이나 인도네시아 제도에 힌두교가 전파된 것은 인도 문화의 전체적인 확장에 의한 것이다.

5세기 후반 이후부터 불교와 힌두교가 발리 섬에 들어와 뿌리를 내리기 시작했다고 추정된다. 자바에서 가장 오래된 비문을 통해 5세기경부터 힌두교가 자바에 전해진 것은 확실하다. 발리에서 8세기부터 인도문화가 널리 퍼지고 있었던 것이 비문에 의해 알려져 있지만 본격적인 힌두교화(자바 힌두교)는 10세기 말의 커디리 왕조(동부 자바) 지배하에 들어간 시대 이후부터라고 추정된다(가종수 2010: 69-79).

이러한 맥락에서, 수마트라와 자바 섬의 지석묘 하한이 10세기 무렵이라는 것은 5~10세기 무렵의 힌두교와 불교 등의 고등종교의 파급과 무관하지 않다.

요컨대 자바 바로 동쪽의 발리 섬에는 지석묘 문화가 파급될 무렵에 고등종교가 전래되어 조상숭배와 관련한 지석묘 문화가 정착하지 못한 것으로 파악된다.

숨바 섬의 지석묘 상한과 관련하여 또 하나의 가설을 설정해 본다. 즉, 수마트라, 자바에서 전파된 지석묘 문화가 그 다음 전파 루트인 발리 섬에는 정착하지 못하고 플로레스 섬이나 숨바 섬에서 성행하여 현대까지 지석묘 축조가 이어지고 있다.

요컨대, 발리 섬에서는 수마트라 · 자바에서 파급되던 지석묘가 축조되지 못한 것은 5~10세기 무렵에 고등종교인 불교와 힌두교의 파급과 무관하지 않을 것이다. 이에 비해 고등종교가 19세기 이전까지 거의 파급되지 않았던 플로레스와 숨바 섬 등지에서는 조상숭배와 밀접한 관련이 있는 거석문화가 10세기 무렵부터 수용되고 활발히 축조되었던 것으로 보인다.

특히, 숨바 섬의 지석묘가 가장 늦은 시기까지 존속한 것은 다음과 같은 역사적 사실과 무관하지 않다.

숨바 섬은 인근의 티모르 섬이나 플로레스 섬과 비교하면 해외와의 교역이나 영향을 적게 받았던 섬이다. 숨바는 동인도네시아의 해역을 항해한 유럽 사람들에게 그다지 주목받지 않았다. 네덜란드 항해자들은 1613년에 처음으로 숨바 주변의 해역에 등장하지만 그 이후 주로 티모르 섬을 무대로 포르투갈과의 사이에 세력 다툼을 펼쳤다. 또한 18세기 초엽까지 네덜란드의 항해자들은 숨바 섬에 별로 관심이 없었다(가종수 2009: 89).

숨바인들의 전설에 따르면, 숨바인들의 조상은 숨바와 섬이나 플로레스 섬에서 숨바 섬 북쪽의 사사르로 이주한 후 점차 동쪽과 서쪽으로 퍼져 정착했다고 한다. 숨바는 19세기까지 파라잉(중핵마을)과 코다크(분촌)로 구성되었으며, 파라잉은 촌락 간의 전쟁을 대비해서 산 중턱이나 정상에 위치하고 있었다. 1906년 동숨바에 네덜란드 식민지 통치가 확립된 뒤 이러한 고지 마을의 건설이나 파라잉 간의 전쟁이 금지되었다(가종수 2009).

최근, 숨바 섬에서는 오래된 산정의 파라잉에서는 새로운 지석묘의 축조가 미미하고, 평지에서 많은 지석묘들이 축조되고 있다.

숨바 섬의 지석묘는 1900년대 이후에 가장 많이 조영되어, 최근 20~30년 동안 전체 지석묘 중 절반 정도가 축조된 것으로 알려져 있다(가종수 2009; 요시다 야스히코 2009).

이러한 점을 고려하면 숨바 섬의 지석묘는 20세기 이후에 폭발적으로 증가한 셈이다. 실제로 고지보다는 평지에 지석묘가 밀집되어 확인되고 있으므로 식민지 통치 이후에 훨씬 많은 지석묘가 축조되고 있음을 알 수 있다.

숨바인들의 조상이 처음 정착했다는 사사르 반도의 움부 마을의 지석묘는 개석식이나 변형 개석식, 위석식 등의 비교적 이른 단계의 형식만 확인되고, 늦은 단계의 주형 지석(柱形 支石)을 가진 지석묘는 거의 확인되지 않는다. 이에 비해 20세기 이후에 평지에 조성된 지석묘에서는 주형 지석의 지석묘나 시멘트로 제작된 변형 지석묘들이 분포하고 있다.

추가장 문제

한반도에서는 단독장이 일반적이며, 추가장은 매우 이례적이다. 추가장(횡구식)으로 추정되는 예로는 합천 저포 지석묘나 대구 상동 4-6호 지석묘 정도가 알려져 있다. 대구 상동 4호 지석묘는 북단벽을 천석(川石)으로 마감한 후, 그 외연으로는 자갈을 채워넣어 입구를 폐쇄한 것으로 추정된다(김광명 2004: 203). 저포리 E지구에서는 한 벽의 축조 방법이 다른 세 벽과 완전히 다를 뿐만 아니라, 횡구부의 폐쇄석처럼 보이는 구조가 확인되었다. 그리고 평안북도 묵방리 유적에서는 평면 형태가 방형에 가까운 장방형 매장 공간의 한 쪽에 치우쳐서 입구와 같은 시설이 설치되어 있다. 이러한 유구들의 매장방법이 횡구식이었는지, 축조는 횡구식으로 하였지만 실제 매장은 수혈식으로 하였는지는 명확하지 않다(이상길 2003: 4).

요컨대, 한반도의 경우, 단독장이 주류를 이루고 추가장이 극히 희소하다고 볼 수 있다. 실제 인골의 출토 양상도 그러하다.

이에 비해, 전통적인 숨바 섬의 지석묘 사회에서는 기본적으로 추가장이며, 조손(祖孫)이 같은 지석묘에 묻히는 풍습이 있다. 즉, 전통적인 방법으로 지석묘를 축조하면, 긴 시간이 필요하여 2차장이 일반적이었다. 다만, 최근에 인도네시

지상식의 석관형 (라텐가로)

횡구식 매장주체부 (랑가바티)

아 정부에서는 3일 이내에 시신을 매장하도록 권하고 있어 현재의 숨바 섬 장례는 대부분 1차장이다. 기존의 지석묘를 재이용하거나 시멘트제 지석묘를 사용하면 3일 이내에 매장이 가능하다(가종수 2009).

이러한 차이는 다음과 같은 측면에서 접근해 볼 수 있다.

먼저, 한반도 지석묘의 피장자가 전체 주민 가운데 일부만 묻힌 것으로 파악되고 있는 데 반해, 숨바 섬의 지석묘는 모든 계층이 매장된 것과 관련지어 볼 수 있다. 즉, 숨바 섬에서와 같이 많은 수의 시신을 매장하기 위해서는 추가장이 합리적이다. 다시 말하면 모든 계층이 매장되면서 공간의 부족을 해소하려는 의도와 2차장의 유행을 생각해 볼 수 있다. 2차장을 행하면 시신의 부피가 줄어들기에 여러 명이 하나의 매장 주체부에 들어갈 수 있을 것이다. 특히, 서숨바에서는 지상식의 석관형이 많아 추가장이 용이한 구조이다.

둘째, 기술적인 면도 고려해 볼 수 있는데, 숨바 섬의 지석묘는 금속기시대 이후의 무덤으로 파악되고 있기에 무덤 구조상 한층 더 발전된 횡구식의 개념이 유입되어 있었을 것이며 석재가 연약하여 석관의 축조가 용이한 점도 고려할 수 있다.

침향

숨바 섬의 지석묘 사회에서 침향(枕向)은 대개 북향(北向)으로 정형화되어 있다고 알려져 있다. 프루레우나 카왕고 지석묘가 대표적인 예인데, 모두 북향을 한다. 이는 숨바 섬 주민들의 조상의 기원에 대한 관념과 관련되어 있다. 즉, 숨바 섬 각지의 전설을 종합하면, 숨바 주민의 조상은 섬의 최북단에 있는 사사르 반도에 처음 정착하였다(도면 2 참조). 그래서 사사르 반도가 그들의 발상지가 되었고 현재도 사후 영혼의 귀결처로 믿고 있다(가종수 2009).

그렇다고 숨바 섬의 지석묘 모두가 북향을 하는 것은 아니다. 이는 지형을 감안한 축조라는 것을 의미하며, 등고선 방향으로 장축(렬)을 유지하는 것이 축조에 용이하기 때문이다. 특히, 최근에는 서구화가 이루어지면서 침향에 대한 의식이 흐트러지는 양상이다.

이에 비해 한반도에서의 침향에 대한 견해는 몇 가지가 제시된 바 있다. 먼저, 김원룡은 선사시대에는 동침이 압도적인데 이는 해가 뜨는 방향과 햇빛이 비쳐주는 방향이 생명을 부활시킨다는 사상에서 비롯된 것으로 보았다(김원룡 1974).

한편, 이융조는 중부지역 지석묘 발굴조사 성과를 근거로 지석묘의 침향이 일정한 방위보다는 유적의 지형적인 조건에 따라 정해진 것으로 보았으며 강과 밀접하게 관련된다고 파악하였다(이융조 1980). 그리고 지건길은 지석묘가 군집을 이루고 있는 경우 대개 하류(河流)나 산맥(山脈)의 방향을 따라 일렬 또는 수열을 이루게 되며 개개 지석묘의 장축은 대부분 지석묘의 배치방향, 즉 하류나 산맥의 방향과 일치되는 것이 일반적이며, 이는 자연방위에 대한 개념보다는 주위의 지세가 보다 강하게 작용한 것으로 보았다(지건길 1983).

하지만 이러한 일반론과 상이한 경우도 있다. 즉, 지형과 무관하게 좁은 공간에서 직교하는 경우가 그러한 예인데 이에 대해서는 혈연상의 친연관계나 위계성을 나타낸다는 견해는 주목할 만하다. 예컨대, 여수 화장동 대통유적의

24-27호 지석묘는 비파형동검이 출토된 26호를 중심으로 24호와 25호가 직교하는 방향으로 연접하고 있다(이동희 2002).

군집과 열의 의미

한국이나 숨바 섬에서 공히 열을 짓는 지석묘군들이 확인되며, 일정한 방향으로 형식 변화가 관찰되며 그것은 시간성을 반영하는 것으로 파악된다.

이와 관련하여 숨바 섬의 대표적인 중핵마을인 린디 지석묘군을 살펴보자. 린디 마을의 지석묘군은 3열을 보이는데 북동쪽에서 서남쪽으로 축조되고 있다. 중심열이 길며, 나머지 양쪽 가장자리 열은 짧은 편이다. 중심열은 가장 웅장하면서 씨족의 종손계열이 무덤을 축조하고 있다.

린디 마을에는 직계 종손의 8촌 정도까지만 남고, 나머지 방계는 분촌화하여 별도의 지석묘군을 축조한다고 한다. 전술한 바와 같이 전통적인 숨바 섬의 지석묘 사회에서는 기본적으로 조손이 같은 지석묘에 묻히는 추가장을 행하였다. 경제적으로 부유하지 않으면 대개 조부모 무덤에 매장되지만, 부(富)나 권위(權威)가 있는 사람은 새로운 지석묘를 만들기도 한다.

이러한 군집(群集)과 열(列)의 양상은 한국 지석묘 사회의 연구에도 시사하는 바가 크다. 숨바 섬 지석묘의 인류학적 자료를 원용해서 한국 지석묘 사회에 적용해 볼 수 있다.

즉, 숨바 섬과 같이 지석묘가 밀집된 전남지방의 경우, 일정한 공간, 예컨대 1개 동리에 3~4개의 지석묘군이 있을 때, 지석묘군이 많고 부장품이 풍부한 경우가 모촌(母村)이며, 지석묘 수가 적은 군집이 분촌(分村)의 무덤으로 볼 수 있다. 아울러 단위 지석묘군 내에 여러 열이 있을 때 가장 긴 열이 친족집단의 종손(宗孫)계열과 관련된 무덤일 것이라는 점이다.

린디 마을 지석묘의 배치 상태

지석묘 열과 관련하여, 최종규는 북미 인디언인 이로쿼이족의 매장 풍습을 원용하여 사천 이금동 지석묘 유적의 열구조를 파악하고자 하였다. 즉, 북미 인디언 사회에서는 부부일지라도 출자(出自)를 달리할 경우 공동묘지의 다른 열에 소속되며, 각 열은 모계원리에 의해 이루어진다는 점을 주목하였다(최종규 2003).

그런데 인도네시아 숨바 섬의 경우, 부계 씨족 공동체로서 부부가 같은 열에 소속된다. 지석묘 축조사회가 기본적으로 가부장적 씨족 공동체 사회로 보면 한반도 지석묘 사회도 인도네시아와 같은 매장원리를 가졌다고 보는 것이 합리적일 것이다.

묘역과 주거공간의 위치

숨바인의 사생관에 의하면, 사람들은 촌락 안에서 죽은 사람이나 조상의 영혼과 공생하고 있다. 산 사람은 죽은 사람을 위해 돌멘의 거석분묘를 조영하고, 그 안에 유해를 안치함으로써 드디어 죽은 사람의 이 세상에서의 생활이 끝났다고 간주한다. 죽은 사람의 영혼은 분묘에 안치되는 것에 의해, '조상의 영혼이 사는 정신세계'에서 되살아난다고 생각하고 있다. 분묘를 만드는 것은 이 세상에 살아남은 사람들이 죽은 사람을 위해 행하지 않으면 안 되는 의무의 하나이다(요시다 야스히코 2009).

이와 같이 숨바인은 삶과 죽음이 연계선상에 있는 일체관을 가지고 있다. 실제로 주거공간 내에 조상의 묘역을 만들고 있다.

숨바인에게는 죽음의 공간이 삶의 공간과 별개가 아니라 같이 영위되는 것이다. 따라서 그러한 관념이 추가장을 가능케 한 것으로 보인다. 조손 단위로 여러 세대에 걸쳐 계속해서 추가장하는 것은 사자(死者)가 두려움의 대상이 아니라 후손과 공생한다는 관념의 소산으로 파악된다.

한편, 한국에 있어서 지석묘는 주거공간 내에 있는 것이 아니라 일정한 거리를 두고 떨어져 있어, 무덤과 주거공간이 혼재하는 숨바 섬과는 관념이 상이함을 알 수 있다.

이와 관련하여 한국 지석묘의 장법을 살펴볼 필요가 있다. 석실 규모로 본 전남지방의 장법을 보면 신전장 40.1%, 굴장 42.2%, 세골 · 유아장 17.7%이다(이영문 2002: 338-342). 굴장 〉 신전장 〉 세골장 · 유아장 순이다. 이는 기본적으로 2차장(세골장)을 하는 숨바 섬과는 차이를 보인다. 한국에서는 굴장(屈葬)이 가장 많은 비율을 차지한다는 점이 주목된다. 굴장은 다음의 몇 가지 이유 때문에 행해진다고 한다. 즉, ① 운반에 편리하고 묘혈(墓穴)을 파는 노동력이 절약되며, ② 손이나 발을 굽히는 것은 당시 잠을 자거나 휴식을 하는 자세이고, ③ 모태 안에서의 자세이며, ④ 죽은 자나 혼의 활동을 구속하기 위함이다(渡邊照宏 1959).

이들 굴장의 목적 가운데 '죽은 자나 혼의 활동을 구속하기 위함'은 죽은 자를 두려움의 대상으로 보고 주거공간과 묘역을 구분하는 관념이 될 수 있다.

요컨대, 추가장을 하는 숨바 섬은 세골장이 주류이며, 단독장을 하는 한국에서는 굴장이나 신전장이 대세를 이룬다고 볼 수 있다. 이러한 장법의 차이는 주거와 묘역 공간과도 밀접한 관련성이 있을 것으로 보인다.

피장자와 계층구조

숨바 섬

숨바 섬은 초창기의 모습은 뚜렷하지 않지만 20세기에는 계층사회인 상태에서 지석묘가 축조되었다. 계층화가 20세기 네덜란드 식민지 이후에 뚜렷이 진전되었다.

특히, 동숨바는 왕족과 귀족인 마람바, 사제 라토, 평민 카비후, 노예 아타 등으로 나뉜다. 각각의 계층에 속하는 구성원은 각각의 계층에 속하는 역할이 존재하고, 지배계급(왕족, 귀족, 사제)을 중심으로 하는 촌락생활을 영위한다. 이 계층 구분은 세습적인 것으로 각 계층 간에 신분이동은 거의 불가능하다. 네덜란드 식민지 영향이 미약했던 서숨바는 동숨바에 비해서 비교적 평등사회에 가깝다(가종수 2009: 106).

무덤은 계층별로 구분된다. 예컨대, 동숨바 린디 왕국의 프라이야왕 마을은 왕족만이 모여사는 마을*로서 거대하면서도 장식된 지석묘가 열지어 분포한다.

* 마을 안에는 두 채의 전통가옥과 여덟 채의 왕족의 집이 있고, 약 100명(2005년 기준)의 주민 대부분은 전통 종교 마라푸신앙을 믿고 있다. 1912년의 린디 왕국에는 전 인구의 약 3분의 1에 해당하는 1,198명의 노예가 있었다고 한다(가종수 2009: 124).

프라이야 왕 지석묘 (린디 왕족 마을)

린디 평민촌의 지석묘

숨바 섬 지석묘 3유형 (요시다 야스히코 분류안)

이에 비해 마을에서 얼마간 떨어진 평민마을의 지석묘는 소형이며 장식이 없는 지석묘이다.

요시다 야스히코는 숨바 지석묘를 3가지 유형으로 나누고 있다. 즉, ① 네 개의 지석 위에 상석이 올라가는 형식, ② 상자식 석관에 상석으로 뚜껑을 얹은 형식, ③ 네 개 이상의 자연석을 지석으로 하고 한 장의 상석이 올려진 형식 등이다. 동숨바에서는 수장과 귀족의 분묘로 많이 사용되는 것이 ①유형이고, 평민의 분묘에는 ②유형, 노예 분묘에는 ③유형을 사용하는 것이 일반적이다(요시다 야스히코 2009: 272).

이러한 유형 분류는 20세기 이후의 현상을 기준으로 한 것이므로, 그 이전의 양상을 파악할 필요가 있다.

이와 관련하여 주목되는 것이 ③유형인데, 소위 개석식으로 축조가 비교적 용이한 형식이다. 그런데 숨바 섬에서 중핵마을이면서 첫 마을로 인정되고 있는 움부 마을에서 이 유형이 가장 많으며, 개석식 이외에는 여러 판석으로 상석을 받치는 형식 정도이다.

움부 마을은 최근 몇십 년간 새로운 지석묘를 축조하지 않고 기존의 지석묘에 추가장만 지속하고 있으므로 그 원형이 가장 잘 남은 지석묘군집이라고 볼 수 있다. 움부 마을이 라자 계층이 있었던 지배층의 분묘 형식이라면 잔존 형식은 요시다 야스히코의 분류와는 부합되지 않는다. 다시 말하면, 개석식은 이른 양식으로 계층화 진전이 미약하던 당시의 상황을 의미한다. 따라서 19세기까지만 해도 3~4계층의 분화는 없었다고 보는 것이 합리적이다.

실제로, 숨바 섬에서 가장 이른 움부 마을에서 가장 이른 단계의 개석식 지석묘가 주류를 이루고 있는데, 다른 마을에 비해 개석식이 월등히 많은 편이다. 그리고 숨바 섬에 도래하기 이전의 플로레스 섬에서도 개석식 지석묘의 비율이 80% 이상이라는 것은 시사하는 바가 크다.

이러한 점에서 요시다 야스히코가 분류한 것은 20세기 이후의 지석묘 유형과 계층 상황을 의미하는 것으로 볼 수 있다. 그 상한은 20세기 초에 숨바 섬에 행정도가 설치된 후, 네덜란드 식민지 정부 비호로 '라자'의 권력기반이 강화된 것과 관련될 것이다.

1개 소왕국의 중핵마을인 프라이야왕 마을에는 지금도 왕의 후손들에 의해 지석묘가 축조되고 있다. 경제적으로 여유가 없을 때에는 조부묘에 합장되고, 여유가 있으면 새롭게 지석묘를 축조하기도 한다. 마을 중앙에 매장 공간이 자리하고 그 양쪽으로 2열로 가옥들이 열지어 있다. 매장 공간은 대개 3열인데, 북동쪽의 이른 단계에는 개석식이 많고 서남쪽으로 올수록 대형화되고 장식물이 부가된 방주형 지석(方柱形 支石)을 갖춘 지석묘들이 확인된다.

린디 왕국의 왕족마을인 프라이야왕 마을의 지석묘군은 북동쪽에서 서남쪽으로 축조가 진행되는데 초기의 지석묘는 소형 개석식이 다수를 점하고 있다.

이는 린디 왕국이 20세기초 이전에는 그 권한이 강력하지 않았으며 계층 분화가 미약했음을 시사한다. 이러한 맥락은 앞서 살펴본 움부 마을에도 그대로 적용된다.

인도네시아공화국이 성립한 이후에 조성된 지석묘가 전체의 반이 넘는다는 견해(가종수 2009)를 참고하면, 20세기 이후의 것이 다수를 차지하는 것은 틀림이 없다.

숨바 섬이 1949년에 인도네시아공화국에 포함된 이후, 전근대적인 신분사회가 해체되어가는 상황과 지석묘 수의 폭발적인 증가는 밀접한 관련이 있을 것으로 보인다. 다시 말하면, 19세기 이전에는 노예층의 지석묘 축조는 어려웠을 것으로 추정된다. 움부에 그대로 적용하면 움부에는 중핵마을 중심부에 노예층의 지석묘 형식이 다수를 차지하는 불합리성이 발견된다.

이상과 같이 현재 알려진 계층구조로는 숨바 섬 지석묘 사회의 원초적 모습을 알 수 없다. 따라서 동숨바에 비해 네덜란드의 영향이 미약했던 서숨바를 주목할 필요가 있다. 다시 말하면, 서숨바는 네덜란드 식민지의 영향이 동숨바에 비해 늦었기에 비교적 그 원형이 잘 남아있다.

"서숨바의 마을은 여러 씨족으로 구성된 마을도 있지만, 코디와 와이제와와 같이 단일 씨족으로 구성된 마을도 있다. 이러한 단일 씨족으로 구성된 마을이 서숨바 사회의 원형일 것으로 추정된다. 네덜란드 식민지 정부에 의해서 19세기 이후에 형성된 '라자'의 직을 제외하면 종교적 권위를 가진 라토(Rato: 신관이면서, 출신 집단의 장)*의 체계만 있다. 즉, 서숨바에서 마을을 넘어서는 단계의 정치적 지배자는 존재하지 않고 단지 종교적인 권위를 가진 순위매김된 라토만이 존재했다. 라토는 여러 가지 금기가 부여되어 적극적으로 정치적 권력을 행사하는 지배자가 될 수 없었다. 이러한 종교적 금기로 인해 라토는 정치적 권력자인 라

* '라토'라는 말은 신관이라는 의미와 더불어 충분히 경험을 한 양식있는 인물로서, 의례의 진행과 그 과정에서 필요한 마라푸계와 교신을 도모하는 제사장으로 알려져 있다(가종수 2009: 107).

자가 될 수 없었다. 서숨바에는 동숨바의 귀족층에 대응하는 계층이 없고 경제적 · 사회적인 계층분화가 이루어지지 않은 비교적 평등한 사회로 보고되고 있다. 하지만 평등한 사회로 보이는 서숨바에도 신관과 평민 사이에는 엄연한 신분적인 구별이 있었고, 노예도 존재했다. 서숨바에 정치적으로 큰 세력을 가진 왕국은 존재하지 않았지만 신관, 평민, 노예라고 하는 신분제도는 인정하지 않으면 안 된다. 서숨바는 20세기 초두에 식민지 정부에 의해서 라자를 중심으로 한 정치체계가 형성되었고 일부 지역에서는 정치적 수장이 존재하지 않는 비교적 평등한 사회 질서가 유지되었다. 동숨바에는 각각의 수장사회에 수장(라자)이라고 하는 세습직이 존재했으며, 수장은 여러 촌락을 포함한 영역을 지배하고, 수장사회를 구성하는 모든 씨족에게 권위를 행사했다. 사회질서는 계층사회로 수장이 속하는 씨족은 귀족층을 구성하며, 그 이외의 평민층 씨족과의 사이에 상징적 · 사회적 · 경제적인 계층분화가 강화되었다. 숨바 사회가 보다 중앙집권적이고 계급사회로 변화한 것은 네덜란드 식민지 정부의 정치적 관여에 의한 결과였다(가종수 2009: 102-103)."

이상의 견해와 같이 외세의 영향 이전 단계의 서숨바에서는 동숨바와 달리 신관, 평민, 노예라는 계층이 성립되어 있었다. 이를 한국 지석묘 사회에서 유추해 보기로 하자.

한국 지석묘의 피장자*

우리나라 지석묘 사회의 발전 단계에 대한 견해는 두 가지로 대별된다. 첫째, 지석묘는 사회의 모든 성원들이 그들의 묘제로 이용했다는 견해로서 사회적 계층화가 진전되지 않은 평등사회를 구성하고 있었다고 보는 것이다(지건길 1983; 이남석 1985; 송화섭 1994; 노혁진 1997). 둘째, 지석묘 사회를 계급사회인 족장사회 단계로 보는 견해이다(최몽룡 1981, 홍형우 1994, 최정필 1997, 유태용 2000). 이러한 견해차는

* 우리나라 지석묘의 피장자에 대해서는 필자의 논문(이동희, 2007)을 주로 인용하였음을 밝혀 둔다.

현재까지도 지속되고 있다.

지석묘 사회가 평등사회였다고 주장하는 학자들은 지석묘 출토 부장품 가운데 사회적 계층화를 가리키는 유물이 없다는 점을 근거로 삼고 있으며, 지석묘가 집단 구성원들이 자발적으로 참여한 협동작업에 의해 축조되었으며 일반 주민들의 무덤으로 사용되었을 것으로 보고 있다.

하지만, 모든 성원들이 지석묘를 그들의 묘제로 사용했다는 주장에도 동의할 수 없다. 이에 대해 상술해 보면 다음과 같다.

최근의 연구에 따르면 지석묘는 경기도 502기, 강원도 338기, 충북 189기, 충남 478기, 전북 1,597기, 전남 1만 9,068기, 경북 2,800기, 경남 1,238기, 제주도 140기, 북한 3,160기 등이 확인되었다(최몽룡 외 1999).

이 가운데 전남지방의 지석묘는 다른 지방에 비해 특이하게 조밀하여, 거의 자연부락별로 하나 정도의 군집을 보이고 있다. 하지만 당시에 마을마다 지석묘가 있다고 해서 누구나 지석묘의 피장자가 되는 것은 아니다.

청동기시대의 단일 취락의 평균 호수를 15기 정도로 상정하고*, 한 시점의 마을 주민 수를 계산해 보면 75명 정도이다(15가구×5명=75명). 핵가족인 경우에 2세대를 상정한다면 1개 마을의 한 세대(世帶)는 75명의 절반인 약 38명이다. 적어도 6세대(世代) 이상 지속된 적량동 지석묘(이영문 · 정기진 1993)의 경우, 한 세대당 38명의 주민 중에서 3~7명이 매장되었다면 그 비율은 20% 미만이다. 만약 적량동 지석묘군을 축조한 집단의 취락이 20~30동이라고 가정한다면 피장자의 비율이 10%에도 미치지 못하므로 지석묘군에 피장되는 숫자가 한층 더 줄어드는 셈이다. 아무튼 마을주민의 일부만 지석묘에 묻힐 수가 있다는 결론에 도달한다.

한편, 최근 단위지역에 대한 전면적인 조사가 이루어진 남강유역(동아대박물

---

* 지금까지의 연구성과를 보면, 청동기시대에 소촌(小村)인 경우 10동 내외, 중심취락인 촌(村)의 경우에는 20~30여 동이거나 그 이상이라고 한다(이희준 2000a; 이희준 2000b).

관 1999)을 보면, 청동기시대 주거지는 총 520기이고 묘는 180여 기이다. 1기의 주거지를 한 세대(世帶)로 보면 해당 지역에는 대략 2천~2천 500명 정도의 인구가 추산된다. 무덤의 숫자는 예상 인구의 10분의 1에도 못 미치므로 묘를 당시 일반 구성원의 무덤으로 볼 수 없다는 결론에 도달한다(김광명 2001).

그러면 일반인들의 묘제는 어떠하였을까? 이에 대한 명확한 자료는 없지만, 다음과 같은 견해를 참고해볼 수 있다. 즉 세형동검이 부장된 분묘의 주위에는 여타 매장시설이 보이지 않는 경우가 대부분이어서, 일반 성원들은 간단한 토광묘에 묻혔거나 아니면 별다른 매장시설도 없이 처리되었을 것으로 보고 있다(권오영 1996). 따라서 세형동검문화기와 큰 시기 차이가 없는 지석묘 단계에서도 낮은 지위의 사람들은 별다른 매장시설 없이 처리되었을 가능성이 높다.

요컨대, 지석묘의 피장자는 청동기시대의 주민 중 일부 계층에 한한다고 볼 수 있다.

그러면, 하나의 군집 내에서 존재하는 매장주체부의 크기와 부장품의 차별성은 무엇을 의미하는가?

예컨대, 여수 화동리 안골 지석묘군의 경우, 3~4기 단위별로 석검이 출토되는데, 이는 적량동의 동검 출토양상과 유사하다. 석검이 출토되는 묘곽은 다른 묘곽보다 대형이거나 중심되면서 석관형보다는 석곽형이다. 필자는 세대공동체의 장이 대개 지석묘의 피장자라고 판단한 바 있다(이동희 2002). 그래서 단위 지석묘군에서 3~5기 단위별로 연접해 있는 경우, 피장자는 동일세대의 세대공동체의 장으로 볼 수 있다. 거기서 석검이나 동검 같은 위신재가 출토되는 석곽은 대개 1기이므로 이 1기의 피장자는 여러 세대공동체에서도 지도자격이므로, 1개 친족집단의 우두머리 정도(大人)로 파악된다. 대인(大人)은 혈연적 지위에 의한 제한적 · 비공식적 지도자라고 할 수 있고, 제사를 주관하는 제사장으로서의 권위는 오랜 씨족사회의 전통에 기반을 두고 있다고 볼 수 있다(김병곤 2002).*

---

* 『三國志』「挹婁傳」, "…無大君長 邑落各有大人…", 읍루(挹婁)의 경우, 일찍이 부여에 복속되었으며

여기서 한국과 숨바의 지석묘 사회를 비교해 보자.

전술한 바와 같이 비교적 평등한 사회로 보이는 서숨바에도 신관과 평민 사이에는 신분적인 구별이 있고, 노예도 존재했다고 한다. 신관이 같은 친족집단 내에서의 지도자로 본다면 평민층과 동일한 묘역 내에 존재한 것으로 파악된다.

이를 한국 지석묘 사회에 적용해 보면, 지석묘에 매장되지 않는 계층(숨바의 노예층)이 있고, 신관은 한국 지석묘 사회에서 매장주체부나 부장품에서 상대적으로 우월한 무덤에 해당할 것이며, 나머지 무덤은 일반 평민에 해당할 것이다.

한국 지석묘 사회의 계층구조

그럼 한국 지석묘 사회의 계층구조를 상술해 보기로 한다.

한국 청동기시대에 있어, 지석묘-석관묘-토광묘 순으로 신분적인 차이를 반영한 것으로 보는 견해가 제시된 바 있다(이영문 1999). 그런데 이러한 구분은 전남지방에 비해 지석묘가 상대적으로 적고, 타묘제(석관묘 · 옹관묘 · 토광묘)가 비교적 많이 확인된 충청 · 전북 · 영남지역에서는 가능하다.* 예컨대, 부여 송국리 석관묘에서는 비파형동검이 출토되어 상층의 무덤임을 보여주며, 그보다 하층의 무덤은 송국리에서 북쪽으로 2.5km 떨어진 탄천면 남산리에서 확인되었는데, 유물이 빈약하고 묘제도 석개토광묘, 토광묘, 옹관묘 등이다. 이는 충남 일대에서는 상하층 간에 묘제와 무덤 구역이 차별성이 있었음을 시사한다(김길식 1994).

험한 자연 환경 속에 조그마한 읍락을 이루어 생활한 것으로 보인다. 대군장(大君長)이라고 하는 유력자는 어느 정도 성숙한 정치체계를 가진 사회에 존재하는 명호라면, 대인(大人)은 조그만 공동체 사회의 지도자를 일컫는 명호이다(김병곤 2002).

* 전남지방, 특히 전남동부지역은 지석묘 외에 청동기시대 묘제가 거의 확인되지 않고 있다. 남한에서 전남지방(약 2만 기) 다음으로 지석묘 수가 많은 경북 · 경남 · 전북의 경우 각기 3천 기 미만인데, 이는 면적에 대비하여 보아도 월등히 적은 수치이다. 전남지방의 인구가 타 지역에 비해 2배 정도 많다고 하더라도 10배 가까운 지석묘의 절대수는 쉽게 수긍이 가지 않는다. 이는 타 지역은 청동기시대 묘제 가운데 석관묘, 석개토광묘, 옹관묘, 토광묘 등의 비중이 상대적으로 높다는 점과 관련된 것으로 보인다(이동희 2002).

본고에서는 지석묘가 다른 지역에 비해 상대적으로 많고 발굴조사가 많이 이루어진 전남지방과 경남지방을 중심으로 지석묘 사회의 계층구조를 살펴보기로 한다.

특히, 전남지방은 타 지방과 달리 지석묘가 주묘제로 사용되었다는 점에서 인도네시아 숨바 섬과 비교할 수 있는 좋은 자료이다.

① 전남지방*

전남지방(특히, 전남동부지역)에는 석관묘 · 옹관묘 · 토광묘가 극히 드물어 이영문의 견해를 따를 경우에는 하위층의 분묘가 적은 숫자이고, 상위층이 많은 역 피라미드 형태가 되어 문제점이 노출된다. 따라서 지석묘가 집중된 전남지역에서는 그러한 구분이 곤란하므로, 지석묘군 내에서의 위계 설정이 필요하다.

이러한 맥락에서 보면, 전남지방을 제외한 타 지방에서는 지석묘(석관묘)를 상층에, 석개토광묘 · 토광묘 · 옹관묘 등을 중층에, 무덤이 없는 것은 하층으로 간주할 수 있다.

이에 비해 타묘제가 거의 없는 전남지방에서는 상층 아래의 계층도 일부 지석묘를 사용하였고, 다수의 하층만 무덤이 없었을 가능성이 크다. 이러한 점에서 보면 지석묘가 밀집된 전남지방과 타 지역과는 같은 지석묘일지라도 동일한 계층으로 볼 수 없다는 결론에 이르게 된다. 다시 말하면 지석묘가 상대적으로 적은 타 지방의 경우는 지석묘 피장자를 상층으로 보아도 무리가 없다는 것이다.

이러한 점을 고려하면, 전남지방 지석묘 사회의 위계를 다음과 같이 셋으로 구분할 수 있다.

➔ 상석이나 매장주체부가 크고, 위세품이 부장된 계층

➔ 석곽이 비교적 작으면서 부장품이 없거나 빈약한 계층

---

* 전남지방의 계층구조에 대해서는 필자의 논문(이동희 2007)을 주로 인용하였다.

➔ 지석묘에 매장되지 못하는 계층

지석묘가 청동기시대 모든 주민의 무덤이 아닌 상황에서, 유물이 출토되지 않은 석곽에 비해 동검이나 옥, 석검이 부장된 석곽묘의 존재는 하나의 집단 내에서도 부나 권위에 근거하여 한 세대를 대표하는 유력자가 있었음을 의미한다.

그런데 지석묘 사회를 3계층으로 명확히 구분하기에 미흡한 점도 지적될 수 있다. 즉 지석묘 사회는 지석묘에 피장된 자와 그렇지 않은 경우의 2계층은 뚜렷한 데 비해, 지석묘군집 내에서의 계층구분이 명확하지 않다. 예컨대 무덤의 크기나 형식, 유물에서 차이는 있지만 그것이 일률적이지 않고, 동일 묘역을 사용한다는 점에서 그러하다. 다시 말하면, 일반적인 지석묘군을 보면, 위세품을 가진 지석묘가 지석묘군집 내에서 두드러지지 않고 동일 묘역에 존재하는 경우가 적지 않다는 것이다.

이에 비해 2계층에서 3계층으로 발전하는 과도기 단계(여수 평여동 · 화장동 · 봉계동 · 적량동 지석묘 등)가 여수반도 동북부지역에서 주로 확인되고 있어 주목된다. 즉, 단위 지석묘군 내에서 특정 개인이나 소집단이 별도의 묘역을 만들고 A급 위세품을 부장한 예가 확인된다는 점이다. 예컨대 화장동 대통 지석묘군 24-27호, 여수 봉계동 월앙 d군, 적량동 상적 7호, 평여동 '나' · '다'군 등을 들 수 있다(이동희 2002).

이러한 계층 구분은 지석묘 사회의 후기(세형동검 문화기)에 가면 더 뚜렷해지는데, 이는 청동기시대 후기에 부와 권위가 확대 · 발전된 결과라고 하겠다.

이와 관련하여 보성 동촌리 지석묘(송의정 외 2003)에 대해 살펴보자. 세형동검 문화기에 해당하는 보성 동촌리 지석묘는 지석묘 사회 후기에 등장한 지배층의 무덤으로 판단된다. 동촌리 지석묘는 입지뿐만 아니라 일반적인 지석묘의 축조와는 그 양상이 판이하게 다르다. 즉 상석을 올린다는 점에서는 같지만 하부 매장주체부의 축조에 앞 단계의 지석묘와는 비교가 안 될 정도로 거대한 매장주체부와 적석을 조성하여 많은 노동력이 동원되었음을 알 수 있다. 도굴되었음에

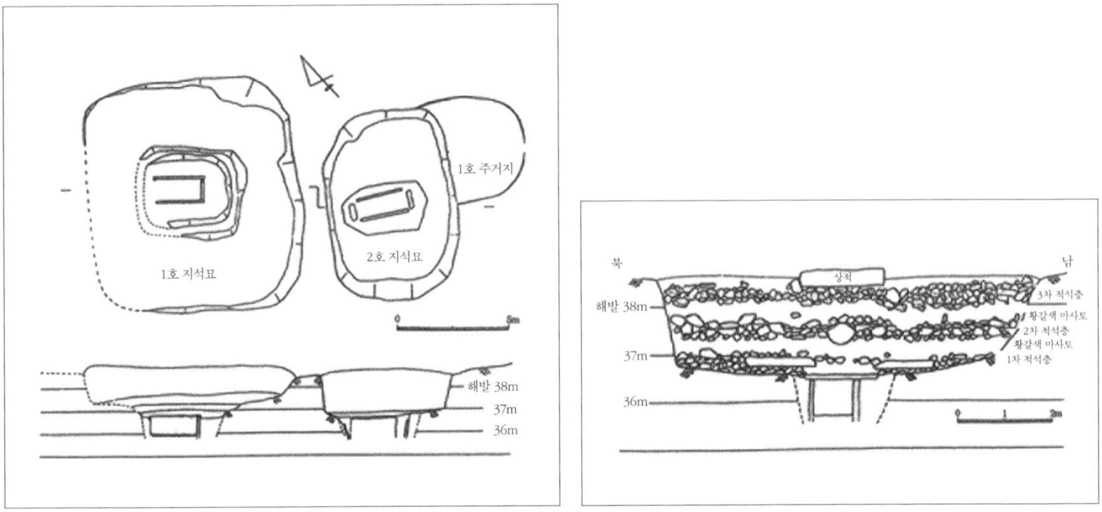

도면 3: 보성 동촌리 지석묘 유구 배치도(左)와 2호 지석묘 축조 모식도(右)

도 불구하고 40여 점의 관옥이 출토된 바 있다. 따라서 동촌리 지석묘의 피장자(세형동검 문화기)는 전 단계의 지석묘와 달리 읍락 수장의 전신(前身)으로 파악된다(도면 3).

이 유형은 지석묘 사회가 가장 발전된 단계로서 전 단계에 비해 계층구분이 분명해진다. 즉 동촌리 단계는 3계층이 명확해진다. 즉 일반적인 지석묘 군집과 이격되고 대규모 노동력이 동원된 소수의 대형 지석묘 피장자(동촌리 지석묘 유형) - 일반 지석묘 피장자 - 무덤 없는 자 등의 구분이 그것이다. 부언하면, 상위 1 · 2계층은 같은 묘제인 지석묘를 쓰더라도 입지와 내부구조 · 출토유물 등에서 뚜렷이 구분된다.

요컨대 지석묘 사회에서 보이기 시작한 맹아적인 3계층은 각기 원삼국시대의 대인(大人), 하호(下戶), 생구(生口)로 연계 · 발전한 것으로 보인다.*

---

* 都出比呂志는 초기국가를 검토하면서 三國志 魏志 倭人傳에 의거하여 大人, 下戶, 生口라는 계층을 설정하고 있다(都出比呂志, 1998; 深澤芳樹 2000). 우리나라로 보면, 원삼국시대 후기에 3계층이 존재했다는 것인데 전남지역 지석묘 사회에서도 그러한 계층구분의 맹아가 보인다고 할 수 있다.

한국 지석묘 사회에서 희미하게 확인되는 3계층은, 네덜란드 식민지 이전 서숨바 지석묘 사회에서의 신관 · 평민 · 노예라는 계층 구분과 연계해 볼 수 있다.

② 경남지방

경남지방은 전남지방에 비해 청동기시대 묘제가 다양하게 구분되므로, 계층화가 좀 더 뚜렷해 보인다.* 특히, 마산 진동리 유적(하승철 2008)의 경우, 청동기시대 늦은 시기에 한정되므로 계층화가 더 진전된 것으로 파악된다. 즉, 청동기시대 후기에 있어 진동리 유적은, 단위묘역에 상위층이 묘역식 지석묘, 중위층이 묘역이 없는 석관묘를 쓰고 있어 같은 권역 내에서의 계층분화로 파악할 수 있다. 이는 숨바 섬에서 상위층의 지석묘는 장식적이거나 규모가 크고, 하위층은 장식이 없거나 소규모인 것과 비교된다.

묘역식은 규모나 외관(경관) 면에서 아무런 부가시설이 없는 석관묘와는 차이가 크다. 산청 매촌리(이진주 · 고용수 2009)나 마산 진동리 · 진북, 진주 이곡리 등의 묘역식 지석묘의 예를 보면, 묘역식 지석묘와 그 주변의 일반 석관묘 사이에는 어느 정도 공간 분리현상이 확인된다. 시기차가 거의 없다고 보면, 동일지역에 상이한 묘역과 상이한 구조를 보이는 것은 위계차라고밖에 설명할 수 없다(도면 4).

같은 묘역 내에 묘역식 지석묘와 석관묘가 일정한 거리를 두고 인접하고 있는 것은 상호 밀접한 관련 속에 있음을 시사한다. 이는 부와 권위에서 차별성이 보이는 모촌과 분촌이 근거리 내에서 같은 묘역을 사용했다고 볼 수도 있지만, 중심부에 묘역식이 자리하고 주변부에 석관묘가 자리하고 있는 것은 계층차가 발현된 것으로 파악된다. 이를 종족의 차이로 보는 것은 어렵다.

이와 관련하여, 진주 내촌리 청동기시대 무덤을 주목할 필요가 있다. 이 유

---

* 전남지방과 달리 경남지방에는 석관묘나 토광묘가 확인되기에 청동기시대에 지석묘-석관묘-토광묘 순으로 신분적인 차이를 반영했다는 견해가 유효하다고 하겠다(이영문 1999).

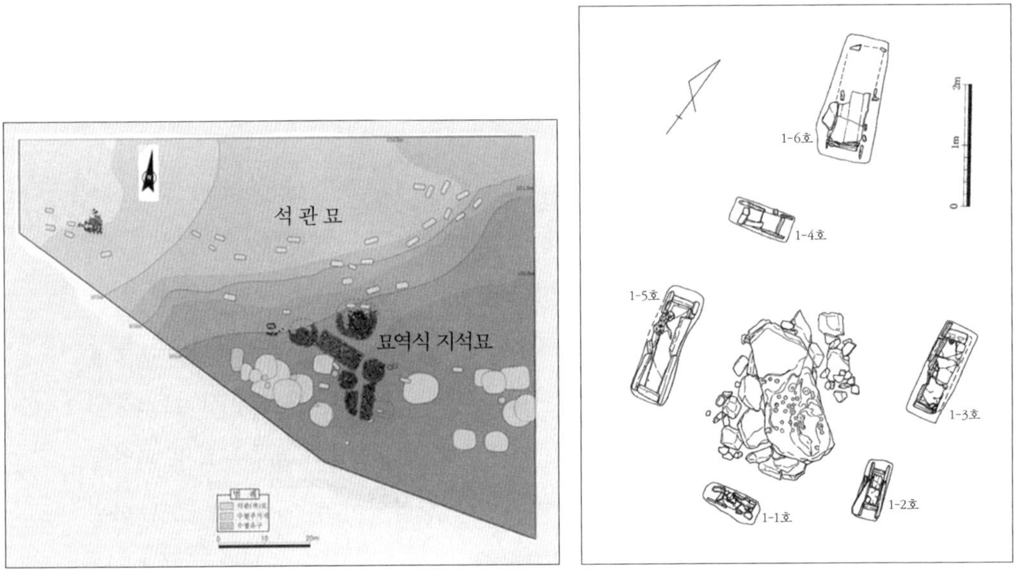

도면 4: 산청 매촌리 유적(左) 및 진주 내촌리 유적(右)

적은 중심부에 지석묘 1가 있고 주변부에 6기의 석관묘가 에워싸고 있다(심봉근 2001). 이는 같은 친족집단 내에서 중심적인 인물의 지석묘를 축조하고 배장된 피장자는 석관묘를 쓴 것으로 볼 수 있다(도면 4). 이것은 묘제가 다르다고 종족이 다른 것이 아님을 의미한다. 이를 원용해 보면, 매촌리나 진동리에서 묘역식 지석묘와 석관묘가 같은 묘역에서 분리되는 공간에 축조된 것은 종족이 다른 것이 아니라 같은 친족집단이면서도 상위의 '모촌'(母村)과 하위의 '분촌'(分村)과의 관계이거나 청동기시대 후기에 혈연집단 내에서 서서히 계층이 분화되는 것을 의미한다고 파악된다. 이것이 두 계층으로 분화되는 과정이라고 본다면, 여기에 무덤에 매장되지 못하는 계층을 감안하면 삼한단계(三韓段階)의 3계층으로 연결된다.

모촌과 분촌의 위계차

서숨바의 전통적인 마을 간에는 엄격한 계층제가 형성되고 있어, 마을의 격은 분묘의 형태나 기념물 등을 보면 쉽게 짐작된다. 권위가 있고 많은 분촌을 거느린 중핵마을은 예전의 머리사냥에 대비해 모두 높은 산 위에 입지하고 전통가옥군이 거석광장을 중심으로 지석묘군을 둘러싼 것과 같은 모양으로 근접하여 세워져 있다. 전통가옥의 지붕은 숨바 특유의 높은 지붕으로, 키가 낮은 분가(分家)의 가옥과 쉽게 구별된다.

왕족의 권위가 남아 있는 동숨바와 다르게 서숨바에서는 지석묘의 조영은 마을 사람 간에 마을이라고 하는 지연을 축으로 상호부조에 의해 행해진다. 거석을 끄는 데는 보통 하루에 몇백 명의 일손이 필요하기에 하나의 마을에서 사람들을 전부 조달할 수 없고 이웃의 몇 개 마을에 도와줄 사람을 부탁하게 된다. 중핵마을의 경우 수많은 분촌으로부터 많은 사람들이 적극적으로 도와주기에 문제가 없지만 분촌의 경우에는 중핵마을의 도움은 선택적이기에 적대적인 씨족과도 협조해야 하므로 지석묘 축조가 용이하지 않다(가기야 아키코 2009: 242-245).

이와 같은 중핵마을과 분촌 간의 상호 관련성은 한국 지석묘 사회에서도 확인되는데, 발굴조사가 비교적 많이 이루어진 전남 여수반도를 살펴보기로 하자.

여수반도에서는 약 20개소의 지석묘군이 발굴조사되었다. 여수반도에서 발굴조사된 지석묘군의 입지와 유물상, 상석무게, 상석수, 하부구조수 등을 종합해 보면 다음 표와 같다.*

---

* 이와 관련된 내용은 다음의 글에서 인용하였음을 밝혀 둔다. 이동희, 「여수반도 지석묘 사회의 계층구조」, 『고문화』 제70집, 한국대학박물관협회, 2007.

✚ 여수반도에서 발굴조사된 지석묘 현황(이동희 2007)

유적명	상석수	하부구조수	상석무게	입지	유물
오림동	9기	15기	2~33톤, 15톤 이상이 6기	곡간평지	동검 1점, 석검편 2점, 옥 3점, 유구석부 1점, 암각화
적량동 상적	14기 이상	29기 이상	2~50톤	곡간평지로서 산기슭과의 경계	동검 7점, 동모 1점, 관옥 5점
평여동 '가'군	9기	20기	1~40톤	산기슭 끝의 대지	소옥 2점, 석촉 2점
평여동 '나'군	9기	9기	〃	대지	동검 1점, 관옥 4점, 석촉 2점
평여동 '다'군	3기	8기	〃	평지	관옥 166점, 소옥 255점, 환옥 2점, 곡옥 2점
화장동 대통 '가'	27기	11기		구릉의 하단	동검 1점, 옥 16점, 석촉 2점
화장동 약물고개	7기	19기		구릉	옥 3점, 석검 3점, 석촉 1점
화장동 대방	3기	·		고개마루	
화장동 화산	10기(?)	18기	2~15톤	구릉	석검 1점, 석촉 6점
미평동 양지	5기(?)	2기	1~7톤	산기슭, 해발	석검 1점
미평동 죽림 '다'	8기 이상	4기	4~14톤	고개마루와 사면	석검 1점
봉계동 월앙	10기	10기		곡간평지	동검 1점, 석검 2점, 석촉 1점, 옥 15점
봉계동 대곡	4기	5기		곡간평지	석검 2점, 석촉 7점
월내동	26기 이상	28기	0. 6~10.5톤	고개마루	석검 11점, 석촉 13점
세구지	3기	3기		경사면의 대지	석검 1점
월하리	1기	1기	2.5톤	산기슭	
가장리 평촌	3기		1.5~12톤	산기슭	석검 2점
화동리 안골	20기(?)	63기 이상		곡간평지	석검 9점
관기리	5기	3기		산기슭	
소장리	5기(?)	12기		곡간평지	석검 1점

지석묘의 수, 상석 무게, 입지, 부장유물 등을 분석해 보면 지석묘 군집별 위계상은 다음과 같이 요약될 수 있다.

예외적인 경우는 있지만, 대개 지석묘의 수가 많아 집단이 크고 상석이 대형이며 입지가 곡간평지나 구릉의 하단부에 자리 잡은 집단이 부장유물이 풍부한 중심적인 집단으로 추정된다. 다만, 개별 상석의 크기와 부장유물은 상호 일치하지 않는 경우가 적지 않아 상석의 규모와 부장유물의 관계에서는 개별 상석보다는 지석묘군 전체를 검토하여야 한다. 다시 말하면 집단별로 어느 정도 크기의 상석을 옮길 수 있는지는 그 집단의 위상을 대변해 준다고 할 수 있다. 그리고 채석지가 비교적 높은 산이라는 점에서 구릉의 상부나 고개마루에 비해 구릉의 하단부나 평지는 더 많은 노동력이 소요된다.

예컨대, 인접한 적량동과 월내동 지석묘 축조집단을 비교해 보면, 적량동 집단보다 월내동 집단이 유물이나 상석 규모 등에 있어서 열세하므로 친족집단 간에 서열화가 이루어졌음을 알 수 있다.

여수반도에서 가장 우월한 위신재가 부장된 적량동 집단은 교역의 중심지로서 재분배를 통하여 성장한 중심지이고 인근 마을들은 농경과 어로를 겸한 반농반어집단으로 판단된다. 적량동 집단은 이 주변 마을들의 잉여생산물을 모아 대외 교역 창구로서의 역할을 했다고 판단된다. 그 증거가 외래계 위세품인 동검이다. 이와 관련하여 일본 야요이 시대의 조사례는 주목된다. 즉 야요이 거점취락에서 원격지에서 가져온 토기가 발견되는 예가 많아 거점취락 부근에 입지하는 한시적인 소규모 취락에는 비재지의 물자를 거점 취락을 통해서 반입된 것으로 보는데 이러한 예가 재분배와 관련된다고 하겠다(佐々木憲一, 2000).

여수반도 동북부지역의 지석묘군들에서는 우리나라에서 가장 많은 A급 위세품들이 발굴조사되었다. 이 지역은 당시 최고 위신재인 비파형동검을 근거로 핵심 취락(적량동)과 2차 중심 취락(오림동, 화장동, 봉계동, 평여동 등)을 설정할 수 있다. 즉, 전자는 다수(7점)의 비파형동검을 부장하고 있고 후자는 1~2점씩의 비파형동검이 확인되고 있다. 그리고 이러한 핵심 취락과 2차 중심 취락 주변에는

B · C급의 유물이 확인되는 하위집단들이 분포하고 있다. 예컨대 화장동 대통 지석묘군 인근에도 하위 지석묘군들이 분포하고 있다(도면 5 · 6).

여수 화장동에서는 4개 지석묘군이 있는데, 모두 발굴조사가 이루어져 좋은 참고자료가 된다. 이 4개 지석묘군은 대통, 약물고개, 대방, 화산 등이다. 대통 지석묘군이 중심이고 화산 지석묘군과 약물고개 및 대방 지석묘군이 그 하위에 해당한다. 1개 동에 중심적인 지석묘 군집이 있어 일정 범위 내의 지석묘군 사이에도 우열관계가 있었음을 보여준다. 즉 군집도가 높은 대통 지석묘군은 나머지 3개의 지석묘군보다 더 낮은 구릉 하단부에 입지하며 넓은 공간을 차지하고 있다(도면 5 참조). 또한 지석묘의 수량이 상대적으로 적은 3개 군집지역은 유물이 상대적으로 빈약하다. 반면 27기의 지석묘가 조사된 대통 지석묘군에서는 A급 위세품이 확인되어 나머지 3개 소군집 지석묘군보다 상위의 집단임을 알 수 있다(도면 6).

한편, 지석묘 상석(上石) 이동에 따른 노동력 동원 규모에 대해 살펴보자. 적량동 지석묘군의 상석들은 지석묘 군집 단위별로 보면 여수반도에서 가장 큰 편에 속한다. 이 가운데 가장 대형의 상석(2호)은 50톤을 상회하고 있어 오늘날의 1개 면 정도의 노동력이 동원되어야 한다. 이러한 노동력 동원 규모는 거의 후대의 읍락의 범위에 근접하고 적량동을 중심으로 한 비파형동검의 분포범위와도 거의 일치한다. 적량동 2호 지석묘는 묘곽이 없어 무덤이라기보다는 집단의 권위나 부를 상징하는 기념물로 판단된다. 기념물 건립에 들어간 노동력이 조직화된 집단의 크기를 대변해 준다는 견해(Timothy Earle, 1987)는 주목할 만하다.

요컨대 지석묘군의 입지, 상석의 크기, 매장주체부, 유물 등의 제측면에서 탁월한 적량동 집단은 근 · 원거리 교역에 대해 주도권을 갖고 재분배기능을 행사하여 다른 지석묘군보다 상위집단으로 판단된다.

지석묘 축조 사회를 평등사회라고 주장하는 견해의 맹점은 지석묘가 지배계층에 의한 인력동원이 아닌 공동체적 협동체제 아래서 축조된 것으로 인식한다는 점이다. 이는 다음과 같은 점에서 문제가 있다. 전술한 바와 같이 발굴조사

도면 5: 여수 동북부 지역에서 발굴조사된 지석묘

1. 월내동　2. 적량동 상적　3. 평여동 산본　4. 월하동　5. 화장동 대통
6. 화장동 화산　7. 화장동 약물고개　8. 화장동 대방　9. 봉계동 월앙　10. 봉계동 대곡
11. 미평동 양지　12. 미평동 죽림　13. 오림동

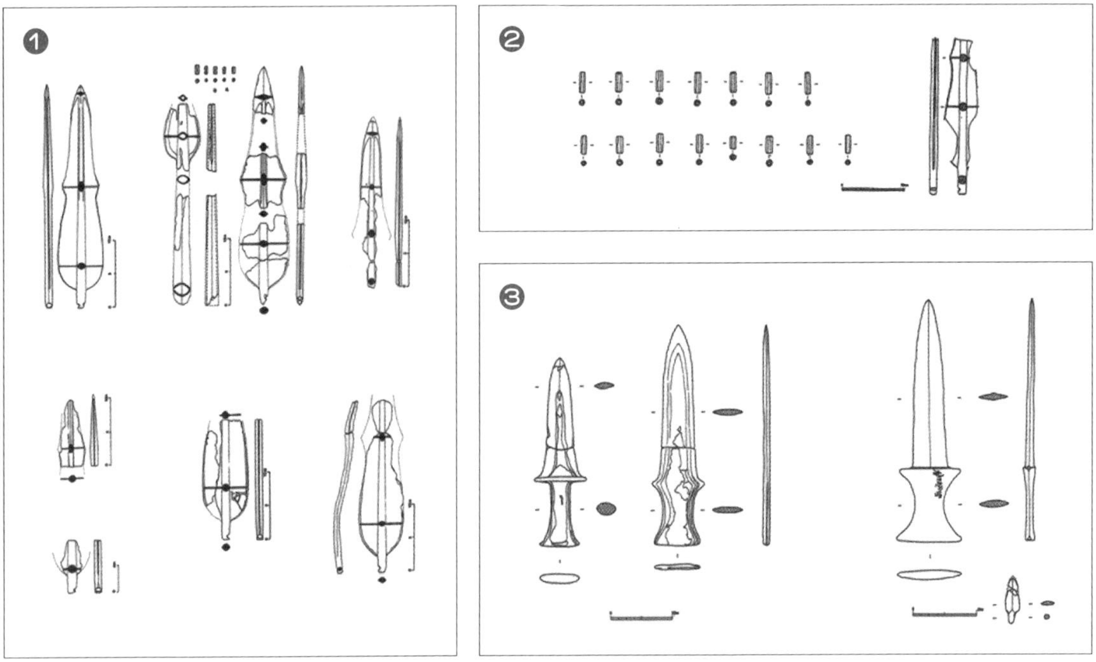

도면 6: 여수 동북부지역 지석묘 출토 위세품
❶ 여수 적량동 지석묘(A급 유물) ❷ 여수 화장동 대통 지석묘군(A급 유물) ❸ 여수 화장동 약물고개 지석묘(B급 유물)

된 내용의 분석 결과, 지석묘 군집단위별로는 상석의 규모와 부장품이 거의 비례하고 있음을 확인하였다. 이는 집단의 규모별로 계층화가 성립되어가고 있음을 웅변해 주는 것이다.

한국에서 지석묘의 규모로 모촌과 분촌(자촌)의 경계를 나누는 것이 지역과 시기에 따라 상대적인 면은 있겠지만, 지석묘군이 밀집된 전남 지역의 경우 20기 정도를 그 기준으로 상정해 본다. 상석이 20기 이상이면 하부구조가 50기 내외는 되고 10기 미만의 지석묘 집단(분촌 혹은 자촌)에 비해 상대적으로 우월하다고 판단되기 때문이다.

촌락의 입지와 분쟁

숨바의 촌락은 파라잉과 코타크 2개로 나뉜다. 파라잉은 수장 사회의 사회적 · 지리적 중심에 위치해 있으므로 중핵마을이라고 표현할 수 있다. 분촌에 살고 있어도 사람들은 자신이 어느 파라잉 출신인지를 알고 있어, 의례나 싸움 등의 특별한 일이 있을 때에는 자신의 파라잉에 모인다. 파라잉 광장에는 지배자의 무덤이나 제단석이 세워져 있다. 파라잉은 단순 거주공간으로서의 촌락이 아닌, 사회적 · 제사적 공간으로서의 성격이 강하다. 파라잉은 네덜란드 정부가 촌락 간의 전쟁을 금지시키기 전(1906)까지는 높은 언덕 위의 요충지에 있어 주위가 돌담으로 둘러싸여 있는 군사적 중심지이기도 했다. 이러한 파라잉에 종속되어 있는 마을은 코타크라고 불린다. 대개 파라잉의 규모는 호수가 15~20호인데 비해, 코타크는 4~5호 정도이다(가종수 2009: 100).

이러한 숨바의 촌락에서 주목되는 것이 전술한 바와 같이 중핵마을(모촌)과 분촌(자촌)의 존재이며, 20세기 초 네덜란드 식민지 정부에 의해 통제되기 전에는 호전적인 면이 보였다는 점이다.

숨바 섬에서 산정에 자리한 대표적인 중핵마을은 동숨바의 프라이리앙 마을이다. 프라이리앙 마을은 야산 정상부에 자리하고 있는데 하천과 급경사로 둘러싸여 있고 정상부가 평탄한 천연의 요새를 이루고 있다. 마을의 면적은 길이 약 200m, 너비 80m 정도이다. 경사가 완만한 곳은 2중의 돌담장으로 에워싸고 있다.

전술한 바와 같이, 숨바 섬에서는 네덜란드 정부가 촌락 간의 전쟁을 금지시키기 전까지는 무력 다툼이 빈번했다. 고지성 취락과 돌담으로 둘러싸인 방어시설, 그리고 머리사냥 등으로 보면 숨바족의 호전적인 면을 엿볼 수 있다. 이러한 이면에는 숨바 섬의 지석묘 축조사회가 한반도와 달리 금속기시대에 속한다는 것과 관련된 것으로 보인다.

다시 말하면, 한반도 청동기시대, 특히 남한의 청동기시대 당시 실제 사용된

도구는 석기가 대부분을 차지하고 희소한 청동기는 대개 위세품 내지 의례용품으로 사용되었다. 이에 비해 인도네시아 숨바 섬은 금속기가 실제 도구로 사용되던 시기에 지석묘가 축조된 것으로 인정되므로 분쟁의 양상이 더 치열했을 것이다.

한반도에서 청동기시대에 전쟁의 존재를 상정할 수 있는 사례는 송국리 유적이 유일한데, 송국리 유적에서는 목책렬과 녹채시설, 망루 등의 방어시설이 조사되었다. 한반도에서 집단 간의 치열한 전쟁은 초기철기시대가 되어서야 이루어졌다고 판단되며, 실제로 초기철기시대의 점토대토기 문화집단은 주로 고지성 취락을 형성하고 있다(손준호 2009: 96-97).

한편, 한국 청동기시대에 환호의 사례가 늘고 있지만, 방어보다는 공간을 구획하는 시설이나 의례의 용도로 보는 견해가 일반적이다(김도헌 2006).

그리고 취락의 입지에 있어서는 구릉도 있지만, 오히려 강변 충적대지에 더 많은 수의 밀집 주거지들이 자리한다. 예컨대, 진주 남강변이나 춘천 분지내의 충적대지에서 대규모 청동기시대 취락이 확인되었다.

춘천 분지 내에서는 약 20개의 유적에서 225기 이상의 청동기시대 주거지가 조사되었다. 춘천 지역 취락은 환호나 목책과 같은 방어시설의 부재와 충적대지라는 개방적 입지로 볼 때 상호 긴장관계가 거의 확인되지 않으며, 취락 간의 관계는 개방적 상호 협력 또는 호혜적 관계라고 판단된다(김권중 2009).

이러한 점에서 보면, 한반도에서는 숨바 섬과 달리 지석묘 축조 당시에 분쟁이 치열하거나 상시적이지 않았던 것으로 파악된다.

지석묘 소멸기의 제양상

한국

한국에서 지석묘 소멸은 한국문화사에서 획기적 사건이었으며 새로운 문화·사회 단계에 돌입했다는 것을 의미하는 분기점이다. 막대한 재산, 시간, 에너지를 소요했던 지석묘 문화가 소멸된 배경에는 엄청나게 큰 문화적·사회적 변동이 있었을 것이다(이송래 1999).

한국 지석묘의 소멸 배경과 관련한 제 견해를 살펴보면 다음과 같다.

① 기원전 3·2세기경 초기철기시대 세형동검 세력의 남하(김재원·윤무병 1967).

② 후진 사회 체제에 머물러 있던 지석묘를 축조하던 집단들이 발전된 세형동검 문화를 사용하는 선진집단의 사회체제와의 접촉에 의해 사회체제에 변화가 일어나 지석묘 건립의 사회적 기반인 공동협의체가 미약해짐에 따라 지석묘가 소멸(이남석 1985).

③ 청동기와 철기 그리고 잉여농산물 생산증가를 강조하는 철기시대의 지배 엘리트들은 그들의 지휘하에 있던 노동력을 지석묘 축조와 같은 비생산활동에서 생산활동으로 재배치시켰고, 노동력이 많이 필요한 기존의 지석묘 대신 간단하게 축조할 수 있는 석관(곽)묘, 목관묘, 옹관묘, 토광묘 등의 묘제가 등장(이송래 1999, 이영문 2002).

①의 견해는 지석묘 하한과 관련하여 세형동검 문화의 유입을 지석묘의 소멸 계기로 보는 원론적 입장이고, ②·③의 견해는 ①의 견해에서 한 발 더 나아가 정치·경제적 부연 설명이다. 요컨대, 지석묘 축조의 중단은 세형동검 및 철기문화의 등장으로 문화 격변기를 겪었고, 공동체적 유제가 서서히 사라지고 개인이 강조되는 계급사회로의 급변과 무관하지 않을 것이다.

숨바 섬

숨바 섬에서의 지석묘 축조는 전술한 바와 같이 조상숭배와 밀접한 관련이 있다. 촌락 중심부에는 거석광장이 있고, 거석광장에는 지석묘들이 원형의 공간을 형성한다. 광장은 장례나 신년제 등의 제연(祭宴)의 공간이자, 마라프(Marapu)라는 토착 신앙의 중심 공간이다. 마라프 신앙과 조상숭배는 초자연적인 힘이 있다는 애니미즘과 연계되어 있다. 수만 기의 지석묘와 거석기념물은 조상제사와 직결된다고 하겠다.

요컨대 지석묘 문화가 잔존하는 숨바 섬의 경우, 지석묘 축조의 급감은 서구 문명의 유입으로 인한 현대화와 관련된다. 즉, 도시화와 고등종교(기독교)의 수용으로 조상숭배사상이 약화되고, 이기(利器)의 발전으로 돌 대신 시멘트제의 유사 지석묘 축조 등으로의 변화 양상이 뚜렷하다(가종수 2009).

03

맺음말

이상과 같이 한반도와 인도네시아 숨바 섬의 지석묘 문화를 단편적으로나마 비교해 보았다.

편년이나 피장자의 계층, 추가장 여부, 침향, 주거공간과 무덤공간의 이격거리, 상석의 장식 유무 등에서 세부적으로 차이가 있음을 알 수 있다.

특히, 네덜란드 식민지 이후 숨바 섬의 지석묘 문화가 적지 않게 변형되었으므로, 서구 문물 유입 이전 단계의 지석묘 사회와 문화를 구분해서 보는 시각이 있어야만 우리나라 지석묘 사회를 이해하는 데 단초가 될 것이다.

아무튼, 우리나라 선사문화에 속하는 지석묘 사회를 복원함에 있어 현재로서는 인도네시아 숨바 섬의 인류학적인 조사와 연구만큼 중요한 것은 없으리라 본다. 따라서 한국 지석묘의 이해를 위해서는 대륙과 이격된 열도지역으로 과거의 유습이 오랫동안 남은 인도네시아 지석묘 및 그와 관련된 민족지 자료에 대한 지속적인 관심이 필요하다.

향후, 인도네시아의 학술발굴조사가 이루어져 유물과 편년, 세부 형식 등에 대한 연구가 추가되면 한층 진일보된 연구가 이루어질 것이 분명하다.

참 고 문 헌

가기야 아키코, 「서숨바 섬의 거석묘 만들기」, 『지금도 살아 숨쉬는 숨바 섬의 지석묘 사회』, 북코리아, 2009.

가종수, 2004, 「니아스섬의 巨石文化」, 『선사와 고대』 21, 한국고대학회, 2009.

______, 「지금도 살아 있는 지석묘 사회 숨바 섬」, 『지금도 살아 숨쉬는 숨바 섬의 지석묘 사회』, 북코리아, 2010.

______, 『신들의 섬 발리: 지상 최후의 낙원을 찾아서』, 북코리아, 2010.

김광명, 「경북지역의 고인돌과 보존현황」, 『아시아권에서의 문화유산(고인돌) 보존과 활용』, 제1회 세계문화유산(고인돌) 국제심포지엄, (재)동북아지석묘연구소, 2004.

김권중, 「춘천지역의 청동기시대 중심취락과 취락간 관계」, 『청동기시대 중심취락과 취락 네트워크』, 한국청동기학회 취락분과 제2회 워크숍 발표요지, 2009.

김길식, 「부여 송국리유적 조사개요와 성과」, 『마을의 고고학』, 한국고고학회, 1994.

김도헌, 「송국리유적과 방어취락」, 『송국리유적 조사 30년, 그 의의와 성과』, 송국리유적 국제학술대회, 2006.

김명진, 『동아세아 거석문화에 대한 연구』, 한양대학교박물관, 1988,

김병곤, 「고조선사에 보이는 지석묘 사회와 그 장의 성격 변화」, 『홍경만교수정년기념 한국사학논총』, 2002.

김병모, 「자바島의 거석문화: 인도네시아 거석문화의 연구(1)」, 『한국고고학보』 8, 1980.

______, 「한국 거석문화 원류에 관한 연구(1)」, 『한국고고학보』 10 · 11합집, 1981.

김승옥, 「분묘자료를 통해 본 청동기시대 사회조직과 변천」, 한국고고학회 편, 『계층사회와 지배자의 출현』, 사회평론, 2007.

김원룡, 『한국의 고분』, 교양국사총서편찬위원회, 1974.

김재원 · 윤무병, 『한국지석묘연구』, 국립박물관, 1967.

손준호, 「청동기시대의 전쟁」, 『갈등과 전쟁의 고고학』, 제33회 한국고고학전국대회, 2009.

송의정 외, 『보성 동촌리유적』, 국립광주박물관, 2003.

송화섭, 「인도네시아 수마트라섬의 고인돌」, 『인문콘텐츠』 4, 인문콘텐츠학회, 2004.

심봉근, 『진주 내촌리유적』, 동아대학교박물관, 2001.

요시다 야스히코, 「동숨바 섬의 거석문화」, 『지금도 살아 숨쉬는 숨바 섬의 지석묘 사회』, 북코리아, 2009.

우장문, 「인도네시아 숨바 섬의 고인돌」, 『백산학보』 87호, 백산학회, 2010.

이남석, 「청동기시대 한반도 사회발전단계 문제」, 『백제문화』 16집, 1985.

이동희, 「전남지방 지석묘 사회와 발전단계: 전남동부지역을 중심으로」, 『호남고고학보』 15집, 2002.

______, 「여수반도 지석묘 사회의 계층구조」, 『고문화』 제70집, 한국대학박물관협회, 2007.

이상길, 「지석묘에서 제기되는 몇 가지 문제」, 『영 · 호남의 지석묘 문화』, 2003년 창원대학교 · 목포대학교 박물관 남도교류 학술심포지엄, 2003.

이송래, 「복합사회의 발전과 지석묘의 소멸」, 『전환기의 고고학(Ⅱ)』, 제22회 한국상고사학회 학술대회 요지, 1999.

이영문, 1999, 「호남지역 청동기시대 묘제 연구의 성과와 과제」, 『호남고고학보』 9.,

______, 『한국 지석묘 사회 연구』, 학연문화사, 2002.

______, 『세계문화유산 화순 고인돌』, (재)동북아지석묘연구소, 2004.

이영문 · 정기진, 『여천 적량동 상적 지석묘』, 전남대학교박물관, 1993.

이융조, 「한국 고인돌 사회와 그 의식」, 『동방학지』 23 · 24, 1980.

이진주 · 고용수, 「산청 매촌리 유적」, 『2008 한국고고학저널』, 국립문화재연구소, 2009.

이희준, 「대구 지역 고대 정치체의 형성과 변천」, 『영남고고학』 26, 2000a.

______, 「삼한 소국 형성 과정에 대한 고고학적 접근의 틀」, 『한국고고학보』 43, 2000b.

임영진, 「인도네시아의 선사문화」, 『서울대학교 인도네시아 학술조사단 보고서』, 1981.

조진선, 「지석묘의 입지와 장축방향 선정에 대한 고찰」, 『호남고고학보』 6집, 1997

______, 「인도네시아 숨바 섬의 거석묘 조영과 확산과정」, 『고문화』 76, 한국대학박물관협회, 2010.

지건길, 「지석묘 사회의 복원에 관한 일고찰: 축조기술과 장제를 중심으로」, 『이화사학연구』 13 · 14합집, 이화사학연구소, 1983.

최종규, 「이금동 취락의 구조」, 『사천 이금동 유적』, 경남고고학연구소, 2003.

하문식, 2009, 「서평: 고인돌 연구의 새로운 지평을 위하여(Ⅱ): 『지금도 살아 숨쉬는 숨바 섬의 지석묘 사회』, 가종수 외, 2009, 북코리아」, 『선사와 고대』 31, 한국고대학회.

하승철, 「진동유적을 통해 본 남해안지역의 네트워크」, 『무덤연구의 새로운 시각』, 제51회 전국역사학대회 고고학부 발표자료집, 한국고고학회, 2008.

渡邊照宏, 『死後の世界』, 岩波新書, 1959.

都出比呂志, 『古代國家の胎動』, 1998.

深澤芳樹, 「日本古代國家形成期의 考古學的 硏究成果와 爭點」, 『東아시아 1-3世紀의 考古學』, 國立文化財硏究所, 2000.

Agus Aris Munandar, 「The Continuity of Megalithic Culture and Dolmen in Indonesia」, 『아시아 거석문화와 고인돌』, (재)동북아지석묘연구소, 2007.

Heine-Geldern, Robert, Prehistoric Research in the Netherlands Indies, in Science and Sciencetists in the Netherlands Indies. (Eds.) NewYork: Honigand F. Verdoor, 1945.

Soejono, R. P., On the Megaliths in Indonesia. In *Megalithic Cultures in Asia*, edited by B. M. Kim, Seoul: Hanyang University, 1982.

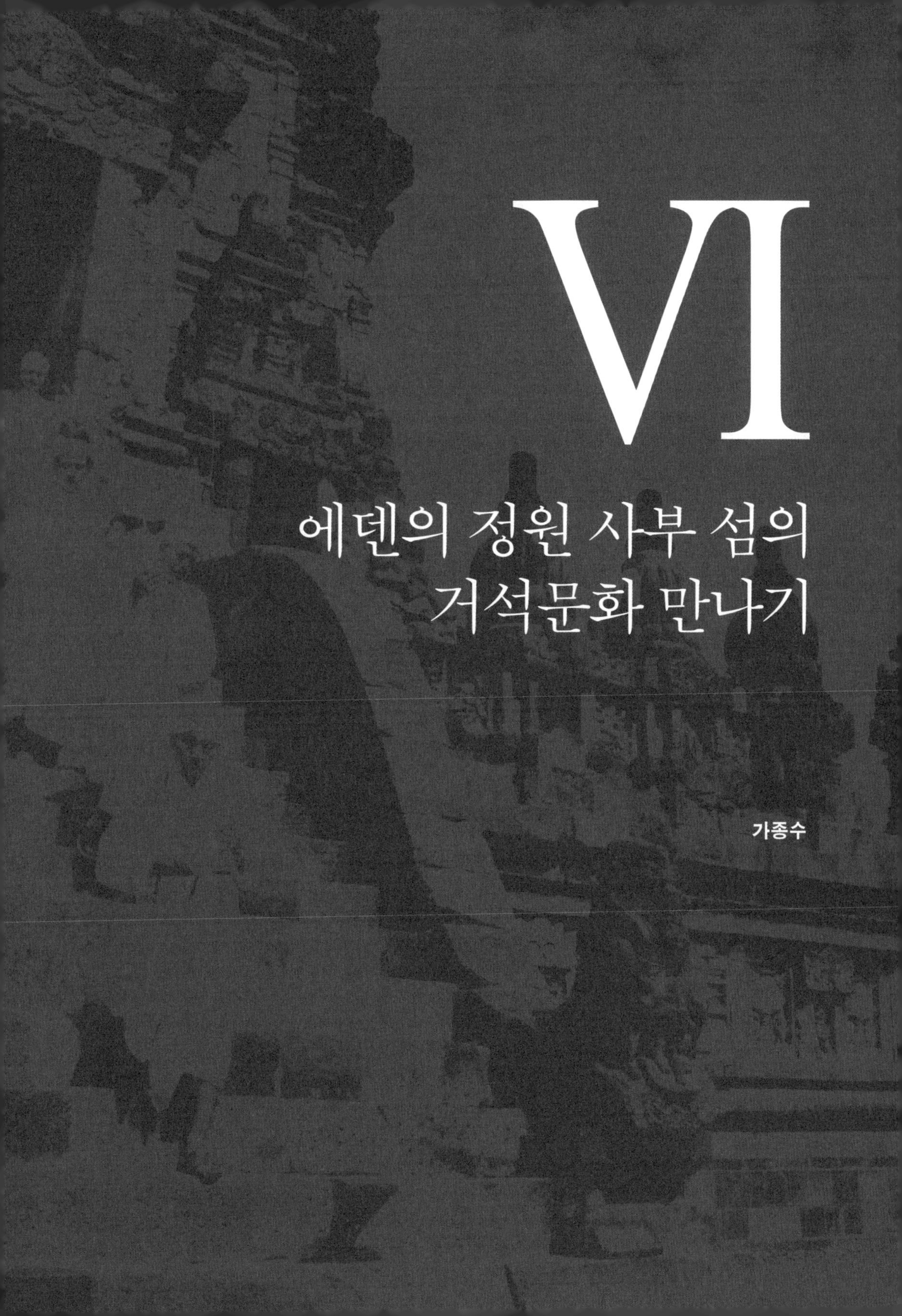

VI

에덴의 정원 사부 섬의 거석문화 만나기

가종수

01

‘에덴의 정원’ 사부 섬

유명한 탐험가 캡틴 제임스 쿡과 선원들이 오스트레일리아를 북상하여 뉴기니를 통과해서 사부 섬에 도착한 것은 1770년 9월이었다. 그들은 오랜 항해에 지쳐있었고, 선원 중에 환자가 늘어나 신선한 식료의 공급처를 찾고 있었다. 사부 섬에 도착한 캡틴 쿡은 ‘우리는 7개월간 비가 내리지 않는 건기의 해상 위에 있었다. 배에서 보이는 섬의 경치는 지금까지 상상할 수 없을 만큼 아름다웠다.’라고 섬의 첫 인상을 기록하고 있다. 당시 사부 섬은 온통 야자나무와 사탕야자나무로 덮여있었다. 캡틴 쿡이 사부 북쪽 해안을 항해하던 중 야자나무 숲 사이로 마을과 사람을 보고 일행은 현재의 세바(Seba) 항에 상륙했다. 사부 섬은 인도네시아 소순다열도(Sunda Islands)에 속하고 ‘에덴의 정원’이라 불리는 작고 아름다운 섬이다.

사부 섬은 인도네시아 동누사텡가라 주의 숨바(Sumba) 섬과 티모르(Timor) 섬 사이에 있다. 사부(Sabu 혹은 Savu, 섬 사람들은 Rai Hawu라고 부른다) 섬과 라이주아(Raijua) 섬에 살고 있는 사람들을 사부족이라 한다. 사부 섬과 라이주아 섬은 약 7km밖에 떨어지지 않았고, 민족학적 · 언어학적으로 같은 오스트로네시안 어파이다. 두 섬사람들은 사부족으로 자칭하고 있고, 라이주아 섬은 ‘소(小) 사부’라고도 부른다. 사부족은 서쪽에 있는 숨바족, 동쪽에 있는 로티(Roti)족과 함께 같

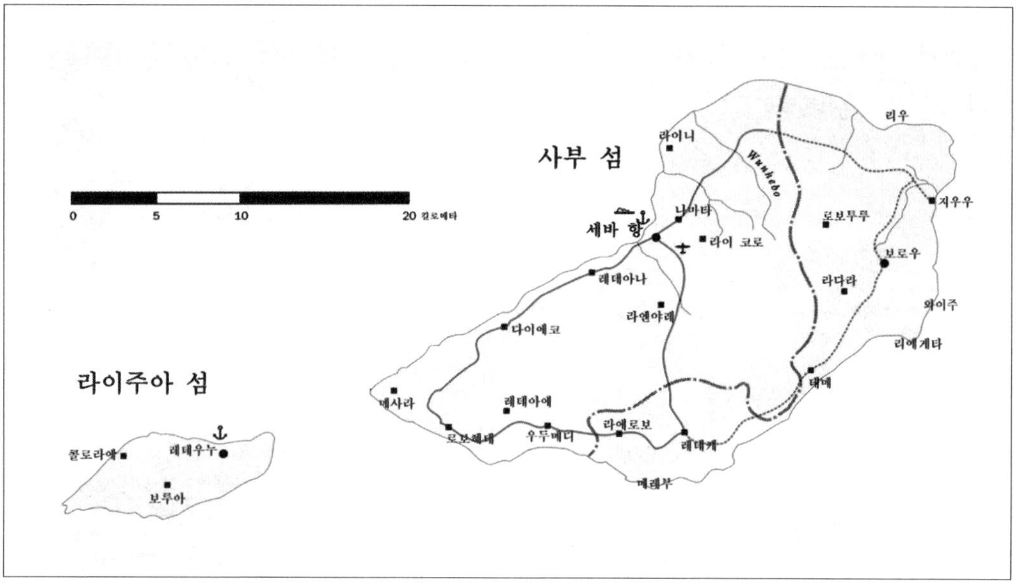

사부 섬과 라이주아 섬의 지도

은 문화권을 형성하고 있다.

사부족의 대표적인 문화적 특징을 3개 들면 '지석묘', '고상 가옥', '사탕야자 나무'이다. 사부족은 제경(혹은 踏耕, 쟁기 등 농기구를 사용하지 않고 물소를 몰아넣어 논을 가는 농사법), 코와 코를 비비며 하는 인사, 배 모양을 한 독특한 고상 가옥, 석전(石戰), 씨름, 전라북도 부안군 위도의 '띠 뱃놀이'와 유사한 의례, 금줄, 들돌 의례(일정한 무게의 돌을 들어 올려야만 성인이 된다) 등 우리나라 남부지방과 유사한 독특한 풍습을 가지고 있다. 사부 섬, 특히 라이주아 섬은 지리적으로 큰 섬에서 멀리 떨어져 있어 토착 문화를 비

천계수와 지석묘 (로티 섬)

제경 (사부 섬)

고상 가옥과 지석묘 (레데아에 마을)

민족의상 이캇을 입은 사부족 여성 (라마타 마을)

교적 순수하게 유지하고 있다.

사부족의 독특한 고상 가옥은 오사카 국립민족학박물관(大阪國立民族學博物館)의 건축사가 사토히로시(佐藤浩司) 준교수, 민족의상 이캇(Ikat: 염직물)에 관해서는 도쿄조형대학(東京造形大學) 민족학자 가기야 아키코(鍵屋明子) 교수의 자세한 보고서가 있다. 사부족의 지석묘와 그와 관련되는 의례 등에 관한 상세한 것은 지금까지 전혀 알려지지 않았다. 필자가 사부 섬에 지석묘가 있다는 것을 처음 안 것은 1991년 티모르 섬의 쿠팡 박물관의 '동인도네시아 제도의 거석문화'라는 특별전에서였다.

전통가옥과 지석묘가 하나가 되어 있는 거석광장은 동인도네시아 각지에 남아 있지만, 최근 마을 사람들이 기독교로 개종하거나 근대화의 물결 때문에 지석묘를 축조하지 않고, 지석묘와 관련하는 여러 의례도 급격히 사라져 가고 있다. 하지만 동인도네시아 일부 지역의 지석묘는 '지상 최후의 살아 있는 지석묘 사회'이다. 사부족도 지석묘 축조는 사라졌지만, 그들이 행하는 의례 안에는 지석묘 사회를 연구하는 데 시사하는 바가 크다.

필자는 사부 섬이 숨바 섬과 같이 '아직도 살아 숨쉬는 지석묘 사회'라는 기대를 하고 1992년 8월에 처음으로 사부 섬을 방문했다. 당시 필자는 우선 사부 섬의 각 마을을 방문하여 어느 마을에 어떠한 지석묘가 있는지 지표조사를 했다. 하지만 처음 기대했던 것과는 다르게 사부족의 대부분이 기독교로 개종하여 지석묘도 더 이상 만들지 않는다는 것을 알고 귀국했다. 그 후 사부 섬의 의례 자료를 정리하다가 사부족의 지석묘 축조는 사라졌지만, 지석묘와 관련하는 일부 의례는 지금도 거행하고 있다는 사실을 알게 되어 1993년 8월과 2008년 8월에 사부 섬과 라이주아 섬을 다시 현지 조사했다. 본고는 지금까지 필자의 현지 조사를 토대로 사부 섬과 라이주아 섬의 지석묘와 그와 관련하는 의례를 중심으로 소개한다.

지석묘와 전통가옥 (레데아에 마을, 서부 사부)

지금도 의례가 거행되고 있는 지석묘 (라마타 마을)

02

사부 섬의 풍토와 문화

현재 사부 섬과 라이주아 섬은 행정상 '사부 라이주아 군'으로 일본의 식민지시대인 1945년까지 쿠방(Kupang) 현에 속해 있었다. 2008년 10월에 독립된 군으로 분리되어 군청 소재지는 사부 섬의 메니아(Menia)에 있고, 군의 인구는 약 9만 2천 명(2008)이다. 사부 라이주아 군은 행정상 동부 사부와 서부 사부의 2개 면으로 나누어져, 세바(북부), 메사라(서부), 리아에(중남부), 디무(동부), 그리고 라이주아의 다섯 지구(地區)로 이루어진다. 그 면적은 약 46.1km²로 라이주아 섬은 사부 섬 면적의 약 10분의 1밖에 안 된다. 섬의 중심은 세바로 숨바 섬과 티모르 섬을 왕래하는 정기 여객선이 드나드는 작은 항구와 시장이 있다.

계절은 우기와 건기로 나누어져 있어, 대체로 4월부터 10월까지가 건기, 11월부터 3월까지가 우기이다. 하지만 우기라고 해도 강수량은 그다지 많지 않아 비교적 건조하여 동숨바(East Sumba)의 사바나 기후와 비슷하다. 사부 섬은 플로레스 섬과 같이 높은 산악지대는 없지만 섬 전체가 석회암의 척박한 토양으로 수전 벼농사나 작물재배에 적합한 지역이 아니다. 그래서 많은 사부족이 동숨바와 서티모르(West Timor), 플로레스 엔데(Ende)로 이주해서 살고 있다. 사부족의 재배 작물은 옥수수, 콩, 고추, 마늘 등이고 일부 지역에서 벼를 재배하고 있다. 가축은 개 · 돼지 · 물소 · 말 · 염소 · 닭인데, 닭을 제외하면 그 수가 많지 않다. 이

수액을 채취하러 사탕야자 나무에 오르는 청년 (서부 사부)

사탕야자 나무에서 채취한 수액 (서부 사부)

러한 가축은 특별한 의례 때 이외에는 먹을 수 없는 귀중한 재산이다.

그러나 이러한 엄격한 자연환경 안에서 섬사람들에게 신이 준 유일한 은총이라 할 수 있는 것이 야자나무와 사탕야자 나무(Lontar)이다. 배에서 보이는 아름다운 초록빛 풍경은 이 야자나무 때문이다. 사탕야자 나무는 비가 적은 이 지역에서도 약 30m까지 성장하고, 그 수액(설탕물)은 사람들의 주식이다. $1km^2$당 100명 이상이 사는 섬사람들의 생활과 문화의 기반이 된 것이 사탕야자 나무이다. 보통 10년 이상이 되면 수액이 만들어져 약 30년 이상 그 수액을 채취할 수 있다. 수액은 한 그루의 사탕야자 나무에서 1일 약 3리터, 1년간 약 500~700리터까지 채취할 수 있다.

사탕야자 나무 꼭대기에 꽃이 피기 전에 꽃줄기를 잘라내면 수액이 흘러나

온다. 일반적인 야자나무는 몸통이 매끈한 반면, 사탕야자 나무의 몸통은 거칠고 억센 고엽으로 뒤덮여 있다. 사내들은 아침 일찍 높이 20~30m의 사탕야자 나무에 올라가 야자수 잎으로 짠 바구니 용기를 수액이 흘러나오는 곳에 걸어놓는다. 저녁때가 되어 수액으로 가득 찬 바구니를 회수하면 일과가 끝난다. 캄보디아에서는 높은 야자나무에 오르기가 힘들고 번거로워 수액이 흘러나오는 곳에 대나무 통을 세워 놓고 나무 밑에서 수액을 채취하기도 한다. 신선한 사탕야자 나무 수액은 그대로 마시기도 하고, 마당에 지면을 파서 걸어놓은 가마솥으로 졸여서 엿으로 만들어 먹기도 한다. 이러한 엿은 보존 식품으로 중요한 식량이 되고 있다.

바짝 졸인 수액은 물엿으로 저장할 수도 있는데, 지금도 자연에서 채취할 수 있는 최대의 식료품이다. 3~4그루의 사탕야자 나무만 있으면 한 가족 5~6명이 근근이 생활할 수 있다. 수액을 채취할 수 없게 된 사탕야자 나무는 가옥의 주요 목재로 사용하고, 잎은 가옥 건물 지붕과 벽, 연료, 깔개, 줄, 바구니, 용기 등 다양하게 사용하고 있다. 사부 섬의 사탕야자 나무는 우리나라 사람들의 벼와 같은 중요한 의미를 가지고 있다.

사부족의 전통마을은 사방이 보이는 비교적 높은 언덕 위에 있다. 식수문제 등 생활이 불편하지만, 적의 공격에서 마을을 방어하기가 유리하다. 전통마을은 주변에 성벽이 쌓여있어, 우리나라 산성과 아주 유사하다. 수원이 없어 건기에는 라이주아와 서부 사부에서는 수전 농업이 거의 불가능하지만, 동부 사부에는 마을 가까이에 있는 강을 따라서 작은 면적 단위의 수전이 있고, 1년에 3모작이 가능하다.

사부족이 재배하는 쌀은 '부루벼'(sub-japonica, 熱帶島型品種群)라 하여 그 기원은 중국 운남 지방과 북베트남으로 청동기시대 동손문화와 함께 동인도네시아 각지에 파급한 것으로 추정되고 있다. 사부족의 수도경작은 다른 '부루벼문화권'과 유사하며, 최근까지 농기구의 존재와 사용방법을 몰랐다. 사부족은 숨바족과 플로레스족과 같이 강가 혹은 용천수 지점에 논을 만들어 거기에 많은 물

전통마을은 높은 언덕 위에 성벽으로 둘러싸여 있다. (우주디마 마을, 라이주아)

제경(혹은 踏耕) (동부 사부)

사부 섬의 전통가옥 아닷 페다로우 (서부 사부)

소를 몰아넣고, 물소가 논을 돌아다니게 하는 이른바 '제경'(蹄耕)을 하고 있다. 논 갈기의 가장 원시적인 방법은 물소 무리를 논에 풀어서 빙빙이를 돌게 하여 흙을 부드럽게 해서 벼를 심는 방법이다. 제경은 가장 원초적인 경작법으로 방대한 수의 물소를 필요로 하는 의례와 일체화하여 사부족의 독특한 생활 체계를 만들어 냈다.

사부족의 전통가옥은 고상 가옥으로 지붕이 배를 뒤집어 놓은 형태인데 일반적으로 주형(舟形) 지붕, 또는 주형 주거라고 부른다. 배를 뒤집어 놓은 형태의 고상 가옥은 인도네시아 청동기시대의 동손(Dongson) 동고와 동남아시아 각지의 사원 부조에서 많이 볼 수 있다. 동남아시아의 각지에는 지상식 주거도 있지만, 일반적으로 고상 가옥이 주류로 이러한 주거 형태는 동남아시아 기층문화에서 유래한다.

또한 고상 가옥은 카누(배)와 밀접한 관계를 가지고 있다. 전통마을이 산이나 언덕 위에 있는데도 불구하고, 마을이나 집에 돌아간다고 하는 말은 '배로 돌아간다'라는 의미이다. 가옥 지붕뿐만 아니라 집 전체를 배로 간주하고 있다. 사부족은 마을과 공동체의 문화가 여러 면에서 배를 암시하는 전형적인 사회이다.

현재 사부 섬의 주민 80%, 라이주아 섬은 60%가 기독교도이다. 하지만 대부분의 사부족은 조상숭배를 중심으로 하는 '진기 티우'(Jingi Tiu, 토착 종교로 서쪽에 인접한 숨바 섬의 마라푸 신앙과 유사하다)에 따라서 생활하고 있다. 그들은 겉보기에는 기독교도이지만, 일상적 · 비일상적으로 관습법에 얽매인 생활을 하고 있다.

사부족은 이중사회이다. 부계와 모계의 양쪽 출신 집단은 각각 다른 역할을 가지고 서로 보완적인 기능을 한다. 하지만 사부에서는 지연적 부계 출신 집단보다 비지연적 모계 출신 집단이 중요한 사회적 역할을 하고 있다. 지연적 부계 출신 집단은 토지, 부동산, 농경의례에 한정하여 관여한다. 한편 모계 출신 집단은 개인의 신분을 결정하고, 그 귀속은 결혼 생활의 가장 중요한 지표가 된다. 또 장례식을 정점으로 하는 통과의례에서도 현저한 역할을 한다. 사부족의 통과의례는 모계집단이 주관한다. 모계집단의 중요성은 사생아가 이상하게 많은 것과도 밀접한 관계가 있다. 모든 사생아는 모계 출신 집단에 귀속한다.

사부족은 혼전 성교가 매우 자유로워서 몇 명의 남자 사이에서 태어난 사생아를 가진 미혼모가 많다. 1980년대 사부와 라이주아를 조사한 가기야 아키코 교수는 라이주아 섬을 '자유로운 성생활의 섬', '마녀가 사는 섬'으로 소개하고 있다. 동인도네시아의 전형적인 혼인은 '순환혼', 즉 신부를 맞이하는 집단과 주는 집단이 정해져 있어, 대를 이어서 혼인 관계를 맺는다. 신랑 측은 신부 측이 요구하는 거액의 혼수, 신부 측은 그에 걸맞는 불균형 혼수의 교환을 수반하는 혼수 결혼과 일부다처제가 일반적이다. 하지만 사부족은 신부가 신랑 측에 보내는 혼수가 없다. 남자는 결혼하기 위해서 경제적으로 부담을 많이 하고 여자는 별다른 혼수를 준비할 필요가 없다. 또한 결혼은 자유연애가 기본이고 남녀가 대등한 입장에서 배우자를 선택한다.

사부족은 주 작물인 풋콩과 수수의 수확 후(서력 2월 중순경), 매일 밤 무도회를 연다. 젊은 남녀가 이 무도회에서 만나 결혼하는 것이 가장 이상적이라고 한다. 합법적인 결혼에는 남편이 처가에 지급해야만 하는 혼수가 필요하다. 사부족은 여자가 집단 간의 교환 대상이 아니고 여자에게 결혼이 강요되지 않는다. 사생아를 낳는 것은 부끄러운 일이 아니다. 아이가 태어나는 것은 무조건 좋은 일이며, 예부터 부모는 딸이 혼기가 차면 자유롭게 사용할 수 있는 오두막집을 세웠다. 사생아의 양육이나 상속은 외가가 전면적으로 책임진다. 사생아도 실질적으로 적출자와 동등한 권리를 가진다.

사생아는 대개 간통으로 태어난 아이이다. 사부에서는 간통이 일상적으로 이루어져 미혼여성과 기혼자 간의 간통이 압도적으로 많다. 그러나 간통에 대한 죄악감은 없다. 물론 사부 섬도 결혼 후의 정절은 중요시되고, 배우자의 간통 현장이나 증거를 잡아 관습법(Adat)에 호소하면 간통죄는 성립한다. 간통을 포함하여 부정한 죄를 관장하는 신관이 모네 루에(Mone Rue)이다. 모네 루에의 역할은 고발당한 간통자를 처벌하는 권한은 없고 조정자 역할이 주가 된다. 현실적으로 간통이 관습법에 따라서 재판되는 일은 매우 드물다.

사부족은 다른 여성 때문에 이루어진 간통을 '진기 위키'(Jingi Wiki)라고 한다. 이 말은 '적극적으로 간통한 여성', 즉 '남의 남편을 빼앗고 정식 아내를 내쫓은 여성 혹은 행위'를 뜻한다. 젊고 아름다운 여자가 부와 권력을 가진 유부남을 취하는 것을 의미한다. 또한 '진기 위키'는 사부족의 신화와 직결하여 사부족의 자손을 각지에 늘렸다는 조상신을 가리킨다. 진기 위키는 신화적 선조와 결부하는 행위이며, 이것은 남자보다 여자의 힘이 우월하다는 증거라 할 수 있다.

여자들이 간통죄를 관습법에 호소하지 않는 것은 '두 여자가 한 남자를 두고 싸우면 남자와 여자가 대등하지 않게 되고, 남자가 우월하게 된다.'라는 이유 때문이다. 사부 여성은 남편을 빼앗긴 분개심, 배신당한 슬픔 이상으로 남녀가 불평등하게 되는 상태를 우려한다. 따라서 여자끼리 다투어 전체적으로 여자 힘을 약화시키는 일은 없다.

사부 여자들은 자신들이 천신의 딸 '베로도'(Belodo)의 자손이라는 강한 자부심이 있다. 베로도는 신화상의 선조로 그녀는 사부족에게 처음으로 도작문화를 전했다고 여겨지는 천신이다. 베로도의 후손이라는 자부심에는 원래 여자가 남자보다 높은 지위에 있다는 우월 의식이 작용하고 있다. 사부 사회에는 일상적이든 비일상적이든 남녀의 주종 의식은 없다. 사부에서는 부부관계보다는 형제자매 간의 관계가 강하게 드러난다. 형제자매에 대한 정신적 · 물질적 원조 관계가 강조된다. 오키나와 지방의 '오나리 신앙'과 유사하다.

이러한 남녀 관계는 혼수와 밀접한 관련이 있다. 어떠한 사회도 이혼은 여성에게 경제적으로 불리하다. 사부 사회는 계층 사회로 혼수는 일방적으로 남편 쪽에서만 지급한다. 그리고 한 번 처가에 지급한 혼수는 어떠한 이유가 있더라도 반환받을 수 없다. 아내의 부정 때문에 한 이혼이라도 처가 쪽에서 혼수를 반환할 의무가 없다. 사부 사회에서 혼수의 반환 요구는 무서운 금기 사항이다. 이혼 후 여자는 당당하게 친정에 되돌아올 수 있다. 함께 데리고 나온 아이는 남자 형제들(외삼촌)이 책임을 지고 돌보아 준다. 또, 이혼한 여자는 '도피파나'(결혼식에 사용한 돗자리)를 가지고 나온 시점부터 재혼할 수 있는 권리를 가져 쉽게 다음 상대를 찾을 수 있다.

사부족은 지연적 부계집단과 비지연적 모계집단의 양쪽 출신에 귀속하고 있다. 부계와 모계의 양쪽 출신 집단은 각각 다른 역할을 가지고 상호 보완적인 기능을 하고 있다. 모계집단 '후비'는 귀족층의 '후비 아이'와 평민층의 '후비 이키'로 나누어져 각 후비는 '위니'(Wini)라는 하부집단(구성원은 60~100명 정도)으로 갈라져 있다. 후비아이와 후비 이키는 전설상으로는 자매관계이지만, 양쪽 후비에는 제례의 종류나 규모에 차이가 있어, 계급사회를 형성하고 있다.

사부족은 민족의상(Ikat)의 문양으로 신분과 소속 집단을 알 수 있다. 입고 있는 전통의상의 문양에 의해서 출신마을과 계층을 알 수 있다. 위니는 주로 통과의례를 집행하고, 모계집단의 의례는 위니 단위로 지낸다. 하부집단 위니의 구성원 안에 딸이 없으면 그 위니는 소멸한다. 부계집단에도 '우도'(씨족)와 하부집단 '게로고'가 있어, 주로 토지나 농경과 계절제를 관여한다.

사부족의 의례를 주관하는 신관은 '반니 아이'와 '모네 아마'가 있다. 여성 제사자인 반니 아이는 인생의례, 특히 장례식에서 큰 역할을 하지만, 모계사회라고 해도 결코 모권사회가 아니라 인생의례에서 여성 역할만을 담당하는 것에 지나지 않는다. 실제로 마을을 정치적 · 행정적 · 종교적으로 지배하는 것은 모네 아이와 모네 아마이다. '모네'는 남자, '아이'는 크다는 의미로, 유력자, 지도자, 선각자 등의 의미를 포함하고 있다. 모네는 '남자', 아마는 '제사'의 의미이다. 계절제나 농경의례 등 대부분의 의례는 모네 아마가 관할한다. 반니 아이와 모네 아마는 세습제로 지역에 따라서는 모네 아마와 같은 신관이 여러 명이 있기도 하다.

민족의상을 입은 신관. 문양으로 신분과 소속을 알 수 있다. (나마타 마을)

전통적인 사부 섬의 신관은 각각 역할이 분담되어 있다. 나마타 마을에는 모네 아마(남성 신관)가 일곱 명 있다. 예를 들면 '데오 라이'는 모든 작물이나 토지를 지키며 담당하고, 그는 전 의례가 정확하게 집행되는지 책임을 가진다. '마우기아'는 전쟁에 관련하는 의례를 담당하는 신관이다. '도히 레오'는 가축을 담당하는 신관으로 데오 라이를 보조한다. '두아이'는 추장으로 의례를 집행하고, '모네 루에'는 범죄 등을 재판하고, 죄인을 벌하는 의례를 담당한다. '푸로두 와두'는 건기에 행하는 의례를 관할한다. '라가 디무'는 바람을 관장하는 신관으로 특히 4월부터 5월에 걸쳐서 동쪽에서 불어오는 강한 바람을 가라앉히는 의례를 담당한다. 사부 섬과 라이주아 섬에는 갑작스러운 돌풍으로 농작물의 피해가 잦다.

03

사부족의 거석유구

사부족은 무덤을 가옥과 인접해서 만든다. 지금도 대개 집 가까운 마당 안에 묘를 만든다. 고고학적인 발굴조사를 통해서 얻어진 자료는 아니지만, 지금까지 사부 섬과 라이주아 섬에서 확인한 묘제는 토광묘, 옹관묘, 지석묘 등이다. 이러한 무덤은 오래된 마을 안의 광장에 전통가옥과 천국의 나무(우리나라의 당산목과 같은 성스러운 나무)와 같이 있다. 토광묘는 지하에 사자를 매장하고 입석을 세우거나 돌을 직사각형 혹은 타원형으로 쌓아서 묘역을 표시한다. 현재의 묘제는 시멘트로 지하에 무덤방을 만들고 목관에 유체를 넣어서 매장하는 1차장이다.

경제적으로 가난한 사부족이 빚을 내서라도 물소와 돼지 등 많은 가축을 제물로 바치는 장례식을 타오 레오(Tao Leo)라고 한다. 타오 레오는 죽은 자의 모계, 부계 양쪽 출신 집단의 협력으로 거행된다. 사부는 계층사회로 신분이 천한 사람은 타오 레오가 용서되지 않는다. 사부족은 신분이나 경제력에 따라서 가능한 한 화려한 장례식을 거행하기 위하여 일족의 위신을 걸고 경쟁한다. 이러한 훈공제연에는 물소 공희를 중심으로 춤과 음악을 동반하는 성대한 주연이 벌어진다. 로티 섬의 타오 레오에서는 제물로 바친 물소 목을 나무에 걸어 두는데 미얀마의 친(Chin)족도 지석묘 축조 후에 제물로 바친 물소 목을 '퐁'(Pong: Y자형의 토템 폴)에 걸어 둔다.

천국의 나무와 입석. 사진 오른쪽에 입석과 돌을 직사각형으로 쌓아서 묘역을 표시했다. (발루 마을, 라이주아)

의례에는 북과 청동제 악기가 사용된다. (로티 섬)

제물로 바친 물소 목을 나무에 걸어두었다. (로티 섬)

친족의 지석묘 (민탓, 미얀마)

친족의 퐁 (민탓, 미얀마)

부계집단은 제물로 쓸 돼지, 물소 등의 가축 조달에 분주하다. 특히 지배계급의 장례식에는 수십 마리의 물소가 사자의 넋을 따르도록 공희된다. 도살한 가축 수가 죽은 자와 그 가족의 명성을 강화하고, 장례식에 드는 막대한 비용 때문에 도산하는 사람들도 많았다고 한다. 사부족의 타오 레오는 권력과 재력을 과시하고, 일족의 번영을 기원하기 위해서 행해지는 훈공제연(勳功祭宴)이다.

모계집단은 집단의 재산인 여성 선조의 집(Aminu Ina Apu)이라고 불리는 전통

훈공제연(물소 공희) (동숨바)

훈공제연(사자를 저 세상에 보내는 춤) (로티 섬)

가옥에서 사자에게 입히고 부장하는 데 필요한 최상급의 염직물을 준비해야만 한다. 즉, 많은 수의 물소와 염직물이 장례식에 없어서 안 되는 제물이다. 따라서 이러한 제물을 준비하기 위해서는 많은 시간이 필요하다. 현재는 정부가 3일장을 권장하고 있지만, 과거에는 2차장이 일반적이었다고 한다. 특히 신분이 높은 사람은 시신을 매장하고 집안의 오른쪽 방 상좌에 목상을 만들어 안치한 후, 제물을 준비해 나간다. 장례 기간에는 술과 고기, 음악과 춤이 어우러진다. 같은 계층이라도 남성보다는 여성이 성대한 장례식이 치러진다.

사부족에게 종교적으로 가장 중요한 장소는 지석묘가 모여 있는 거석광장이다. 이러한 거석광장은 전통가옥과 지석묘가 하나가 되어서 종교적인 공간을 형성하고, 그 안에서 다양한 의례가 거행된다.

서부 사부의 지석묘

세바에서 약 5km 떨어진 곳에 나마타(Namta) 마을이 있다. 나마타 마을은 사부족의 첫 마을이라고 믿고 있어 정치적으로나 의례적으로 중요한 마을이다. 언덕 위에 지석묘가 모여 있는 거석광장이 있는데, 그 동쪽에 의례 때 사용하는 중요한 2채의 관습가옥이 있다. 인도네시아의 제도에서는 일반적으로 '루마 아닷'(Rumah Adat)이라 하는데, 남쪽에 있는 것이 '반니 데오'(Bani Deo, 여신), 북쪽에 있는 것이 '헤오 가니'(Heo Gani, 9개 카누의 용골)이다. 관습가옥에는 신관이 살고 있고, 의례 때 사용하는 제기가 보관되어 있다.

관습가옥에서 조금 위쪽의 광장에는 낙원의 나무(천계수)와 십여 기의 지석묘가 있다. '천계'(天界)를 상징하거나, '소원성취를 해주는 나무'를 인도네시아어로 '칼파타루'(Kalpataru, 천국의 나무)라고 한다. 칼파타루는 중부 자바 사원에서 중

관습가옥 반니 데오 (나마타 마을)

거석광장의 천계수와 지석묘 (나마타 마을)

요한 장식으로 사용한다. 칼파타루는 인도네시아 고유의 '낙원의 나무' 신앙에서 유래한다. '낙원의 나무'는 항상 시원한 휴식터와 맛있는 과실을 제공해주는 나무에 둘러싸여 생활해 왔던 인도네시아인의 자연환경과 밀접한 관계가 있다. 자바와 사부는 역사적으로 그다지 관련이 없지만, 천국의 나무를 숭배하는 사상은 동남아시아의 기층문화에서 유래한다.

나마타 마을의 지석묘 대부분은 주먹 정도의 자연석을 높이 약 20 ~80cm까지 쌓아서 그 위에 원형, 사각형으로 가공한 상석을 올려놓는 것이 큰 특징이다. 각각의 지석묘는 씨족 선조와 관련하는 이야기가 전해지고 있다. 그중에서도 가장 주목되는 것이 전사 '아마 라투 가오'(Ama Ratu Gao)를 기념하기 위해서 세웠다는 지석묘이다.

성혈 (나마타 마을)

돌 의자 (나마타 마을)

원형이나 사각형의 상석을 가진 지석묘는 제물을 조상신에게 바치는 제단으로 사용하고 있다. 이러한 풍습은 지금도 의례 때나 일상생활 안에서 뿌리가 깊게 남아 있다. 이 마을 출신자가 마을에 되돌아왔을 때에는 우선 거석광장에 와서 과일, 돈, 담배 등을 지석묘에 바쳐야만 한다. 그리고 지석묘 상석 표면에는 성혈이 파여 있어, 성혈은 의례 때에 정화수(井華水)를 넣는다고 한다. 현재 나마타 마을의 거석광장은 인도네시아 정부 교육문화성의 전통마을로 지정되어 보호 관리를 받고 있다.

성스러운 나무 밑에는 스톤 시트(Stone Seit; 신이 강림해서 앉은 자리)가 있다. 개석식 지석묘 뒤에 입석을 비스듬히 세워서 스톤 시트(돌 의자)를 만들었다. 이 돌의자는 신이 내려와서 앉는 자리로 의례 때에 라자(Raja; 추장)이나 신관만이 앉을 수 있다. 이러한 금기는 지금도 엄하게 지켜지고 있다.

숨바 섬에는 '나타라 카토다'(Katoda)라는 거석광장이 있는데 이곳은 옛날 다른 부족을 습격하여 적의 머리를 베어(목 사냥) 올리는 제례 때에만 사용했다. 나마타 마을의 거석광장도 다른 부족과 전쟁 때 의례를 거행했던 곳으로 적의 수급을 걸어놓았던 수가목(首架木)이 남아 있다. 지석묘군 서쪽에 낮게 돌을 쌓아서

바이욘 사원의 투계 부조 (캄보디아)

만든 원형 광장이 있는데, 이는 의례 때 투계(닭싸움)에 사용된다. 투계는 동남아시아 각지에서 볼 수 있는 도박으로 캄보디아 바이욘 사원의 회랑에는 시장에서 닭싸움에 돈을 걸고 응원하는 사람들의 부조가 새겨져 있다.

나마타 마을 거석 광장의 위쪽에도 또 하나의 제장이 있다. 지석묘는 없지만 천국의 나무를 중심으로 그 밑에 원형으로 돌을 쌓아올려서 제장을 만들었다. 제장 위에는 작은 입석과 스톤 시트가 남아 있다. 천국의 나무 아래의 적석 유구가 신관이 제물을 바쳐서 의례를 집행하는 중심이 된다. 가까이에 또 하나의 적석 유구가 있고 그 중앙에 적의 수급을 걸어놓았던 수가목이 남아 있다. 적석유구 일각에 있는 스톤 시트 표면에 성혈이 있다.

서부 사부의 오래된 마을이 코로라에(Colorae) 마을이다. 작은 산을 중심으로

천국의 나무와 적석유구 제장 (나마타 마을)

수가목과 지석묘 (나마타 마을)

스톤 시트와 성혈 (나마타 마을)

성석 (코로라에 마을)

전통가옥과 제단 (코로라에 마을)

그 주변에 마을이 형성되었다. 마을에 들어가면 산기슭에 '우와도 다비바'(星石이라는 의미)라는 지석묘가 있다. 주먹 크기의 자연석을 쌓은 적석유구 위에 원형으로 가공한 상석을 올려놓은 형태이다. 상석 표면에는 2개의 성혈이 있고, 그 전면에는 제단석이 놓여있다. 마을 사람들은 이 성석이 빛과 함께 하늘을 날아서 날아왔다고 한다. 지금도 매년 3월에는 주변 마을 사람들이 성석을 찾아와 제를 지내고 있다. 빛과 천둥을 묶는 성석(星石)과 뇌석(雷石) 전승은 인도네시아 각지에서 전해진다.

코로라에 마을의 중심지는 산 정상에 있다. 정상에는 '도루 데오'(Doru Deo; 도움의 신)가 거처하는 다섯 채의 전통가옥이 있다. 정상 한 구획에 큰 바위와 천계수가 있다. 바위는 높이 약 3m의 자연석으로, 마을 사람에게 바다의 염수가 마을까지 들어오는 것을 막는 신으로 여겨지고 있다. 과거 지진 때문에 쓰나미(해일)가 있었던 것을 전하는 이야기이다. 또, 바위 사이의 전면에는 돌로 제단이 마련되어 있다. 제단 한복판에는 둥글게 가공된 '들돌'(擧石)이 안치되어 신석(神石)으로 받들고 있다. 의례 때에 제단 위에는 제물이 바쳐진다.

산 정상 서남쪽에도 천계수와 지석묘가 있다. 천계수의 뿌리 주변에 돌을 쌓아 올린 제단이 있고, 그 나무 중간부에는 사탕야자 나무의 잎으로 만든 금줄이 쳐져 있다. 금줄에는 작은 주머니가 달려있어, 곡물의 씨앗을 넣어서 풍작을 기원한다. 천계수의 주변에도 돌 의자가 있다. 의례 때에는 돌 의자에 신관들이 앉아 밤을 새며 노래와 춤을 춘다. 산 정상의 천계수와 지석묘 주변에서 행해지는 의례를 '호레'라고 한다. 건기가 시작하는 4월 중순에서 5월 중순에 열리는 농경과 관련하는 계절제로 다산 풍작을 기원한다.

의례가 끝날 즈음에 사탕야자 나무의 잎으로 길이 3m의 의례용 카누를 만든다. 카누 안에 살아있는 강아지 · 닭과 음식물을 넣고, 산 정상에 있는 거석광장에서 호레 의례가 거행된다. 산 정상에서 의례가 끝나면 산기슭(마을 서북쪽)에 있는 '나다 베다로'라는 지석묘, 입석, 돌 의자가 있는 거석광장까지 의례용 카누를 가지고 와서 2번째 제의가 거행된다.

세 번째로는 마을 남쪽으로 약 3km 떨어진 '로코와도아이'라는 큰 바위가 있는 곳에서 제례가 행해진다. 사부족의 암석 신앙의 일면을 잘 보여주는 의례이다. 그러고 나서 제물을 실은 의례용 배를 가까운 해안까지 가지고 가서 서쪽 바다로 흘려보낸다. 사부족은 자신들의 선조 영령이 사는 곳은 서쪽(숨바 섬과 플로레스 섬)이라고 믿고 있다. 코로라에 마을의 '티뱃놀이' 의례는 선조가 섬에 처음 도착했던 당시를 기리고, 또 그 선조가 사는 저 세상에 제물을 보내는 의례이다. 사부 섬의 '티뱃놀이'는 전라북도 위도의 띠뱃놀이와 유사하다.

동부 사부의 지석묘

동부 사부에는 옛날에 마을이 있었다고 하는 후라티(Hurati) 유적이 있다. 옛날 마을의 중심부였던 곳에는 산호석으로 둘러싸인 광장이 있고, 그 안에 원형으로 배치한 지석묘(14기)가 남아 있다. 지석묘 안에는 서부 사부에서 볼 수 있는 일반적인 형태와는 다른 것도 있다. 서부 사부에는 주먹 크기의 자연석을 몇십 cm 쌓아 올려서, 그 적석 위에 원형이나 사각형으로 가공한 상석을 올린 것이 많다. 그러나 이 유적에서는 숨바 섬의 지석묘와 매우 유사한 형태의 지석묘가 많다. 4개의 지석 위에 판석형으로 가공한 상석을 올려놓았다.

동부 사부의 산속에 라이라나이(Railanai) 유적이 있다. 이 유적도 원래 마을이 있었던 곳으로 성벽과 지석묘가 남아 있다. 적석기단 위에는 전통가옥이 있었지만 현재 남아 있지 않다. 마을의 전승에는 옛날 새로운 전통가옥을 세울 때

지석묘군 (후라티 유적)

적석 기단과 지석묘 (라이라나이 유적)

지석묘 (라이라나이 유적)

에는 세바에서 노예를 사 와 제물로 바쳤다는 이야기가 남아 있다. 사부 섬의 이러한 이야기는 지석묘와 관련하여, 목 사냥 전쟁이나 인신 공희의 풍습을 전하고 있다. 기단 전면에 적석 제단이 있다.

기단 동쪽으로 조금 떨어진 곳에 천계수를 중심으로 지석묘와 입석이 있어, 마을 사람들의 선조와 관련된 전승이 남아 있다. 지석묘 형태는 4개의 지석 위에 상석을 올린 것과, 작은 잡석을 쌓아올려 그 위에 상석을 올린 2종류가 있다. 이들 지석묘 안에는 '바투 두듭'(Batu Dudup; 스톤 시트, 돌 의자)이 있어, 의례 때에 선조 신이 앉는 의자라고 믿고 있다. 의자 형태뿐만 아니라, 지석묘도 '바투 두듭'이라고 부르고 있다. 이 거석광장의 의례는 수장의 장례를 비롯해서 계절제와 전쟁 의례가 주가 되며, 그때는 반드시 가축을 공희한다.

현재, 라이나라이와 후라티 유적에는 주민이 살고 있지 않지만, 쿠지라투(Kujitatu) 마을에는 거석문화가 지금도 살아 있다. 마을 안의 광장에는 전통가옥 · 천국의 나무, 제단석, 입석, 지석묘 등이 있어, 지금도 각양각색인 전통 의례가 행해지고 있다. 천국의 나무나 입석에 사탕야자 나무 잎으로 만든 금줄이 쳐진다. 사탕야자 나무의 수액은 전술한 바같이 사부족의 가장 중요한 음식물로 사부족에게는 없어서는 안 되는 중요한 것이다. 손에 넣기 쉬운 문제뿐만 아니라 사탕야자 나무에 대한 그들의 신앙적 사고를 상징적으로 나타낸 것이다. 이러한 금줄은 의례 때 다른 거석광장의 천국의 나무나 입석에도 예외 없이 매여진다. 지석묘의 상석이나 제단의 표면에 성혈이 새겨져 있다. 광장 안에 있는 2기의 입석은 마을을 세운 최초의 선조가 바다에서 당도한 것을 기념하기 위해서 세웠다는 전설이 있다. 입석 상부에는 성혈이 새겨져 있어, 의례 때 날달걀을 놓아둔다. 일반적으로 성혈은 여성의 상징으로 해석되고 있는데 쿠지라투에서 날달걀을 놓고 남자 아이의 출산과 다산(多産)을 기원하고 있다.

거석광장 (쿠지라투 마을)

제단석과 성혈 (쿠지라투 마을)

라이주아의 지석묘

라이주아 섬은 사부 섬의 서쪽에 있는 작은 섬으로 인구 6천 명이 다섯 마을에 살고 있다. 사부 섬은 숨바 섬과 티모르 섬에서 작은 정기 여객선이 왕래하여 토착문화를 잃어가고 있다. 그러나 라이주아 섬은 사부 섬의 세바 항에서 어선밖에 왕래하지 않아 토착 문화를 지금도 유지하고 있다. 사부 섬에서 이미 상실되었거나, 혹은 변형해버린 문화가 지금도 남아 있다. 기본적으로는 사부 섬과 동질의 문화를 가지고 있지만, 사부 도민은 라이주아 섬을 자신들의 문화 발상지로 믿고 있다. 특히 오래된 마을에는 소형 개석식 지석묘가 예외 없이 남아 있다.

우주디마(Ujudima) 마을은 라이주아의 오래된 마을의 하나이다. 언덕 위에 있는 마을은 성벽으로 둘러싸여 방어를 최우선으로 형성된 고지성 취락이다. 마을 안 광장에는 소형 개석식 지석묘가 군집하여 있다. 상석은 거칠게 가공한 화

주형 가옥 (우주디마 마을, 라이주아)

헤가 I 식 동고 (참파삭역사박물관)

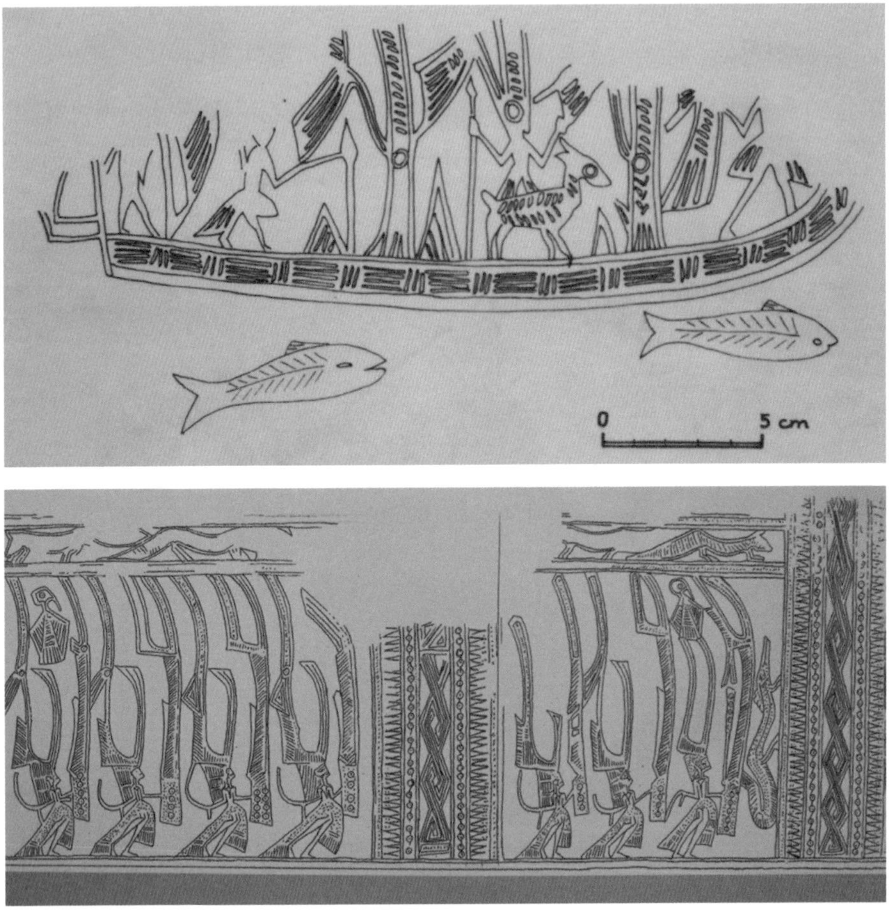

동고 측면에 새겨진 배 문양(上)과 새를 가장한 인물 부조(下) (라오스국립박물관)

산암이 주로 사용되었다. 현재 주민은 토장을 주로 하고, 경제적으로 여유가 있는 사람은 시멘트로 묘를 만들어 지석묘는 그 기능을 상실했다. 라이주아, 특히 우주디마 마을의 고상 가옥은 그 구조가 배와 유사하다. 동남아시아에는 지붕과 가옥 전체가 배와 같은 독특한 형태를 한 고상 가옥이 많이 있다.

민족학에서는 이러한 지붕(가옥) 형태를 '주형'(舟形) 가옥이라 하여 기원전 북베트남에서 번창한 동손(Donson)문화와 관련시키고 있다.

동손문화를 대표하는 것이 헤가(Hergel) I식(기원전 5~3세기)의 동고로 고상 가옥, 배, 새를 가장한 인물 부조가 새겨져 있다. 주형지붕을 가진 사람들은 스스로의 조상이 돛단배(Pulahu, 인도네시아어의 소형 아웃 리가 카누)를 타고 왔다고 믿고 있다. 또 사자의 영혼은 '영혼의 배'를 타고, 바다 저쪽에 있는 조상의 고향으로 돌아간다고 한다. 그 때문에 유해는 '배'로 불리는 지석묘에 묻혀야 한다는 믿음이 있었다. 또, 그들은 아직도 선장과 선원 사이와 같은 공동체의 일원이라고 생각하고 있고, 카누를 흉내 내서 가옥을 세웠다. 촌락공동체가 산간지방에 있음에도 문화의 구석구석에서 배를 암시하는 사회는 인도네시아의 각지에서 보고되었다. 사부 섬, 라이주아 섬, 로티 섬은 카누 문화의 전형이며, 배를 상징하는 가옥, 배를 암시하는 장제(葬制)와 지석묘 등은 중요한 개념이다.

발루(Ballu) 마을은 도쿄조형대학의 가기야 아키코 교수가 1980년부터 2년 이상 거주하며 현지조사한 마을이다. 가기야 아키코 교수의 관심은 여성과 염직물이었기 때문에 지석묘에 관해서 구체적인 보고가 없는 것이 유감이다. 발루 마을 광장에는 소형 지석묘가 산재해 있다. 그와 더불어 시멘트 분묘도 만들어져 있다. 마을 신관에 의하면 1930년대까지 유력자가 죽으면 우선 마을 안의 광장에 가장(1차장의 토장, 둘레를 돌로 쌓아서 묘역 표시를 한다)을 하고, 그 후 장례 준비(몇 달에서 몇 년이 걸린다)가 끝나면 뼈만 추려서 조상 대대의 지석묘에 추가장을 했다고 한다. 최근에는 광장에 토장을 하고 그 후 여유가 생기면 시멘트 분묘를 만들어 세골한 뼈를 매장한다고 한다. 가까운 코로라에 마을의 거석광장에는 지석묘와 함께 2006년에 시멘트로 만든 무덤이 나란히 세워져 있다.

1차장의 토장 (로티 섬)

지석묘와 전통가옥 (발루 마을, 라이주아)

시멘트 분묘와 지석묘 (코로라에 마을, 라이주아)

용천수 우물 유적 (우바하바, 라이주아)

라이주아 섬의 모아 항 가까운 곳에 우바하바(Uvahava)라는 평지가 있는데, 인근 마을 사람들의 제장으로 사용되는 장소이다. 평지 여기저기에는 개석식 지석묘와 사부 섬에서 볼 수 있는 적석 위에 원형 상석을 올린 지석묘가 남아 있다. 라이주아 섬은 강이 거의 없고 식수가 부족한 곳이다. 용천수 우물은 인공으로 만들어진 것은 아니지만, 주변에 있는 소뼈와 성혈이 있는 석재로 보아 신앙의 대상이었다는 것을 쉽게 알 수 있다. 이 용천수 우물 유적의 성혈은 성혈이 물과 관련이 있는 것을 시사하고 있다.

사부 섬과 라이주아 섬의 지석묘 상석 표면에 직경 약 9~15cm, 깊이 약 3~7cm의 성혈을 많이 볼 수 있다. 둥근 자갈을 갈아서 만든 것으로 그 제작 과정은 상당한 노력과 시간이 소요되었다고 생각한다. 성혈을 인도네시아에서는 '바투 다콘'(Batu Dakon)이라고 하여, 사부에서는 곡물(풋콩과 수수)의 씨앗, 성수(聖水), 날달걀을 넣어서 다산 풍작을 기원한다.

라이주아 섬의 나데가(Nadega) 마을은 섬사람들에게 토착종교의 중심이 되

성혈 (우바하바, 라이주아)

는 마을이다. 고지에 위치하고, 마을 중심에 거석광장이 있다. 나데가 마을은 섬의 최고위 신관인 '데오라이'(Deorai; 토지 주인이라는 뜻)가 사는 마을로 유명하다. 그런데 신관들의 죽음은 공식적으로 발표하지 않는다. 다른 신관들이 시신의 얼굴 일부를 베어내어 전통가옥(고상 가옥) 밑에 밀장한다. 공동체의 운명을 좌우하는 신관의 능력을 상징하는 얼굴 부분이 적의 손에 넘어가는 것을 방지하기 위해서라고 한다.

전통가옥 앞에는 지름 약 30m의 광장이 있어, 그 구석에 높이 1m 내외의 3기의 입석과 지석묘가 있다. 광장 주변은 산호석으로 원형 울타리가 쌓여있고, 그 한쪽에 입구를 만들어 놓았다. 현재도 신관이 마을에 살고 있어, 여러 의례를 담당하고 있다.

나데가 마을의 거석광장에는 돌담으로 둘러싸인 천국의 나무와 성석(星石, 지석묘)이 하나가 된 성지가 있다. 이러한 형태의 제장은 우리나라의 제주도 신당과 유사하고, 인도네시아 자바 섬, 발리 섬, 플로레스 섬, 로티 섬, 폴리네시아, 하와이 등에서도 발견되었다. 마을 사람은 이 돌이 하늘에서 떨어졌다고 한다. 번개와 함께 떨어졌다고 해서 뇌석(雷石)이라고 부르기도 한다. 이 돌이 모든 부와

신관 데오라이와 성석 (나데가 마을, 라이주아)

행복을 가져온다고 믿고, 성석 신에게 매년 제물을 빠뜨리지 않는다. 이러한 성석(星石)에 관한 신앙은 롬복(Lombok) 섬에도 있다.

나데가 마을에서 약 2km 떨어진 곳에 나다 이브(Nada Ibu)라는 넓은 평지가 있다. 바다와 마을 중간에 있어 전망이 좋은 곳이다. 이 나다 이브도 나데가 마을 사람들의 제장(祭場)이며, 여기저기에 지석묘가 산재해 있다. 4개의 지석 위에 상석을 올린 지석묘와 자갈 위에 상석을 올린 지석묘가 있다. 그중에는 상석 표면에 성혈을 새겨놓은 것도 있다.

04

사부족의 의례

사부족의 주식은 사탕야자 나무의 수액(사탕 물)이다. 우기에 재배되는 풋콩과 수수도 대개 4~5개월이 지나면 바닥이 난다. 사부족의 농사 달력은 서력 1년을 2년으로 계산한다. 농작물의 수확이 끝나면 각종의 수확제가 열린다. 사탕야자 나무 수액을 채취할 수 있는 계절이 되면 또 다른 1년이 시작된다. 서력 1년 안에 농작물을 수확하는 계절(1년)과 사탕야자 나무 수액을 채취하는 계절(1년)이 명확히 구분되어 각각 독립된 농경의례가 개최된다.

사부족은 태음력을 사용하고, 여러 의례를 크게 나누면 통과의례와 농경의례(계절제)이다. 본고에서는 통과의례에 대해서는 생략하고 주로 계절의례를 중심으로 소개한다. 모든 의례는 각각 특별한 신관이 집행한다. 의례는 항상 닭, 돼지, 염소, 물소 등의 가축 공희를 포함하고, 각 마을의 거석광장이나 지석묘, 성석과 천국의 나무가 있는 특정한 장소(제장)에서 개최한다.

와루 아아

5월 중순에서 6월 중순 사이로, 사부족의 1월에 해당한다. 데오 라이가 의례를 위해서 개인적인 닭싸움을 중지시킨다. 이 해에 처음으로 사탕야자 나무의 수액을 채취하기에 앞서 거석광장에서 가축공희가 열린다('부카 우바 라오'라는 의례). 모

모네 아마와 지석묘 (나마타 마을)

네 아마가 의례를 통괄하고, 풍부한 사탕야자 나무의 수액을 주는 신에게 감사하고, 앞으로 더욱 많은 수확을 기원한다. 마우 기아라는 신관이 모든 생물에 병이 없도록 기원한다.

와루 아리

6월 중순에서 7월 중순 사이로 사부족의 2번째 달로, 이 기간에는 특별한 의례가 없다.

와루 게리라

7월 중순에서 8월 중순 사이의 3번째 달이다. 거석광장에서 9일간 의례가 행하여져서 돼지가 공희된다. 보름날 밤에 시작하는 '푸루 호코'라는 의례로 이날부터 사탕야자 나무의 수액을 엿으로 만들 것을 주민들에게 알리는 의례이다.

와루 도누 마누

8월 중순에서 9월 중순의 4번째 달이다. 모네 아마와 데오 라이가 닭을 공희하는 '데나이 두이'라는 의례가 행해진다. 사탕야자 나무의 수액 채취가 끝나는 시기에 접어든 것을 알리는 것이다.

와루 파가 라이

9월 중순에서 10월 중순의 5번째 달이다. 예전에 우리나라 남부지역에 있었던 석전이 개최된다. 두 마을 사람들이 서로 돌을 던지며 싸우는 의례로 인간의 피를 대지에 바치는 의식이다. 의례가 절정에 달했을 때에 모네 아마가 가축 공희를 한다. 메사라 지구에서는 7월, 나마타 마을에서는 10월에 열린다.

와루 고마

10월 중순에서 2월 중순의 6번째로 맞는 달이다. 이 기간에는 '다 하푸 고'라는 수수와 풋콩의 풍작을 기원한다. 수수나 풋콩 등의 농작물을 심고, 기우제를 지낸다.

와루 나이키 게부이

11월 중순에서 12월 중순 사이로, 이 기간은 밭일에 전념한다. 만약 비가 내리지 않으면 거석광장에서 돼지를 공희하여 기우제를 지낸다.

와루 위라 고로

12월 중순에서 1월 중순으로, 보름날 거석광장에서 신관 데오 라이가 검은 닭에 야자 기름을 칠하여 제물로 바친다. 신관이 제물을 들고 해안까지 가서 바람의 신에게 강한 바람과 높은 파도를 가라앉히도록 기원한다. 곡물의 무사한 수확을 기원한다. 데오 라이의 부인도 경작지 제물을 바쳐 풍작을 빈다.

와루 한가 디무

1월 중순에서 2월 중순으로, 보름날에 거석광장에서 데오 라이가 농작물의 풍작을 기원한다.

와루 다하 이키

2월 중순에서 3월 중순으로 초승 날에 모네 아마가 '페히레 자라'를 개최한다(남녀가 말을 같이 타고 밤새 노래하며 춤을 춘다). 거석광장에서 남녀의 대축연이 벌어진다. 수수와 풋콩의 수확이 시작된다.

와루 다파 아이

3월 중순에서 4월 중순 사이로, 각 마을에서 '페도아'라고 하는 수확제(무도회)가 매일 저녁 열린다. 화려하게 치장한 젊은 남녀가 팔짱을 끼고 둥글게 원을 만들어 노래하며 춤을 춘다. 이때 만나서 결혼하는 사람들이 많다. 노래의 내용은 가족이 소유하는 사탕야자 나무, 선조에 관한 이야기, 사랑의 고백 등이다.

와루 반가 리우

4월 중순에서 5월 중순으로, 해를 마감하는 의례가 거행된다. 농작물의 수확을 마치고, 대지의 신과 선조를 대접하기 위해서 가축 공희를 수반하는 다양한 의례가 거석광장에서 개최된다. 보름날 밤에 모든 악마나 병을 쫓아버리고, 수확한 농작물을 신들에게 바쳐 더욱 많은 풍작과 행복을 기원하는 '호레'가 개최된다. 마을 사람들이 참가해서 노래와 춤을 추면서 모든 액을 쫓아버리고, 신에게 수확을 감사한다. 코로라에 마을에서는 의례용 배를 만들고, 그 안에는 강아지 · 닭 등 살아있는 가축과 수확한 수수 · 풋콩 등의 음식물을 넣고, 선조가 사는 서쪽 바다로 떠나보낸다. 전라북도 부안군 위도의 '띠뱃놀이'와 아주 유사한 의례이다.

이상과 같이 사부족의 연중 의례를 소개했지만, 이러한 여러 의례가 열리는 장소는 거석광장이나 전통가옥과 지석묘가 있는 성지이다. 그리고 지석묘는 주민 개인의 일상생활 안에서 일어나는 다양한 문제나 희망을 비는 대상물이기도 하다.

05

거석유구의 종류와 기원

사부 섬과 라이주아 섬의 지석묘는 전통가옥, 천국의 나무가 하나가 되어서 거석광장을 이루고 있다. 지석묘의 형태를 분류하면 개석식 지석묘(적석 위에 상석을 올린 것)와 탁자식 지석묘(4개의 지석 위에 상석을 올린 것)로 나눌 수 있고, 상석은 원형으로 가공한 것이 많다. 원형 상석은 사부 섬과 티모르 섬의 벨(Bel)족이 사는 주변지역 이외에서는 그다지 볼 수 없는 형태이다. 사부족과 티모르 섬의 벨족은 동일선조라는 전승을 가지고, 또 지석묘 사회라는 유사점이 있다. 사부족의 지석묘는 원래 특정 씨족의 분묘로 만들어진 것이 시간이 지나면서 특정 수장이나 신관이 앉는 장소로 변한 것 같다.

사부 섬과 라이주아 섬의 거석유구 안에는 스톤 시트가 있다. 입석과 지석묘를 조합시킨 형태이다. 메사라 마을에는 천국의 나무를 중심으로 그 밑에 둥글게 쌓아올린 2단의 적석 기단이 있다. 상단은 제물을 바치는 제단으로 사용되고, 하단에 1m 내외의 판석형 입석이 비스듬히 세워져 있다. 이것 또한 일종의 스톤 시트이다.

천국의 나무는 선조의 혼이 머무는 장소이고, 돌 의자는 의례 때에 수장 혹은 신관들이 앉는 장소이다. 돌 의자는 자바 섬과 발리 섬에서는 청동기시대의 선사유적에서도 발견되었다. 플로레스 섬, 티모르 섬, 폴리네시아의 제장(祭場,

천국의 나무와 스톤 시트 (메사라 마을)

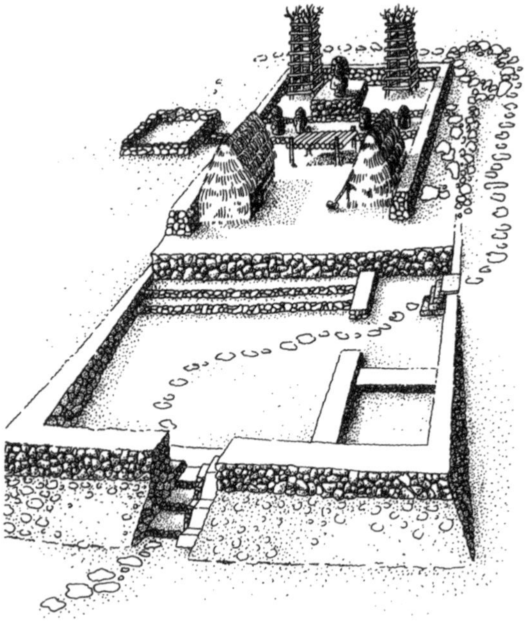

폴리네시아의 제장 (하와이)

거석광장: 제단 위에 신상=조상신을 안치하고 그 앞에 신관이 앉는 스톤 시트가 있다)에도 있다.

코로라에 마을의 정상에 있는 거석광장 제단 위에 둥글게 가공한 돌이 안치되어 있다. 무거운 돌을 들어 올려서 소년이 어른이 되는 통과의례에 사용하는 것으로 숨바 섬에도 같은 풍습이 있다. 우리나라에서는 '들돌'(擧石)이라고 한다. 사부 섬에서는 여성이 이 돌 위에 앉으면 아이가 점지된다고 믿는다. 마을 입구나 광장에 있는 'Y' 자형의 천국의 나무(신목) 위에 들돌을 안치하여 다산, 풍작을 기원하기도 한다. 일본에도 '치키라'(力石)라 하여 신사 경내에 안치되어 있다. 따라서 천국의 나무에 대한 신앙은 전술한 바와 같이 인도의 종교 문화에서 유래하는 것이 아니라 동남아시아의 기층문화에서 유래하는 것을 알 수 있다.

천국의 나무 (타 프롬, 캄보디아)

사부족에서 지석묘가 가지는 큰 의미는 인도네시아 제도에서 이미 상실된 거석문화가 지금도 유지하고 있는 점이다. 본고는 사부 섬과 라이주아 섬에 남아 있는 지석묘의 분포와 그와 관련하는 여러 의례를 소개했다. 사부 섬의 지석묘와 동인도네시아 제도의 지석묘와의 관계는 앞으로 종합적인 연구가 필요하다. 사부 섬의 거석문화는 플로레스 섬 혹은 숨바 섬과 관련이 있다. 사부 섬의 거석문화는 사람의 이동과 문화의 이동 경로를 생각하면 플로레스 섬 산악지대가 그 기원일 가능성이 높다. 플로레스 동쪽에 있는 알로르 섬, 동남부의 티모르 섬, 사부 섬의 동쪽에 있는 로티 섬에서는 지석묘 등의 거석유구가 거의 발견되지 않았다.

참고문헌

가종수, 기무라 시게노부, 『한국석상의 원류를 찾아서』, 북코리아, 2011.

가종수, 「동인도네시아 사부 섬의 지석묘」, 『계간 한국의 고고학』 제21호, 2012.

佐藤浩司, 「舟型住居の原型を追う—サブ島とロテ島の住まい」, 『季刊民族學』 46號, 1988.

鍵屋明子, 『インドネシアの魔女』, 学生社, 1996.

賈鍾壽, 「サブ族の文化と巨石遺構」, 『環太平洋学會』, 第8號, 1994.

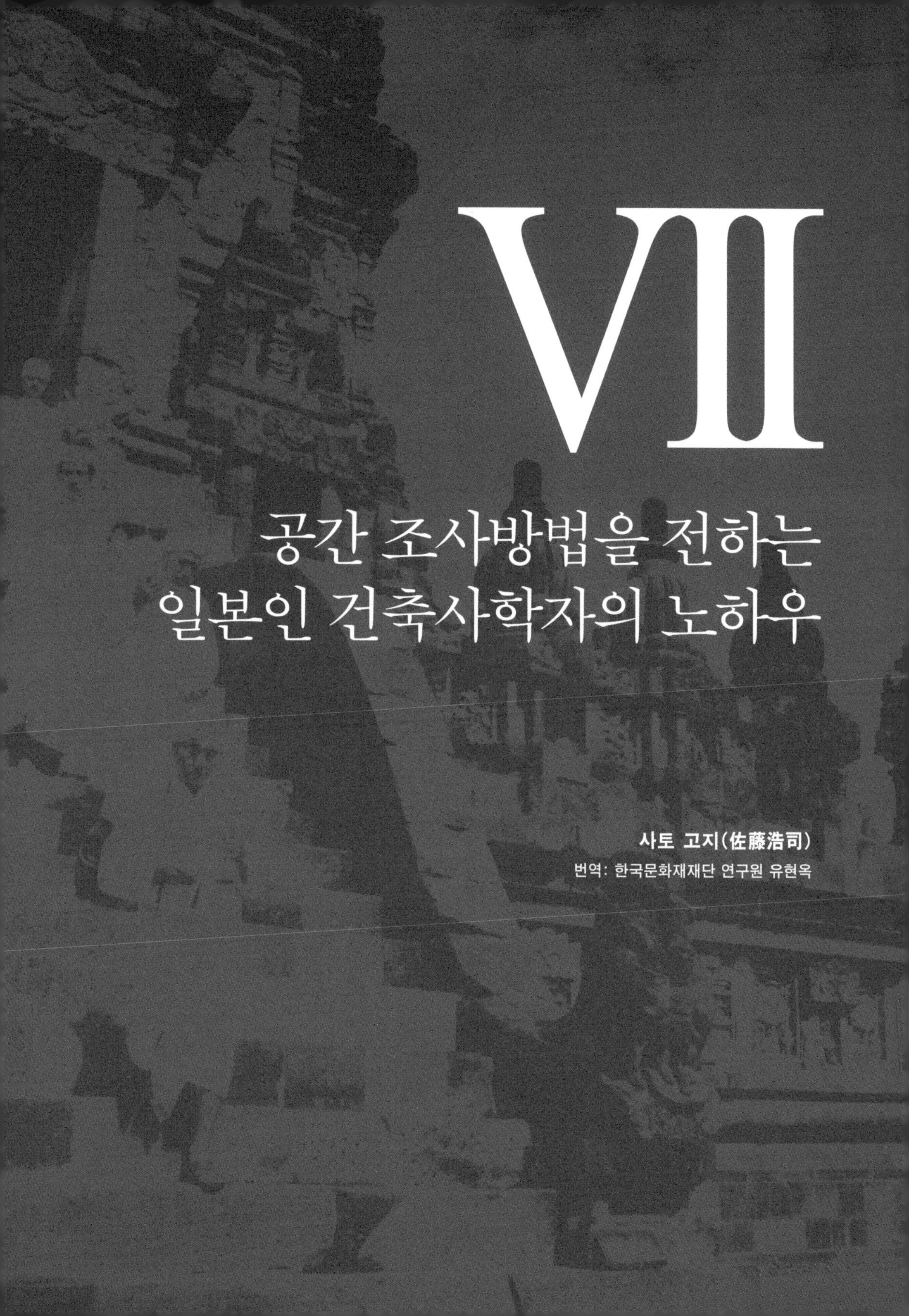

Ⅷ

공간 조사방법을 전하는 일본인 건축사학자의 노하우

사토 고지(佐藤浩司)

번역: 한국문화재재단 연구원 유현옥

공간으로의 접근

공간 읽기

어린 시절에 술래잡기를 할 때에는 안전지대를 정한다. 그것은 특정한 나무나 돌, 지면에 그린 테두리로, 이러한 안전지대에 도망치면 술래(귀신)에게 잡히지 않는다. 자연의 나무나 돌, 지상에 그린 선이 이러한 의미를 가지는 것은 그 놀이의 참가자 모두가 공유하는 규칙이기 때문이다. 술래잡기 때에 한 개의 선은 귀신에 대한 불가침의 영역을 형성하고 있다.

비슷한 예는 주변에서 얼마든지 찾아볼 수 있다. 일본 도로에는 중앙에 흰 선이 그어져 있다. 생각하기에 따라서는 이것도 아이들의 놀이와 그다지 다르지 않은 약속이지만, 차를 운전해서 이 선의 오른쪽을 달리지 않는 것은 위법이라는 것을 알고 있기 때문이다. 물론 이런 종류의 법은 때와 경우에 따라 의도적으로 무시되기도 하고, 나라에 따라 법의 해석에 차이가 있다.

좀 더 일상적인 생활 행위와 관련하는 법도 있다. 타인의 집에 초대되었을 때에 느끼는 불안감은 그 집의 공간이나 거기서의 행동 양식을 잘 알지 못하는 것에 기인한다. 어느 방에 들어가야 할지, 어디에 앉으면 좋을지, 손님은 항상 주인의 의향을 확인하여 그 지시를 기다리지 않으면 안 된다. 오래된 일본 민가에서는 이러한 규칙의 대부분이 사회화되었다. 집의 배치는 지역마다 거의 일정하고 난로 주위의 자리는 앉아야 할 사람의 사회적 입장에 의해서 엄밀하게 정해져 있었다. 이러한 사회의 관습을 알고 있으면 다른 사람의 집에서 어떻게 행동하면 좋을지에 대해서 실은 지금보다 훨씬 명쾌한 판단 기준이 있었다.

반대로 이러한 사회의 지방적 관습이 강하면 강할수록 그 사회는 외부 사람에게 불친절한 폐쇄 사회로 인식될 것이다. 만약, 점심 식사에 초대된 집이 뉴기니 고지의 산비아족의 집이었다고 한다면, 우리도 구두를 벗지 않고 일본 가옥에 들어오는 서양인처럼 잘못을 범할 수도 있다.

산비아족의 집은 직경 3m 정도의 원추형을 하고 있다. 집안에 들어가 어두운 공간에 눈이 익숙해지면 방 중앙에 덩그러니 놓여 있는 나무를 주목할지도 모른다. 만약 당신이 여성이라면 여기서 부디 성급한 행동을 하지 않고 조심하는 편이 좋다. 여성은 실내에 부정을 뿌리지 않기 위해서 집안에 발을 디딘 바로 그때 주저앉지 않으면 안 된다. 나무는 여성들이 가져오는 부정이 집 안쪽의 성역에 미치지 않게 가옥 공간을 나누는 경계가 된다. 산비아족에서는 집 안쪽의 성역은 남자의 영역으로 여성이 나무를 넘어 남자의 영역에 들어가는 것을 엄하게 금하고 있다.*

지면에 그린 선, 도로의 중앙선, 산비아족의 집에 놓인 나무는 사정을 모르는 외부 사람에게는 단순한 선이며 나무에 지나지 않는다. 그러나 그 약속을 이해하는 집단에 있어서, 때로는 그것은 콘크리트의 벽이나 철책에 필적하는 안 보이는 경계를 나타내기도 한다.

* 산비아족의 사례에 대해서는 Herdt(1987)를 참고로 했다.

공간 기록하기

아이들이 놀고 있던 광장의 모습을 기록한다고 생각해 보자. 광장에 있는 인공물의 배치는 누구라도 시간만 들이면 어느 정도 정확한 약식도면을 그릴 수 있다. 광장에 있는 나무의 위치나 종류도 관심만 기울이면 이 약식도면으로 기록할 수 있다. 고고학자의 조사라면 지표에 줄을 치고 작은 돌의 하나하나에 이르기까지 상세한 도면을 그릴 것이다. 사진을 찍어서 지상에 남겨진 모든 흔적을 촬영하기도 한다. 하지만, 이렇게 해서 광장의 공간을 빠짐없이 다 기록했다고 할 수 있을까?

그저 자연의 나무나 돌은 아이들이 그것을 술래잡기의 안전지대로 정한 순간, 문화적인 의미를 지닌 존재가 된다. 그런데 자연의 사물 속으로부터 문화적인 의미까지 준별하는 작업은 물리적인 경관을 아무리 바라보아도 알 수 있는 것은 아니다. 지상에 있는 무수한 인위적인 흔적에서부터 술래잡기의 경계가 어디에 있는지를 알기 위해서는 광장에서 행해진 인간의 행위 그 자체에 초점을 맞추지 않으면 안 된다.

그럼 실제로 술래잡기를 관찰하고, 광장의 약식도면 안에 안전지대를 그리는 데 일단 성공했다고 하자. 때마침 아이들이 술래잡기 놀이를 하는 중에 광장을 우연히 지나간 통행인이 있었다. 술래잡기라고 하는 유기의 공동체에 참가하고 있지 않는 이 통행인에게 지면의 선은 아무런 의미가 없고, 나무나 돌은 변함없는 자연 경관의 일부에 지나지 않는다. 술래잡기는 사회 구성원 모두가 참가하는 행위가 아니었던 것이다. 그뿐만 아니라 술래잡기에 흥미를 느끼고 있던 아이들도 술래잡기 놀이가 끝나고 다른 놀이를 시작하면 안전지대의 존재 등은 기억에서 사라져, 선을 밟으면서 광장을 분주히 돌아다니며 놀지 모르다.

즉, 안전지대를 기록하려면 술래잡기라고 하는 행위의 성질이나 그것을 행하는 집단에 대한 이해 없이는 불가하다. 광장에서는 술래잡기 이외에도 다양한 사회적 활동이 행해져 그때마다 다른 공간이 출현하고 있다. 거의 무한이라고도

할 수 있는 다양성 속에서 관찰자가 거기에서 어떤 공간을 읽어 낼지는 사회 행위 전반에 대한 관찰자의 이해 정도가 관건이다.

02

문화적인 공간

인식의 색안경

가옥이나 취락, 그 주위의 숲, 전답이라고 하는 생활공간은 물론 자연계의 산, 강, 바다에 이르기까지 있는 그대로의 자연으로 존재하고 있는 것은 인식이라고 하는 필터를 통해 이해되고 있다. 그 때문에 공간을 다루는 논의의 상당수는 이 '인식'이라고 하는 인간의 사고 회로와 깊은 관계가 있다.

예를 들어 우리는 장소를 지정하기 위해서 지구상에 그리드(Grid)라는 절대좌표계를 갖고 있다. 그러나 동경 135도, 북위 35도라고 하면, 이것이 일본의 교토를 가리킨다고 직감적으로 아는 사람은 별로 없을 것이다. 절대 좌표는 일상적인 사람의 인식 시스템에 잘 합치하지 않는다. 편지의 수신인을 쓸 때를 생각해보면 우리는 큰 지역에서 보다 작은 지역으로 편지봉투에 공간을 분절하면서 인식하고 있는 것을 알 수 있다. 그렇게 하는 것으로 지구상의 모든 지역의 정보를 균등하게 갖지 않아도 친밀한 부분에 관해서만 밀도가 진한 정보를 가지면 끝나게 되어 있다. 편지봉투의 공간은 세분화를 반복해도 같은 구조를 가지기 위해서 공간의 풍부함에는 변화가 없는 것이다.

그런데 이렇게 해서 지리적으로 분류된 '교토'라고 하는 카테고리에는 역사적 · 문화적으로 쌓아올린 다양한 이미지가 부수하고 있다. 그것은 '교토' 사람과 '오사카' 사람의 다른 점이라고 하는 표현에서 나타나듯이, 장소나 거기에 사는 사람의 특징까지도 규정하려는 욕구이다. 교토에 사는 사람은 주위로부터 끊임없이 이러한 색안경으로 볼 수 있는 위험에 처해져 있다. 그러나 당사자에게는 귀찮은 면도 있는 반면 이러한 의미의 연대 작용이야말로 인간의 공간 인식의 본질이 있다고 할 수 있다. 본래 행정 단위에 지나지 않는 '교토'는 다른 개념과 결부되는 것에 의해서 처음으로 공간으로서의 의미를 가지고 사람의 이해 대상이 된다. 어느 사회의 공간 인식을 명확하게 한다는 것은 단적으로 말하면 공간이 어떻게 분류되고 있을까를 조사해 그것이 어떠한 다른 개념 체계를 연상이나 인용의 대상으로 할까를 풀어가는 작업과 다름없다.

방위를 둘러싸고

공간이 얼마나 다른 개념 체계의 영향을 받기 쉬운가를 나타내는 사례가 방위관이다.

산을 신성하다고 믿고, 바다를 부정한 것으로 간주하는 인도네시아의 발리 사람들은 남북을 나타내는 말이 없는 대신에 바다와 산의 방향을 동서로 대립하는 방위 축을 가지고 있다. 그 때문에 섬의 남쪽에서는 '산의 방향'이 북쪽, '바다의 방향'이 남쪽이 되지만, 섬의 반대에서는 방위가 역전한다. 또 발리 사람에게 있어서 태양이 뜨는 방향인 동쪽은 생(生)과 관련하고, 태양이 지는 서쪽은 죽음과 관계한다고 한다. 그 결과 발리 섬 남부의 저택을 가면 조상을 모시는 사당은 반드시 저택 내의 북동 구석에 있다. 같은 원리로 마을의 중심 사원이나 기원의 사원은 산 쪽, 죽은 자를 위한 사원이나 묘지는 바다 쪽에 위치하고 있다. 이렇게 방위가 의미와 가치를 갖고, 저택과 마을뿐만 아니라 성산을 중심으로 하는 섬 전체 공간까지 지배하고 있다.

그런데 같은 인도네시아에서 이슬람교가 전해진 자바 섬에서는 메카가 있는 서쪽이 동쪽보다 중요시되고 있다. 그 때문에 회교 사원 등의 종교 시설은 서쪽을 향해서 예배할 수 있도록 부지의 서쪽을 차지하고 있다. 종교적 관념의 상당수는 다른 세계관이나 성지의 방향 등에 의해서 많든 적든 현실의 공간에도 영향을 미치고 있다. 그러나 종교가 그렇듯이 방위관도 보편적인 것이 아니고 다양한 외적 요인으로 변화한다.

한층 더 문제를 복잡하게 하고 있는 것은 지리적인 방위와 함께 인간에게는 신체 방위라고 부르는 전후좌우나 상하의 관념이 존재한다는 것이다. 건물에 앞과 뒤가 있는 것은 기능상 필요하기 때문만이 아니라 거기에 신체의 유추(Analogy)가 발휘되고 있기 때문이다. 실내에 오른쪽 방과 왼쪽 방을 구별하고 있는 사회도 있다. 건물의 앞과 뒤, 인간 신체의 앞과 뒤가 명확하게 다른 이미지를 불러일으키듯이 오른쪽과 왼쪽의 사이에도 자주 상반되는 개념이 이어진다. 많은 사회에서 오른손이 왼손보다 우월해서 오른쪽으로 성 · 빛 · 생명 · 미덕, 거기에 남성이라고 하는 개념을 결부시키고, 왼쪽에는 그 반대 개념인 속 · 어둠 · 죽음 · 악 · 여성 등을 결부시키는 것이 알려져 있다.* 신체에 갖추어지는 차이가 공간을 통해 사회의 다양한 행동 규범의 요인을 형성하고 있다.

물론 지리적인 방위와 신체 방위는 정합성을 가진 개념상의 통일체는 아니기 때문에 개인의 주위 현실 공간을 둘러싸고 때때로 모순이나 갈등을 일으키게 된다. 가족 중에 환자가 발생하거나 흉사가 계속되었을 때에 아무 상관도 없던 가옥의 배치나 방위가 문제로 되는 일이 있다. 방위관과 같은 기본과 관계되는 공간 인식이 실제로 어느 정도의 강제력을 가지고 사람들의 행동을 규제하고 있

* 에르트는 1909년에 발표한 『오른손의 우월』에서 신체가 사회화된 것임을 나타내고 있다. 지구상의 대부분 민족에서 오른손이 왼손보다 우월한 것은 신체의 생물학적인 구조에서 내재하는 것이 아니라 사회 구조가 외재적으로 인간에게 가해졌기 때문이라고 한다.

는지는 실은 그 가치를 판단할 때의 문화적인 문맥에 따라서 다른 복잡함을 내재하고 있다.

소우주로서의 가옥

어느 사회가 공간을 어떻게 인식하고 있는지를 이해하는 데 좋은 주제가 가옥이다. 가옥은 인간의 신체와 우주 사이를 매개하는 소우주라고도 하지만, 그것은 인간이 가옥 안에서 태어나 거기서 생활하는 것을 통하여 그 공간 안에 반영된 우주의 구조를 이해해 가기 때문이다.

물론 광장히 다양한 행위의 무대가 되어 때와 경우에 따라서 공간의 양상을 변화시키듯이 가옥도 인간 활동과의 상호작용 안에서 끊임없이 새로운 공간을 만들고 있다.

그 관계는 동태적인 것이며, 가옥 공간의 해석을 둘러싼 주민들의 의견도 모순을 내재하고 있다. 그럼에도 불구하고 가옥은 인간이 스스로 짓고 인간에 의해서 파악하는 것이 가능한 공간으로서 존재하고 있다. 가옥이 없으면 지리적인 방위도 신체 방위도 한층 더 이러한 개념과 결합한 남/녀, 공/사, 성/속 등의 관념도 제 각각 추상적인 차원에 머물고 있을 것이다. 말하자면 가옥은 아무 모순없이 관념 상호를 정합시켜, 현실 공간 안에 그것을 구체화할 수 있는 인간적인 해결의 장소가 된다.

가옥을 기록하는 이유도 실은 거기에 있다. 공간이 가지는 다양한 의미를 그대로 인간이 만들어 내는 물리적인 '물건'으로서 가옥을 살펴볼 수 있기 때문이다.

03

가옥 조사하기

가옥 조사의 목적

물리적인 물건으로서 가옥을 기록한다고 하면 감이 오지 않을지도 모른다. 예를 들어 기록의 대상이 바구니라면 어떨까? 형태를 그리고, 치수를 재고, 재료를 조사해서 바구니 짜는 방법을 확인한다. 그리고 기록을 위해서 사진을 찍는다. 만약 제작자와의 인터뷰가 가능한 상황이라면 현지의 명칭과 사용 방법 정도는 확인해 두는 것이 좋다. 제작자가 있으면 바구니 만들기 순서를 실연 받는 것도 좋다. 이러한 작업은 직감적으로 아는 것이지만 가옥을 기록할 때에도 규모가 다를 뿐 조사의 기본은 변하지 않는다.

물론 기록의 정밀도는 조사의 목적과 시간에 따라서 다르다. 필자는 어디까지나 소우주로서 가옥의 가능한 한 정확한 기록을 남기는 것을 목표로 하고 있다.* 가옥이 물리적으로 존재하지 않게 되더라도 그것을 재현할 정도의 정보를

---

* 필자의 필드가 주로 동남아시아이기 때문에 이후의 가옥 조사에 관한 기술은 목조 건축을 염두에 두고 있다. 가옥에는 목조 외에도 돌 · 벽돌 · 흙 등을 사용한 건축이 있어, 구조 재료에 따라 조사의 포인트도 다르다.

기록해 간다. 거기까지 할 수 있다면 실제의 조사에서는 필요에 따라서 작업의 순서를 생략해도 좋다.

가옥의 선정

취락 전체 조사를 할 때는 말할 필요도 없지만, 전형적인 가옥을 선택해서 기록하는 경우에서도 실측 작업에 착수하기 전에 가능한 한 많은 가옥을 보아 둘 필요가 있다. 오랜 세월을 거쳐서 사용한 건물에는 그 역사에 상응한 개보수가 행하여져 왔다. 이러한 변형이 거주자의 무지에서 기인한다면 모처럼 실측한 조사 결과를 나중에 정확하게 알 수 없게 될 우려가 있다. 그래서 조사 가옥이 취락 전체 속에서 어떤 위치에 있는지에 대해서 조사자가 판단 기준을 확립해 두지 않으면 안 된다. 현지조사의 성공 여부가 정보 제공자에 의해서 크게 좌우되듯이 실측해야 할 가옥의 선정은 그 후의 조사 결과 모두에게 큰 영향을 미치는 중요한 작업이다.

그러면 어떤 점에 주의하여 가옥을 보고 조사하면 좋은 것일까? 지붕을 함석으로 한 현대풍의 가옥에는 대부분 건축 구조도 합리적인 양식으로 변화했다. 그러나 근대화 이전의 이른바 전통가옥은 지역의 독자적인 독특한 구조나 기술을 남기고 있는 것이 많아 이러한 지역성을 이해하지 않고 가옥의 건축적인 평가를 해서는 안 된다.

지역에 따라서는 가옥의 형식이 여러 종류로 나뉘어져 각각 고유의 명칭을 가지는 경우가 있다. 거주용의 가옥 외에 곡식 창고나 집회소 등 별도의 건물을 가지기도 한다. 다른 형식의 가옥이 혼재하고 있을 때는 어떤 기준으로 주민이 그것들을 유형화하고 있는지를 조사하지 않으면 안 된다. 외관이나 배치 등을 조사하고 공통되는 유형이 명확해지면 동일 범주에 속하는 건물들을 비교해

조사 가옥. 주위의 건물이 모두 함석지붕으로 변해있는 가운데 유일하게 남아있는 전통가옥으로, 1945년생인 주인의 조부가 건축해 100년 정도 되었다. (플로레스 섬 리오족, 인도네시아)

조사 가옥의 내부. 지붕은 거대하고 전망은 좋다.

간다.

외관에서 가장 눈에 띄는 것은 지붕이다. 지붕 재료와도 관계가 있지만, 일반적으로 시대가 오래될수록 지붕의 경사가 완만하다. 비가 새는 우려가 없는 함석지붕은 재료를 절약하기 위해서 극단적으로 완만하게 만들어서 지붕 밑 공간이 거의 없는 것이 많다. 풀이나 야자 등 식물성 재료로 만든 지붕은 수년에서부터 수십 년마다 새로 지붕을 쌓아야 하기 때문에 지붕이나 지붕 기초가 아무리 새롭게 보여도 그 아래의 구조는 오래된 것도 있다.

건물의 규모나 부재의 굵기, 외벽이나 문 등에 새겨진 조각을 보면 건축에 들인 사람들의 정성(사회의 에너지)을 알 수 있다. 많은 정성(에너지)을 들인 건물은 그만큼 사회적인 격도 높다. 이와 같은 건물이 많이 있으면 건축이 문화적인 활동의 초점이 된다고 보아도 좋다. 이러한 지역에서는 건물 전체의 내구성이 높고 거기에 상응해서 세부 조각도 정성스럽게 만들어진다. 또 벽면에 조각이 새겨져 있으면 풍화의 정도와 대략의 건축 시기를 추정할 수도 있다.

다음으로 주 기둥 상태를 확인한다. 주 기둥을 교환하는 경우는 거의 없기 때문에 마무리 상태나 손상된 상태로도 건축 연대 추정이 가능하다. 주 기둥이 초석 위에 있는지, 그렇지 않으면 지면에 직접 굴립주(堀立柱)로 세워져 있는지도 주의깊게 살펴볼 필요가 있다. 굴립주와 초석 가옥은 건축의 과정이나 구조 이념이 전혀 다르다. 굴립주라면 기둥만으로 자립하는 것도 가능하지만 초석에 세워진 경우는 대들보와 기둥을 결구하지 않으면 세울 수 없다. 기둥 아래에 초석이 있는 것은 건축이 기술적으로는 발전한 방법이다. 또한 주 기둥이 어떤 목재를 사용하고 있는지도 중요하다. 고상 가옥이라면 마루만을 지탱하고 있는지, 그렇지 않으면 마루를 관통하여 지붕까지 뻗어 있는지를 확인한다. 지붕 상부 골조까지 뻗어 있으면 직접 주기둥으로 쓰는 목재를 받치고 있는지, 동속(주기둥으로 쓰는 목재를 지지하는 기둥)이나 주기둥 지탱을 위한 서까래(산모양의 목재)를 받치고 있는지도 확인해 두자. 주 기둥이 무엇을 받치고 있는지에 의해서 건축의 구조는 크게 다르기 때문이다.

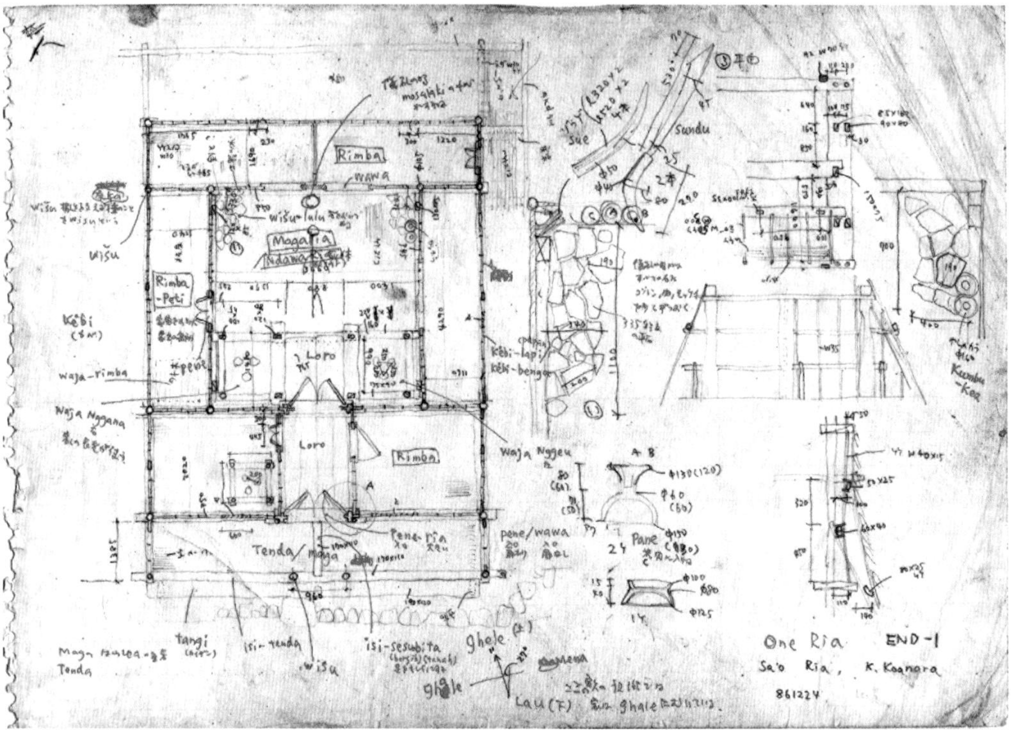

조사 가옥의 평면 실측도

마을 전체의 건축 경향을 알고, 실제로 기록에 남겨야 할 가옥이 결정되면 조사는 스케치와 실측, 사진 촬영, 설문조사의 3단계로 나눠진다. 작업을 시작하면 곧바로 깨닫는 것이지만 스케치나 실측은 주변 사람에게는 의미가 없는 고독한 작업이다. 처음에는 무슨 일인가 궁금해서 모여든 마을 사람도 스케치가 끝나고 막상 설문조사를 시작하려는 무렵에는 없어질지도 모른다. 또 식사 준비가 시작되면 자욱한 연기 때문에 사진 촬영은 중단할 수밖에 없다. 가옥은 무엇보다도 거주자의 생활이 영위되고 있는 장소이며, 어떠한 조사가 가능한가는 때때로 조사의 목적과는 다른 요인으로 정해진다. 가옥의 조사에는 항상 상황에 따른 전략과 교섭의 테크닉이 요구된다.

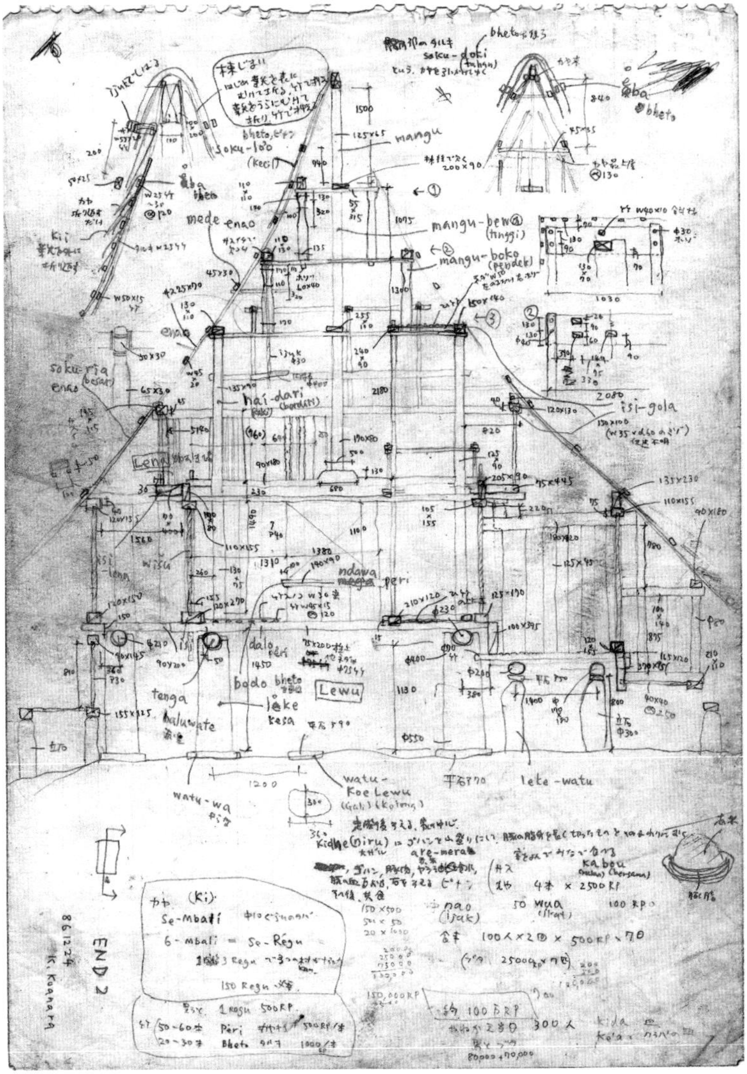
mangu
mangu-bewa
mangu-boko
mede enao
isi-gola
Lewu
tenga
lete-watu
watu-wa
END 2

대들보 단면 실측도

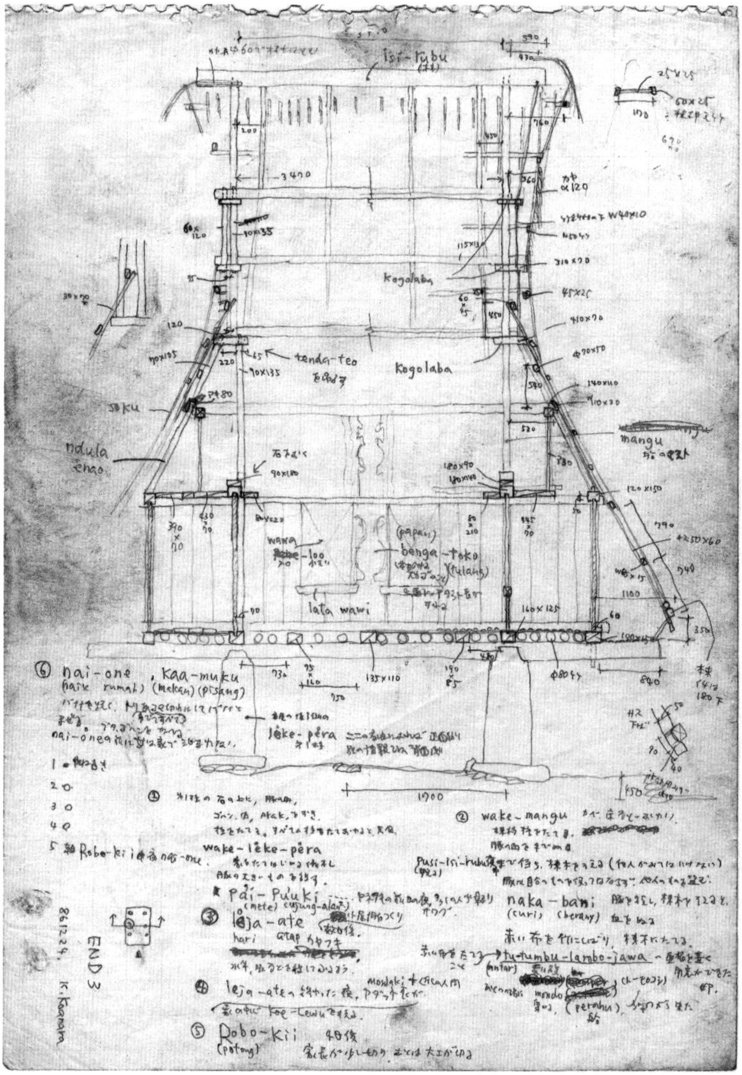
kogolaba
tenda-teo
mangu
lata wawi
benga-toko
wake-mangu
naka-bani
Robo-kii

도리간수 단면 실측도

스케치와 실측

보통 현지조사는 현장에서 얻은 정보를 정리해서 종이 위에 문자로 기록하는 것을 목적으로 하고 있다. 그러나 건축을 기록할 때는 건물의 정보를 문자가 아니라 도면으로 그린다. 문자를 모르면 문장을 쓸 수 없듯이 건축 도면의 기본적인 약속을 모르면 타인에게 그 내용을 전할 수 없다. 이것은 문자를 기억할 만큼 어려운 것이 아니고 나라에 따라서 다른 약속이 있는 것도 아니지만 익숙해지기까지 쉽지는 않다. 어쨌든 처음부터 자기 자신이 나중에 도면을 보아서 원래의 형태를 상상할 수 있도록 기록해 가면 좋다. 물론 조사 목적에 따라서는 간단한 개념도만으로 충분한 경우도 있겠지만 인간이 구축한 입체적인 공간으로서 가옥을 이해하기 위해서는 그것만으로는 결국 불완전한 기록에 지나지 않는다.

어느 건물의 물리적인 구조를 정확하게 가장 알기 쉬운 방법은 실제로 건물을 지을 때 입회하는 것이다. 그러면 부재 한 개 한 개의 형태와 치수를 기록하고 각각 번호를 매기면서 만들어 가는 수순을 알 수 있다. 물론 실제로는 동시에 진행하는 작업이 많아, 그렇게 간단하지는 않지만 그 이전에 세워져 있는 가옥의 경우도 건축의 순서를 상상하면서 도면을 그리면 쉽게 이해할 수 있다.

도면을 그릴 때 실측하면서 현장에서 직접 모눈종이에 실제 치수를 쓰기도 하지만, 시간이 정해진 조사에서는 우선 전체의 스케치를 그려 그 안에 필요한 치수를 재면서 기입해 가는 경우가 많다.* 건축 구조의 규모나 복잡한 정도에 따라서 다르지만 실측에 필요한 도면의 기본은 평면도와 단면도이다.

평면도는 이층 건물의 경우 이층 부분이 고상이면 마루 밑 부분도 표현이 안 되고 기둥이나 벽의 위치를 표현하기 어렵다. 기둥이 마루 아래에만 있거나, 반

---

* 일본문화청이 감수한 『민가를 보고 조사하는 법』은 일본의 민가 조사 성과를 기초로 쓰인 책이지만, 오래된 민가의 분별법이나 도면 그리기의 핵심사항이 상세하게 해설되어 있다.

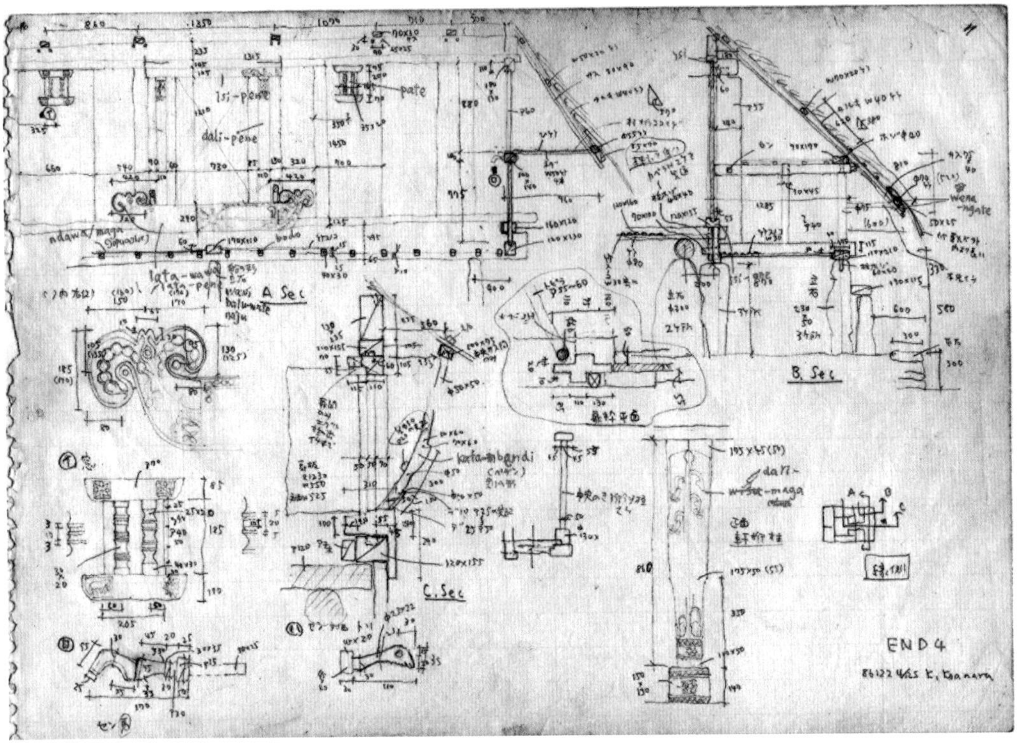

계단 회전 상세 실측도

대로 지상에 없는 기둥이 마루 위에 세워져 있는 경우가 있기 때문이다.

단면도는 지붕의 정면과 평행하는 종단면과 직교하는 횡단면의 두 면이 있지만 최소한 횡단면만이라도 그려 두면 전체의 구조를 파악할 수 있다. 단면의 스케치는 익숙해지지 않으면 그리기 어렵다. 실내에 지붕 상부 구조까지 볼 수 있는 장소가 있으면 횡부재의 상호 위치 관계에 주의하면서 그 위치에서 잘라진 상태의 스케치를 그린다. 종단면은 전체를 스케치할 필요는 없지만 횡단면만으로는 확인할 수 없는 대들보의 위치나 지붕 서까래의 배치, 추녀 쪽의 지붕과 벽 등을 체크하여 기록해둬야 한다. 요점은 가옥을 구성하는 모든 부재의 위치를 도면상에서 파악할 수 있어야 하는 것이다.

또 입면도는 사진으로 대용할 수 있으므로 시간이 없으면 생략해도 지장이 없다. 그것보다 평면도와 단면도만으로는 다 전할 수 없는 세부의 스케치를 가

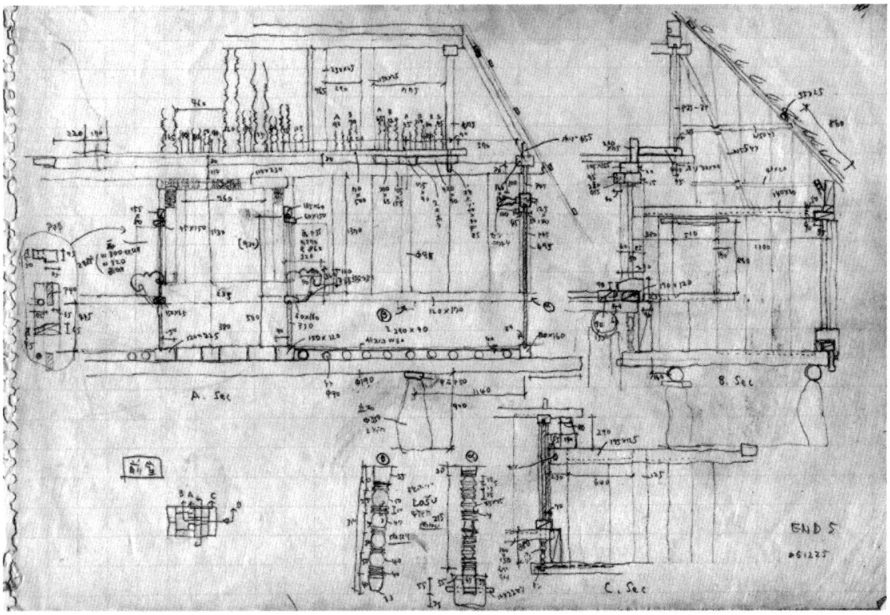

전실 상세 실측도

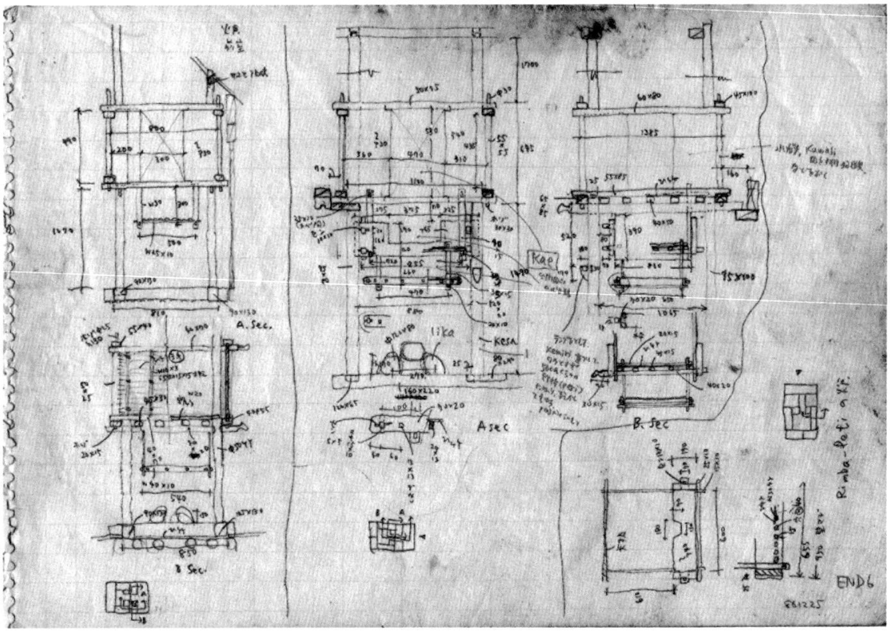

부뚜막 상세 실측도

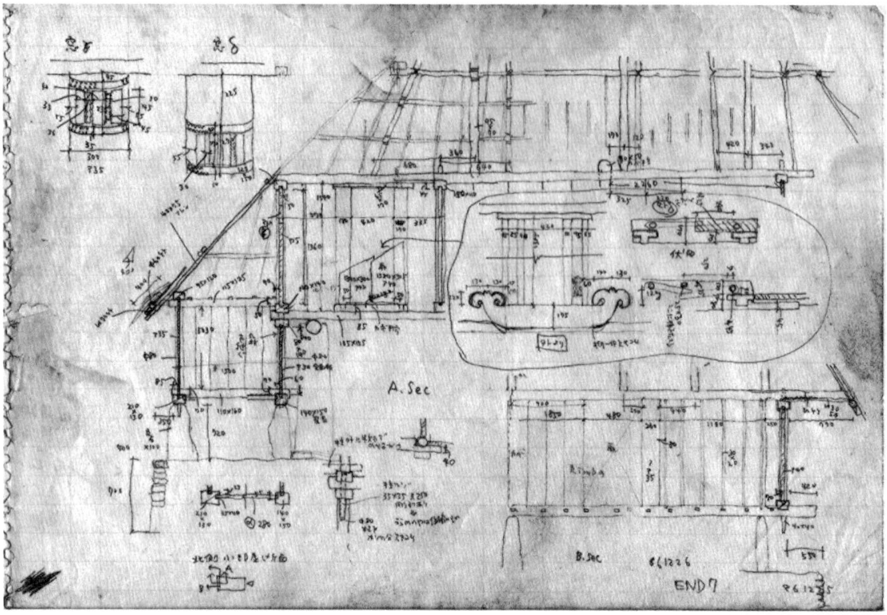

방 상세 실측도

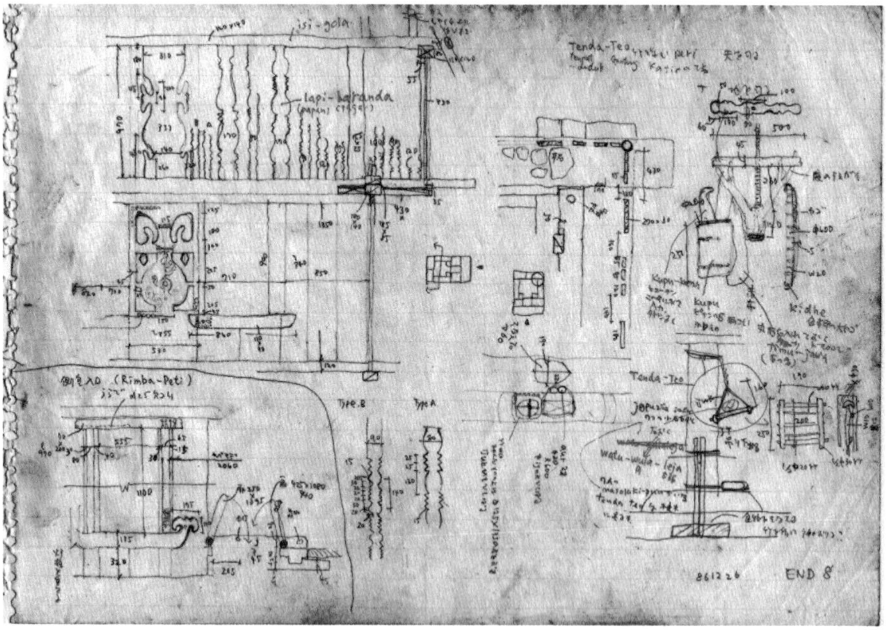

상세도 8매로 겨우 완성한 실측도. 거대한 건물의 실측이 3일만에 끝난 것은 예외이다.

능한 한 많이 그려두는 편이 좋다. 특히 부재끼리의 접합 방법이나 개구부 주위, 지붕이나 처마 끝, 지붕 추녀의 처리, 부뚜막 등의 실내 시설, 고상 가옥의 마루 밑 구조 등은 평면도와 단면도만으로는 좀처럼 파악할 수 없는 부분이다.

이렇게 스케치가 끝나면 그 안에 치수와 방위를 기입한다. 치수는 주 기둥이나 벽의 간격을 실측하고, 기존의 기둥에 따른 보 · 도리 등의 구조재까지의 높이를 차례차례 실측해 간다. 전체의 부재 위치를 알 수 있도록 치수를 기입하고, 주요한 부재의 굵기도 기록한다. 손으로 가공한 목재는 기둥의 굵기가 각각 다른 것이 보통이고, 동일 기둥에서도 아랫부분과 윗부분에서는 굵기가 다른 것도 많다. 따라서 건축물의 기둥과 기둥 사이의 거리는 대략 기둥의 중심선의 간격을, 기둥의 기초부와 대들보 등 횡가재가 놓인 상단부의 2개소를 실측하면 좋다.* 작은 부재가 조밀하게 배치되어 있는 곳은 부재의 배치 간격을 실측해 둔다.

조사의 목적이나 주어진 시간에 따라서 실측의 정도는 다르다. 주어진 시간에 조사를 끝내기 위해서 도면에서 그릴 수 없는 부분은 사진 촬영으로 보완하는 궁리도 필요하다.

가옥 조사에 필요한 도구

일본의 민가 조사에서는 화판을 목에 걸고 대형 조사 용지를 사용하여 도면을 그린다. 일본의 주택은 척간(尺間)법이 없어진 현재에도 대부분 다다미방을 전제로 건축되고 있기 때문에 이러한 설계상의 개념(modular)이 유효하다. 해외조사에서는 조사 도구 이외에도 생활용품이 약품 등 휴대해야 할 짐이 많아 화

---

* 일본 건축과 같이 규격화된 제재를 사용한 건물에서는 기둥의 내법을 재는 것이 일반적이다.

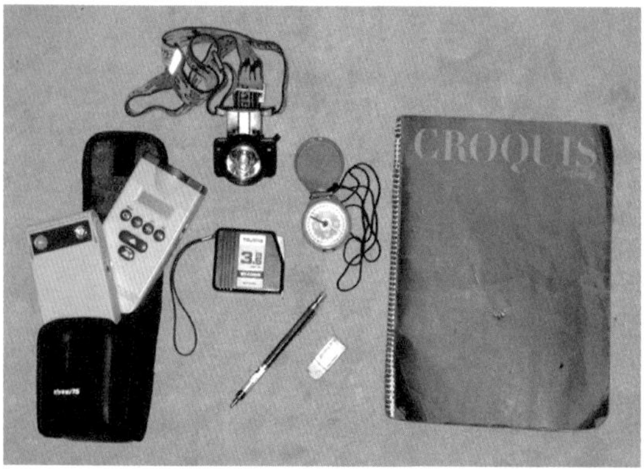

실측을 위한 도구

판이나 대형 조사용지 등은 오히려 불편하다. 가옥 조사에는 용지와 필기도구 외에 실측용 줄자와 나침판, 회중전등이 필요하며, 이밖에도 카메라나 삼각대가 포함된다. 사용하는 도구의 선택에는 작고 가벼우며 다루기 편한지를 고려해야 한다.

도면 용지는 실측하는 동안에 많은 스케치를 그리기 때문에 조사 중에 흩어지지 않는 전용 노트 등을 사용한다. 완성한 스케치에는 주요한 치수를 기록하고, 각 부재의 명칭과 재료 등의 추가 정보를 적는다. 나중에 스케치를 보았을 때 각각의 정보를 한눈에 알아 볼 수 있도록 색이 다른 볼펜 등을 사용하여 색을 바꾸어 기입하면 좋다. 조사 종료 후에는 도면을 조사 가옥마다 정리하여 방수를 겸한 비닐 파일 등에 넣어 보관해 둔다.

줄자는 3.5m의 철제 줄자가 있으면 건물을 실측하는 데 충분하다. 긴 가옥과 같이 특별히 장대한 가옥이나 대저택 전체 실측을 할 때에는 긴 줄자를 가져가 악전고투 하는 것보다도 레이저 거리측정기* 간편하고 오히려 정확하다.

나침판과 수준기와 측각기가 세트로 된 경사 측정 기구가 편리하다. 지붕의 높이를 실측할 수 없는 경우에는 경사 측정 기구로 우선 서까래의 경사각을 재두면 나중에 도면에 그릴 수 있다.

회중전등은 가옥의 조사에 반드시 필요하다. 오래된 가옥에는 창이 없고, 실내가 어두울 뿐만 아니라 좀처럼 사람들이 들어가지 않는 깜깜한 지붕 밑에 거미집이나 검댕이 투성이가 된 곳의 도면도 그리지 않으면 안 되기 때문이다. 지붕 골조는 건물의 특색이나 개보수의 흔적이 가장 잘 나타나는 부분이다. 게다

* 100m 정도까지도 측정 가능하다.

가 지붕 밑에는 신이나 조상신을 모시는 제단이 마련되어 있거나 가보가 안치되어 있기도 하다. 가옥 조사에서는 지붕에 오를 수 있는지 없는지에 따라 정보의 질이 크게 다르다. 지붕 속에는 창이나 조명이 없어, 이러한 작업 시에 어두운 곳 안에서도 스케치를 할 수 있도록 머리에 고정하는 머리 전등을 준비해 두면 좋다.

사진 촬영

도면에 그릴 수 없는 부분은 사진으로 보완한다. 건축 사진에는 건물의 왜곡을 보정해주는 시프트 렌즈를 사용한다. 또, 실내 촬영에는 20밀리 정도의 밝은(F수가 작다) 광각렌즈가 도움이 된다. 어두운 실내 촬영에 유리할 뿐만 아니라 세밀하게 찍는 경우에도 광각렌즈라면 피사체 심도를 신경 쓰지 않고 넓은 배경을 동시에 시야에 넣을 수 있기 때문이다. 원근 차이가 있는 실내 촬영에는 플래시(strobe)사용에 의한 명암의 차이를 없애기 위해서 삼각대를 사용하는 것이 필수이다.

건물 외관(정면, 후면, 측면)이나 장식과 조각 등의 건축 장식, 개구부, 난로, 부뚜막, 제단 등의 건축 시설, 실내 의장 등은 스케치만으로는 이해하기 어렵고, 사진에 의한 기록이 필요하게 된다. 도면에서 표현하기 어려운 건물의 구석이나 실측 중에 관심이 가는 세밀한 부분도 가능한 한 사진을 찍어 둔다. 실측에 얼마나 시간을 할애하느냐에 따라 다르지만 사진을 잘 이용하는 것으로 실측에 소비하는 노력을 줄일 수 있다. 물론, 그려 보면서 처음으로 발견할 수 있는 것이 많기 때문에 상황이 가능하다면 한 번은 철저하게 도면을 그리는 것이 좋다.

청취 조사

철저하게 도면으로 남긴다고는 해도 지붕의 볏짚 하나하나를 전부 기록하는 것은 현실적으로 불가능하다. 하지만, 만약 '마지막으로 볏짚을 9개씩 묶어 지붕을 만들었다'라고 하면 어떻게 할까? 말의 진위를 확인하기 위해서 역시 지붕 위에 올라가서 볏짚의 개수를 셀지도 모른다. '볏짚은 머리를 위로 해서 지붕을 잇는다'라고 하면, 볏짚의 방향에 대해서도 주의를 할 필요가 있고, '서까래는 홀수가 아니면 안 된다', '서까래의 교차는 반드시 오른쪽으로 한다'라고 하면, 역시 지붕의 서까래 배치까지 도면에 그리는 방법을 고려해야 한다. '모든 부재에는 머리와 꼬리가 있어, 그 배치는 가옥 공간의 질서를 결정짓는다'라고 하면, 그 기술을 검증하기 위해서 기둥이나 대들보 굵기의 차이와 나뭇결 상태도 주시하지 않으면 안 된다.

즉, 주어진 시간에 기록해서 남기는 내용은 여전히 조사자의 지식 정도에 크게 의존하고 있다. 그뿐만 아니라 도면을 상세하게 작성하여 나중에 재확인할 수 있도록 해야 한다. 조사 시점에서 깨닫지 못했던 점이 있다고 해도, 예를 들면 서까래가 홀수인 것을 짝수로 그렸다면, 역시 잘못된 정보를 전한 결과가 되기 때문이다. 가옥의 조사는 실측과 청취조사의 피드백에 의해서 조금씩 정밀도를 높여 간다. 청취조사에 의해서 미처 관심을 갖지 못했던 부분에 주의를 기울일 수도 있으며 의문을 품게 될 수도 있다.

많은 가옥을 조사하는 경우에는 미리 조사표를 만들어 내용을 기록하는 방법이 사용된다. 기본적으로 가옥의 건축 연대나 증개축 유무, 지붕의 볏짚 교체 시기, 부재 명칭과 재료와 용도, 가족 구성과 생업 등을 최소한 확인해 두어야 한다.

건축 연대는 고문서나 공사의 내용을 적은 기록이 있는 일본과는 다르게 보통은 구전에 의해서 추정할 수밖에 없다. 그 경우에도 몇백 년 전에 건설되었다고 하는 구전을 그대로 믿는 것이 아니라 기념해야 할 사건이 있었던 연도를 기초로 추정하거나, 창건자의 계보를 찾아 몇 세대 전에 지어졌는지를 조사한다.

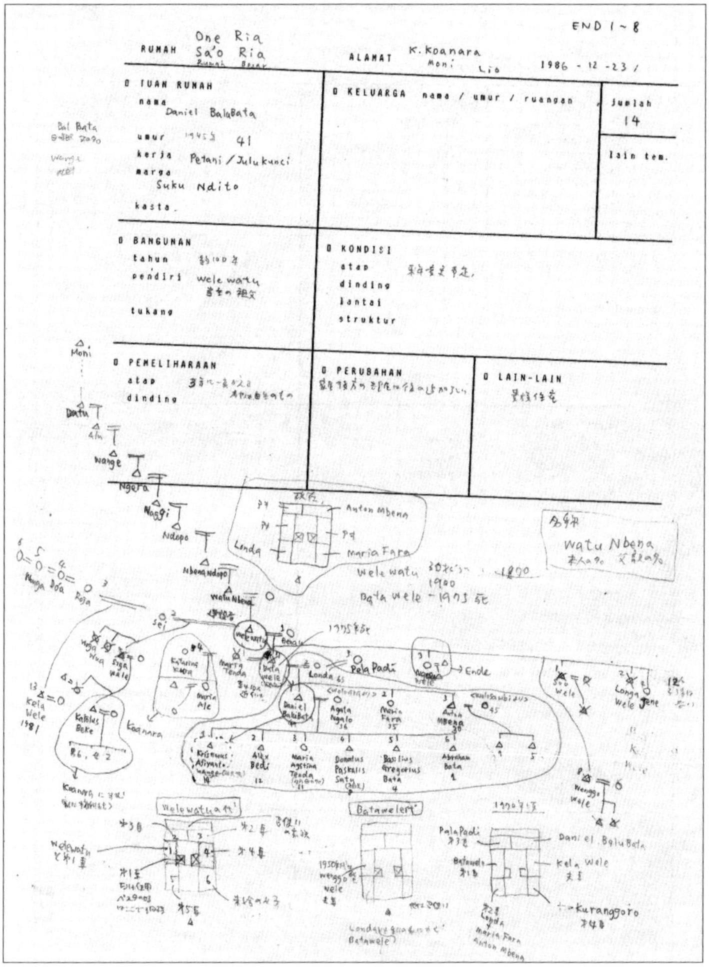

조사표에는 건물의 축조 연대, 가족 구성 등을 기입한다.

건축에 사용한 재료는 가능하면 채취한 지점까지 확인하고, 식물의 종류까지 분류한다. 부재 명칭은 건축 공간의 상징적인 의미를 알기 위해서 꼭 알아둘 필요가 있다. 다만 건축에 관한 지식을 모든 사람이 옳게 이해하고 있다고 할 수 없기 때문에 가능한 한 마을 사람이 많이 모인 곳에서 확인하면 좋다.

실제로 가옥의 공간이 어떻게 사용되고 있는지 결혼식이나 장례식 등 의례 때의 사용 형태와 더 나아가 건축 의례에 따라 가옥이라고 하는 작은 공간이 어

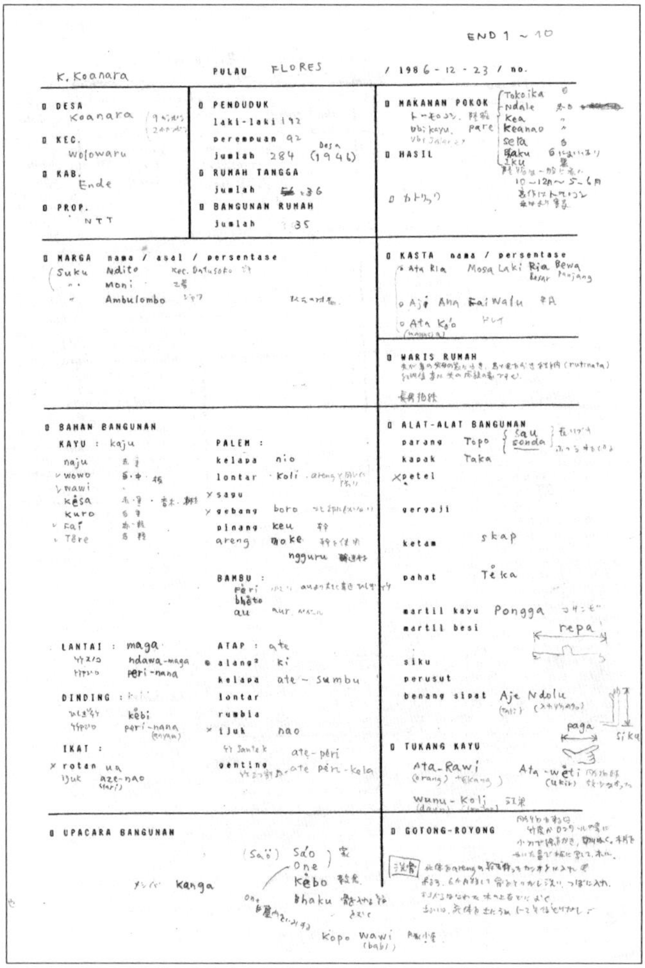

조사표

떻게 사용되는지 끝없는 의문이 생긴다. 가옥의 완벽한 도면과 거주민의 생활상을 순조롭게 얻을 수 있었다고 하더라도 아직 가옥의 공간을 완전하게 이해했다고는 할 수 없다.*

* 기존의 연구 성과를 어떻게 분석할지가 조사의 방향성을 좌우한다. 사토(1989)가 가옥 연구 방법론의 변천을 상세하게 정리했다.

04

구조화된 공간

본래 공간과 시간은 연속한 통일체이다. 그것은 경계를 만들어 분절화 한 것을 처음으로 사람의 인식에 받아들이는 단위가 되지만, 지명이나 방위가 그렇듯이 언제든 명확하게 개념화되어 사람들의 기억이나 연상의 대상이 되었다고는 할 수 없다.

예를 들어 가옥을 건설할 때 지진제(地鎭祭)로부터 시작되어, 입주식 · 동상식(棟上式:지붕을 만든 후의 의식), 입주식(入住式), 낙성식 등의 의례가 반복하여 행해진다. 이렇게 공동체 속에 새로운 공간을 만들어 내는 과정을 시간과 공간으로 나누어 서서히 새로운 가옥을 건설한다. 그때 가옥 건설의 각 단계는 각각 다른 의미와 가치를 가진 공간으로서 사람들의 앞에 나타난다. 그런데도 사람들에 의해 개념화된 시간이나 공간의 단위가 거기에 있다고는 할 수 없다.

똑같이 가옥의 주위에는 취락이 있고, 취락 밖에는 전답이 있으며, 전답을 지나면 산, 한층 더 저 너머에는 마을 외부의 세계가 펼쳐져 있다. 이것들은 반드시 '취락'이나 '전답', '산림'이라는 명확한 카테고리에서 구획되고 있는 것은 아니지만 가옥에 들어가기 전에 손발을 씻거나 전답에서 일을 끝내고 마을에 돌아오는 동안 잠깐 쉬거나 반드시 거쳐야 하는 공간이다. 사는 지역에 따라 사람들은 자연을 대하는 방식이 다르고, 취락에 있는 동물과 산림에 사는 동물은 고양이와 개보다도 큰 차이가 있을지도 모른다. 공간의 차이는 주민들의 무의식적 행위나, 사람이나 물건의 관계를 통하여 처음으로 그 모습을 나타내는 것이다. 공간은 다른 사물에 앞서 초월론적으로 존재하고 있는 것은 아니다. 그것은 물리적인 공간만으로는 완전하지 않은 문화적인 확대를 하면서 다양한 사회의 질서나 구조와 관련되면서 구축되고 있다. 이렇게 주민들도 느끼지 못하는 방법으로 구조화된 공간에 대해서, 같은 문화권 속에 사는 주민들이 모든 것을 설명할 수 있다고는 할 수는 없다.*

공간을 이해하려면 문화의 다양한 국면과 상호작용 속에서 부상하는 공간의 질을 하나하나 명확하게 하지 않으면 안 된다. 공간을 조사한다는 것은 이처럼 표면적 공간의 문화적인 의미와 그 수준을 문화의 외부로부터 읽어나가는 작업을 말한다. 술래잡기의 예가 말하듯이 인간에게는 스스로 만들어 낸 인공물에 의해서 공간을 구성하는 것만이 아니라 다양한 자연의 사물에 의미를 부여하면서 문화적으로 공간을 구축하는 능력을 갖추고 있다. 어느 민족, 어느 사회를 둘러싼 공간을 기록하려면 이러한 의미의 세계까지 알아야 할 필요가 있다. 그것은 어디까지나 종점이 없는 여행과 같다.

---

* 구조주의 인류학의 상징론 연구는 본래 인간의 의식에 상상할 수 없는 공간의 구조와 그 의미를 밝히는 것을 목표로 하고 있다. 인도네시아 티모르 섬의 가옥을 분석한 Cunningham(1964)의 논문은 연구의 의의와 방법을 잘 나타내고 있다. 카닌감이 가장 주목한 것은 주민들이 설명한 가옥의 의미가 아니라 건축 각 부분 부재의 명칭과 기능 가운데 숨겨진 구조이다. 가옥의 공간을 지배하는 분할 원리는 사회 질서, 정치 질서에 관계할 뿐더러 그것을 넘어 공간과 시간, 인간과 동물, 인간과 식물, 인간과 정령 등의 질서에까지 영향을 미치고 있다.

참고문헌

エルツ, R.『右手の優越』, 吉田禎吳訳, 垣内出版, 1985.

太田博太郎他,『民家のみかた調べかた』(文化庁監修), 第一法規, 1967.

佐藤浩司,「民族建築学/人類学的建築学(上)(下)」,『建築史学』, 1989, 12号, pp. 106-132, 13号, pp. 93-116.

佐藤浩司,「民族建築のフィールドワーク」, 須藤健一編,『フィールドワークを歩く 文化系研究者の知識と経験』, 嵯峨野書院, 1996, pp. 236-242.

杉本尚次,『フィールドワークの方法』, 講談社現代新書, 1983.

杉本尚次,『地理学とフィールドワーク』, 晃洋書房, 1996.

Cunningham, C. E. "Order in the Atonihouse," *Bijdragen tot de Taal-, Land- en Volkenkunde 120*, 1964, pp. 34-68.

Herdt, Gilbert H. *The Sambia: ritual and genderin New Guinea*, NewYork: Rine hartand Winston, 1987.

저 자 소 개

가종수(賈鍾壽)

- 충남 태안 출생
- 일본 슈지츠대학(就實大學) 대학원 교수
- 아시아국제센터 센터장
- 도시샤대학(同志社大學) 대학원 문화사학과 박사과정 수료
- 문화사학을 전공하였으며 아시아의 거석유구를 연구대상으로 해서, 1988년부터 특히 인도네시아 많은 섬에서 현지조사를 하였다. 조사 테마는 멘히르, 지석묘, 석상, 석조미술로 지금도 동남아시아 각지에서 현지 조사를 계속하고 있다.

저서

『バリ島Island of Gods』(일본어, 大學教育出版, 2009)
『韓國傳統文化論』(편저, 일본어, 大學教育出版, 2008)
『지금도 살아 숨쉬는 숨바섬의 지석묘 사회』(편저, 북코리아, 2009)
『共生社會を目指して』(편저, 일본어, 大學教育出版, 2010)
『신들의 섬 발리』(북코리아, 2010)
『자바의 사원과 유적』(주류성출판사, 2012)
『한국석상의 원류를 찾아서: 환태평양 석상 기행』(편저, 북코리아, 2011)
『보로부두르: 찬란한 불교미술의 세계』(북코리아, 2013)

우장문(禹長文)

- 충북 괴산 청천 출생
- 충북대학교 학사, 고려대학교 석사, 경기대학교 문학박사
- 현, 경기도 용인의 대지중학교 수석교사

저서 및 논문

『경기지역의 고인돌 연구』(학연문화사, 2006)
『우리나라와 인도네시아의 고인돌 연구』(학연문화사, 2013)
『한국 상고문화 기원연구』(공저, 학연문화사, 2013)
「제원 황석리 고인돌 문화 고찰」(『백산학보』 34, 1987)
「임진강 유역의 고인돌 분포와 특징」(『선사와 고대』 21, 2004)
「고인돌을 만든 사람들의 사유에 관한 연구」(『선사와 고대』 29, 2008)
「만주와 한반도 지역의 탁자식 고인돌에 대한 고찰」(『백산학보』 84, 2009)
「인도네시아 숨바섬의 고인돌」(『백산학보』 87, 2010)
「황해북도 지역의 고인돌 고찰」(『선사와 고대』 37, 2012)
「강화 참성단의 축조시기에 관한 일 고찰」(『고조선연구』 3, 2014)

이동희(李東熙)

- 경북 성주 출생
- 성균관대학교 사학과(고고학전공) 박사
- 현, 순천대학교 박물관 학예연구실장

저서 및 논문

『경기도의 고고학』(공저, 주류성출판사, 2007)
『한국고분의 편년연구』(공저, 서경문화사, 2010)
『21세기의 한국고고학 Ⅲ』(공저, 주류성출판사, 2010)
『고고학 발굴과 연구』(공저, 주류성, 2011)
「전남지방 지석묘사회와 발전단계」(『호남고고학보』 15, 2002)
「지석묘 축조집단의 단위와 집단의 영역: 여수반도를 중심으로」(『호남고고학보』 26, 2007)
「여수반도 지석묘 사회의 계층구조」(『고문화』 70, 2007)
「전남 · 경남지역 청동기시대 묘제와 지역성」(『고조선단군학』 29, 2013)

사토 고지(佐藤浩司)

- 1989년 동경대학 대학원 공학계연구과 박사과정단위 취득
- 현, 국립민족학박물관 민족사회연구부 준교수
- 건축사와 건축인류학을 전공하였으며, 1981년부터 동남아시아와 동아시아를 중심으로 가옥, 취락 등을 연구하고 있다.
- web: http://www.sumai.org

저서

『シリーズ建築人類学 世界の住まいを読む』 全4巻(学芸出版社 1998)
『2002年 ソウルスタイル: 李さん一家の素顔のくらし』(国立民族学博物館特別展図録, 2002)
『2002年 ソウルスタイルその後 普通の生活』(INAX出版, 2002)
『ブリコラージュ・アート・ナウ日常の冒険者たち』(国立民族学博物館特別展図録, 青幻舎, 2005)